스페인사 강의

-10개의 강의로 스페인사 쉽게 이해하기-

다테이시 히로타카 지음 | 정애영 옮김

AK

목차

제1강 '스페인' 역사의 시작 여명기~4세기

1. 이베리아반도의 지정학적 위치　　　　　　　　　　　13
대륙과 대양의 십자로 / 경계 지역으로서의 이베리아반도

2. 선사시대의 이베리아반도　　　　　　　　　　　　　18
구석기시대와 신석기시대 / 금속기시대

3. 고대 지중해 세계와 이베리아반도　　　　　　　　　22
지중해로부터 사람들의 유입 / 타르테소스 / 이베리아인과 켈트인 / 서지중해의 카르타고

4. 로마제국과 '히스파니아'의 형성　　　　　　　　　　29
로마의 정복 / 누만티아 포위 / 로마의 속주 히스파니아 / 히스파니아의 경제적 번영 / 로마제국의 위기 / 속주 히스파니아의 문화와 기독교

제2강 서고트 왕국에서 안달루시아로 5세기~15세기

1. 서고트 왕국　　　　　　　　　　　　　　　　　　　45
서고트족의 반도 진출 / 서고트 왕권의 확립 / 이시도루스 르네상스

2. 이슬람의 진출과 안달루시아의 형성　　　　　　　　51
이슬람 세력의 확대 / 안달루시아의 지배자층 / 후기 우마이야왕조의 성립 / 안달루시아의 이슬람화

3. 이슬람 왕조의 번영　　　　　　　　　　　　　　　58
코르도바의 칼리프 왕국 / 타이파Taifa 시대 / 무라비트왕조와 무와히드왕조 / 안달루시아의 문화

4. 나스르왕조 그라나다왕국　　　　　　　　　　　　　68
알람브라궁전 / 제노바인의 네트워크 / 그라나다왕국의 존망

제3강 다양성 속의 중세 사회 8세기~15세기

1. 레콩키스타의 시작과 기독교 제국의 형성　　75
코바동가 전투와 레콩키스타 / 산티아고 순례와 '무어인 살해' 성 야고보 / 레온왕국과 카스티야 백령伯領 / 나바라왕국의 발전과 정체 / 히스파니아 변경령邊境領과 바르셀로나 백작의 우위

2. 카스티야왕국의 확대　　85
카스티야왕국의 발전 / '대레콩키스타'의 수행 / 카스티야왕국의 위기 / 트라스타마라 왕조하의 카스티야

3. 아라곤 연합 왕국의 지중해 진출　　93
아라곤 연합 왕국의 발전 / 지중해 제국 / 경제 위기와 사회적 대립의 격화

4. '세 종교의 공존'　　100
『성모마리아 찬가집』과 세 종교 / 톨레도의 번역 그룹 / 반유대 폭동과 콘베르소 문제

제4강 가톨릭 양왕의 통치에서 스페인 군주국으로
15세기 말~16세기

1. 가톨릭 양왕의 동군연합　　111
공동통치와 '스페인 군주국' / 카스티야왕국의 우위 / 네 가지 사건 / 왕조 국가의 혼인 정책

2. 합스부르크조 스페인의 탄생과 발전　　122
코무니다데스 반란 / 편력의 국왕 / 프로테스탄트와의 싸움, 그리고 아들에 기댄 꿈

3. 펠리페 2세와 '가톨릭 군주국'　　128
제도帝都 마드리드 만들기 / 스페인 이단 심문제와 가톨릭 군주국 / 거듭되는 전쟁과 그 부담

4. 대항해시대와 '해가 지지 않는 제국'　　136
신대륙의 정복과 식민 / 정복의 정당성을 둘러싸고 / 아시아로 확대된 스페인 제국

제5강 스페인 군주국의 쇠퇴 17세기

1. '스페인 군주국'과 제국의 수도 마드리드   149
펠리페 3세와 모리스코 추방 / 펠리페 4세와 총신 올리바레스 / 군대 통합 계획과 제 왕국의 저항 / 극장도시 마드리드

2. 1640년대의 위기   156
카탈루냐의 반란 / 포르투갈의 독립 / 피폐해진 경제

3. 합스부르크 왕조 스페인의 동요와 종언   163
패권의 상실 / 경제 회복의 조짐

4. 황금의 세기의 문화   168
대항종교개혁 속의 종교성 / 세르반테스의 세계 / 궁정화가 벨라스케스

제6강 가톨릭적 계몽에서 구체제의 위기로
18세기~19세기

1. 스페인왕위계승전쟁과 신조직 왕령   177
국제 전쟁으로서의 스페인왕위계승전쟁 / 내전으로서의 스페인 계승 전쟁 / 신조직 왕령 공포와 왕국 개혁 / 이탈리아 영토의 회복

2. 가톨릭적 계몽과 부르봉 개혁   187
칠년전쟁과 에스킬라체 폭동 / 가톨릭적 계몽 / 계몽개혁파의 제반 개혁 / '자유무역'의 촉진

3. 프랑스혁명과 스페인 구체제의 위기   199
프랑스혁명의 영향 / 고도이의 재상 전제주의 / 나폴레옹 따르기

제7강 혁명과 반혁명의 시대 19세기 전반~1870년대

1. 나폴레옹의 침략과 스페인 독립 전쟁   209
보나파르트 왕조의 성립 / 5월 2일 사건 / 게릴라전

2. 카디스 헌법에서 1813년 헌법으로   216
카디스 헌법과 '남반구, 북반구의 스페인' / 절대주의 복귀와 '자유주의'의 3년간 / 스페인령 아메리카의 독립 / 자유주의 국가 체제의 성립

3. 과두적 자유주의 국가 체제   226
온건파 정권의 수립 / '진보파의 2년간' / 온건파의 위기 / 영대소유재산 해산과 공업화의 진전 / 국민 의식의 형성과 국민사학

4. 제1공화정의 탄생과 붕괴   238
1868년 9월 혁명 / 제1공화정의 성립과 붕괴 / '혁명의 6년간'의 달성

제8강 왕정복고 체제에서 스페인 내전까지
1870년~1930년대

1. 왕정복고 체제의 성립과 동요   247
양당제에 의한 정권 교대 / 1898년의 패배 / '이스파니다'의 창조 / 지역 내셔널리즘의 전개 / 총격銃擊의 시대

2. 프리모 데 리베라의 독재   260
독재 체제에 대한 환영과 반대 / 코포라티즘 국가의 시도 / 왕정의 붕괴로

3. 제2공화정   265
제2공화정의 탄생 / 아사냐 정권의 실패 / 좌우로의 정치 분극화 / 인민전선의 승리와 쿠데타

4. 스페인 내전   275
내전과 국외로부터의 지원 / 내전의 전개 / 공화군 진영과 사회혁명 / 반란군 진영의 신국가 건설

제9강 프랑코 독재 체제 1939년~1975년

1. 프랑코 독재 체제의 성립   289
내전 승리자에 의한 억압 / 국제적 고립 / 아우타르키아 체제

2. 국제사회로의 복귀와 반공의 요새로   295
냉전의 진행과 프랑코 체제 / 반체제운동의 질적 변화 / 라틴아메리카, 지브롤터, 모로코

3. '경제의 기적'에서 체제의 종언으로   303
경제성장의 실현 / 가톨릭교회와 프랑코 체제 / 사회의 변용 / '프랑코 사후의 프랑코 체제'를 향하여 / 프랑코 체제의 종언

제10강 민주화의 진전과 자치주 국가 체제 1970년대~현재

1. **민주화와 1978년 헌법** 　　　　　　　　　　　　　　319
   수아레스의 리더십 / 1978년 헌법 / 프랑코주의자들의 저항 실패
2. **자치주 국가 체제의 성립** 　　　　　　　　　　　　326
   민족체와 자치주 / 17곳 자치주의 성립 / 역사적 자치주와 언어 정상화
3. **사회노동당과 국민당의 정권 교체** 　　　　　　　　333
   곤살레스의 사회노동당 정권 / 아스나르의 국민당 정권 / 사파테로 Zapatero 사회노동당 정권
4. **쿠오 바디스** 　　　　　　　　　　　　　　　　　　341
   라호이의 국민당 정권 / 산체스의 단독 정권에서 연립 정권으로 / 쿠오 바디스

후기 　　　　　　　　　　　　　　　　　　　　　　　　353
역자 후기 　　　　　　　　　　　　　　　　　　　　　　358

1. 이 책에 나오는 외국 지명과 외국인 인명은 국립국어원 외래어 표기법에 따랐다.
2. 서적 제목은 겹낫표(『 』)로 표기하였으며, 그 외 인용, 강조, 생각 등은 작은따옴표를 사용하였다.

권두 지도 1. '대륙과 대양의 십자로'

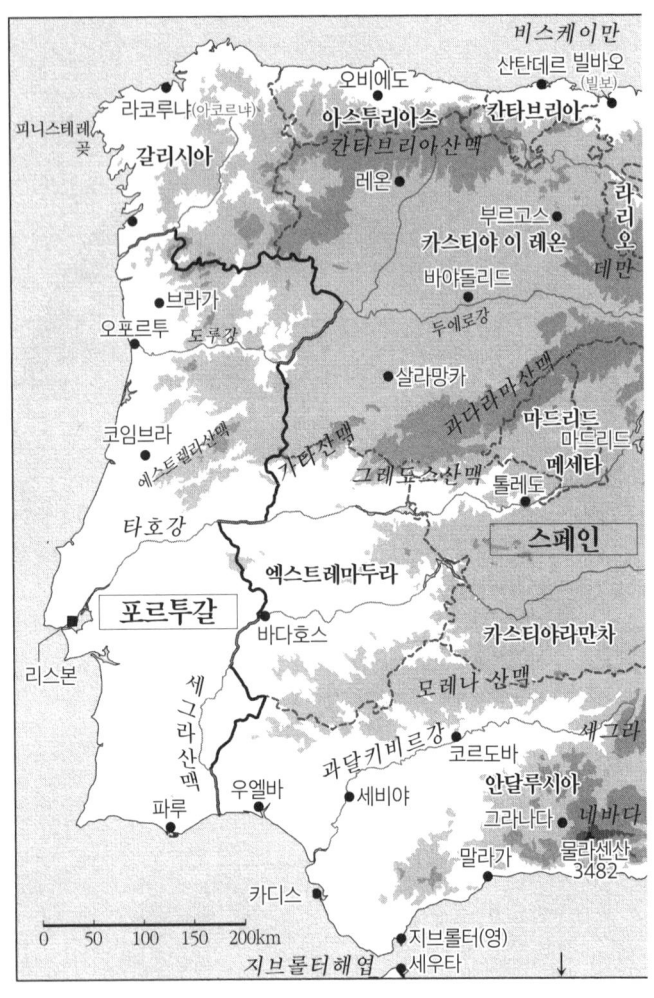

권두지도 2. 이베리아반도의 지형

제 1 강

'스페인' 역사의 시작
여명기~4세기

메리다 Mérida (바다호스 Badajoz 도)의 로마 극장

BC 80만	이베리아반도에 호모 안테세소르[1]가 거주
BC 5000	신석기시대
BC 3000	이베리아인이 거주
BC 1200	반도 남부가 지중해 교역권으로 진입
BC 1000	켈트인, 반도로 이주
BC 800	페니키아인, 가디르(현 카디스) 건설
BC 700	타르테소스 왕국의 번영
BC 227	카르타고, 카르타고노바(현 카르타헤나) 건설
BC 201	로마, 제2차 포에니전쟁에서 카르타고에 승리
BC 197	로마, 속주 히스파니아 키테리오르, 히스파니아 울테리오르 건설
BC 154	루시타니아 전쟁(~BC 139)
BC 153	누만티아 전쟁(~BC 133)
BC 16/15	아우구스투스, 히스파니아를 3개의 속주로 재편
BC 73/74	웨스파시아누스, 히스파니아 전토의 선주민 도시에 라틴권(라틴 시민권) 수여
5세기 초	게르만인, 히스파니아 진출 개시

---

[1] Homo antecessor, 1994년 스페인의 아타펠카의 그랑 드리나 유적에서 발견된 30개 이상의 화석군에 대해 1997년에 인류의 새로운 종으로 명명된 종이다.

1. 이베리아반도[1]의 지정학적 위치

대륙과 대양의 십자로

프랑스의 스페인 역사학자 피에르 빌라르Pierre Vilar는 스페인이 전체의 5분의 4 정도를 차지하는 이베리아반도의 지리적 특징을 간결하게 다음과 같이 언급하고 있다. '(반도는) 아프리카와 유럽, 그리고 대서양과 지중해 사이에 위치한 십자로이자 만남의 장이다. 확실히 이상하게 기복이 있는 십자로이며, 거의 장벽이라 말할 수 있을 정도이다. 그러나 만남의 장이라는 데에는 변함이 없었다.'

면적은 대략 일본의 1.6배인 59만㎢ 정도로, '수소 가죽'[2]에 비유되는 이 반도는 북동쪽으로 프랑스와 인접해 있고 폭이 약 430㎞에 이르는 피레네산맥의 봉우리들이

---

1) 지중해를 둘러싼 이탈리아·발칸 반도와 함께 유럽 3대 반도의 하나로 가장 서쪽에 위치한다. 8각형의 형태로 스페인·포르투갈·안도라Andorra 공국 및 지브롤터 지방에 해당한다. 본래 고대 그리스인이 반도 지역에 살았던 선주민을 '이베로족íbero'으로 불렀던 데에서 '이베리아Iberia반도'라는 명칭이 유래했다고 한다. 이윽고 이베리아반도를 속주로 다스렸던 로마제국 시대에는 이 지역을 '히베리아Hiberia'라고 했다가, 나중에는 '히스파니아Hispania'(토끼의 섬)로 부르게 되었는데, 그러한 라틴어 명칭이 현재의 스페인을 가리키는 '에스파냐España'의 기원이 되었다.
2) 언뜻 보면 이베리아반도는 8각형 모양으로 '수소의 가죽'으로 자주 비유된다.

남북 간의 왕래를 어렵게 하고 있다. 반도 남서부와 아프리카 대륙에 둘러싸인 해협은 폭이 가장 좁은 곳이 겨우 14㎞에 불과하다. 한편으로 반도는 지중해와 대서양 쪽으로 넓게 펼쳐져 있어, 지중해 지역 및 대서양 건너편 세계와의 연결이 유리하다.

해안선 길이는 약 4,100㎞로, 골짜기로 바닷물이 침식하여 형성된 복잡한 해안이 많으며 연안 평야도 많지 않은 탓에 반도는 응축된 덩어리의 형상을 하고 있다. 평균 고도가 높은 내륙부(메세타Meseta라 불리는 고원지대)는 많은 산맥으로 갈라져 있고 배가 오갈 수 있는 하천도 적어, 근대적인 교통망이 형성되기 전까지 몇 개의 지역으로 분단되어 있었다. 이러한 지리적 형상은 반도 내부에 자연환경의 현저한 대비를 가져다주었다. 크게 나누면 대서양 쪽의 습한 환경, 지중해 쪽의 건조한 환경, 내륙의 대륙성 환경이다.

이런 지리적 특징을 가진 반도에는 빌라의 말을 빌리자면, "먼 예로부터 다양한 인간과 문명이 들어와 서로 대립하며 그 흔적을 남기고 있다." 즉 지역마다 다른 여러 생활양식이 만들어져 다양한 언어와 문화가 오늘날에도 살아 숨 쉬는 것이 이베리아반도인 것이다.

따라서 서쪽에 위치한 포르투갈이 중세의 발전기에 콤팩트한 'nation(국민공동체)'을 이룬 것에 비해, 나머지 지역에 형성된 여러 왕국·영국領國을 포섭하여 만들어진 스페인에 대해서는 근대부터 현재까지의 역사 속에서 '단일 nation'인지, '다원적 nation'인지, '복수의 nation으로 이루어진 네이션'인지, 아니면 'nation이 아니라 state(정치적 국가)'인지와 같은 nation을 둘러싼 논란이 이어져 왔다. 21세기에 들어선 지금 스페인은 더욱 지역적 다양성의 통합 문제로 고민하고 있으며 동시에 그 다양성을 발판으로 새로운 국가상을 열어갈 수 있는 가능성을 품고 있기도 하다.

경계 지역으로서의 이베리아반도

오늘날 스페인은 EU(유럽연합)의 주요 가맹국으로 유럽의 일원임은 의심할 여지가 없다. 그러나 16세기에 네덜란드의 인문주의자 에라스뮈스가 반도 중앙의 알칼라대학Universidad de Alcalá[3]에서 초빙을 받았을 때 셈족의

---

3)

요소(중세 스페인 사회에 미친 유대인 및 아랍인의 언어·문화적 영향)가 많은 변경 지역에는 가고 싶지 않다고 거절했던 것은 유명한 이야기이다. 근대에 들어서서도 '아프리카는 피레네로부터 시작한다'는 언급이 반복되듯이 19세기 유럽의 낭만주의는 오리엔탈리즘의 시선으로 스페인 남부 지역을 보고 있었다. 한편 근세 초기에 스페인 제국이 유럽의 패권을 쥐기는 했으나 근대화가 늦어지면서 '유럽화'가 언제나 스페인의 큰 과제가 되었다.

이러한 현상을 이해하려면 이베리아반도가 유럽 대륙의 남서부 끝에 위치하여 유럽과 아프리카의 경계 영역으로서 그 역사를 이어왔음에 주목해야 한다. 기독교 세계의 전형이 된 서유럽은 일찍이 유대교도의 방출을 끝내고 있었으며 경계 지역에 위치한 스페인과는 달리 이슬람교도와 직접적으로 대치할 필요도 없었다. 반대로 스페인은 15세기 말에 드디어 레콩키스타(Reconquista 재정복, 국토회복운동)를 달성하여, 이슬람 세력을 배제하고 유대교도(기독교로 개종을 거부한 유대인)의 추방도 단행하면서 종교적 통일을 달성했다. 스페인 땅에서는 기독교도, 이슬람교도, 유대교도 사이의 대립과 공존의 역사가 700년 동안이나 펼쳐졌던 것이다.

이미 반세기 전에 아메리코 카스트로Américo Castro[4]는 중세의 세 종교의 공존과 그 후의 비非기독교도 배제 속에서 생겨난 정신적 갈등에서 스페인의 특수한 본질을 볼 수 있다고 주장했다. 이에 대해 클라우디오 산체스-알보르노스Claudio Sánchez-Albornoz[5]는 일찍이 고대 로마화 시대에 스페인인이 형성되어, 그 후의 흐름은 서유럽과 궤를 같이한다고 반박했다. 본서에서는 '본질'이 무엇인지의 논의에 가담하지는 않겠지만 스페인의 역사를 고찰할 때 기독교 세계와 이슬람 세계의 경계 지역이라는 지정학적 위치로 인해 유발되는 여러 문제를 간과해서는 안 될 것이다.

또한 포르투갈과 스페인이라는 이베리아반도의 두 개 국가가 '대항해시대'의 시작을 짊어졌다는 사실도 이 반도가 대서양으로 열려 있었다는 것, 즉 아프리카와 아메리카의 항로 개척의 가능성을 갖고 있었다는 지리적 우위를 빼고서는 생각할 수 없다.

---

[4] 1885~1972.
[5] 1893~현재.

2. 선사시대의 이베리아반도

구석기시대와 신석기시대

인류가 아프리카 대륙에서 탄생했다는 것은 정설이지만 유럽 대륙으로의 정주 시기와 관련해서는 20세기 말에 이베리아반도에서 큰 발견이 있었다. 아타푸에르카Atapuerca산맥(부르고스)에서 화석 인골이 발견되었고, 이는 호모 네안데르탈인에 선행하는 호모 안테세소르(Homo antecessor, 앞서가는 인간)라고 명명되었다. 약 80만 년 전 가장 오래된 인종이 반도의 최초 거주자였던 것이다.

그 후 아프리카에 인접한 지리적 위치 때문에 사람들의 이동이 계속되었다. 구석기시대 후기(3만 5,000~5,000년 전)에는 현재의 인류(호모 사피엔스)가 그린 것으로 보이는 동굴·암벽 예술이 반도 각지에 출현했다. 그중에서도 칸타브리아Cantabria산맥에 있는 알타미라동굴의 벽화(1만 5000년 전 무렵)는 도드라진 천정의 암석을 잘 이용하여, 석기시대 예술의 걸작으로 꼽히고 있다. 반도 동부에서는 중석기시대(1만~5000년 전)에 암벽 예술이 꽃을 피워, 수렵이나 제례무용 등의 장면이 많이 그려져 있다. 인류는 벌

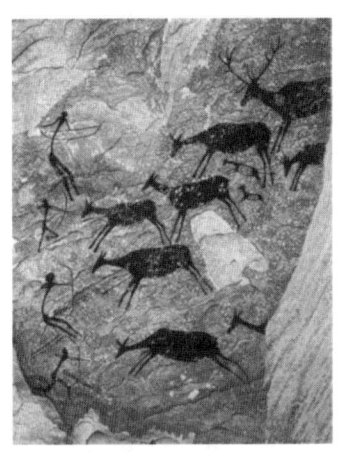

1-1. 로스 카바요스 동굴(카스테욘 도)의 수렵 장면을 그린 벽화

써 이때부터 사물을 양식화하여 그리고 이야기를 만들어 내고 있었음을 알 수 있다.

이베리아반도는 기원전 5000년경부터 신석기시대로 들어간다. 중동으로부터의 문화적 조류가 서지중해에 도달한 것을 주요 원인으로 보고 있다. 당연히 이 시대의 최초 단계는 지중해 연안부에서 전개되었다. 중요한 유적은 발렌시아 연안에서 보이는데 카르디움(Cardium, 패문貝文) 토기가 발달하였다.

신석기시대에는 동물 사육이 시작되었다고 하며 기원전 3000년경에는 정주 농경이 나타나고 있다. 이 무렵이 되면 평야 지역 유적이 나타나기 시작하여, 집단부락 주변의 묘지에는 정리된 무덤들이 보인다. 무덤에서는 죽은 자의 지위를 상징하는 보물들이 발굴되어 어떠한 사회계층이 존재했는지 엿볼 수 있다. 이런 무덤으로 유명한 것이 보빌라·마두렐 유적Bòbila Madurell(Sant Quirze del Vallès, Barcelona, 바르셀로나주)[6]이다.

금속기시대

기원전 3000년경부터 반도에는 새로운 변화가 있었다. 동에 이어 청동의 합금술이 발명되었다. 이에 더하여 식량 공급에서 농경의 역할이 커지고, 정주 부락이 형성되었다. 로스 미야레스Los Millares(알메리아 도 Provincia de Almería)[7]가 대표적 유적으로, 주위를 벽으로 에워싼 유적으로부터 동으로 만든 도끼나 칼 등이 출토되었다. 또 범종을 거꾸로 한 것 같은 모양의 범종형 용기도 발견되었는데, 이런 모양의 토기가 유럽 각지에 퍼져 있는 것으로 보아, 금속 교역과 동반된 지역 간 교류를 엿볼 수 있

---
6) 보빌라 마두렐(Bòbila Madurell)은 구덩이 무덤 문화의 일부인 공동묘지와 많은 부장품이 있어 유명한 신석기 유적
7) megalith, Romeral, El Barranquete

다. 나아가 대규모 매장을 위한 거석묘巨石墓가 각지에서 출현하게 되었다.

기원전 1700년경에 주요 금속이 동에서 청동으로 바뀐 것은 엘 알가르El Algar 문화(알메리아 도)로 증명된다. 이 문화는 알리칸테Alicante 도에서부터 그라나다주까지 반도 남서부에 크게 퍼져 있다. 이들 집단부락의 무덤에는 가재도구 외에 무기가 매장되어 있는 것으로 보아 유력한 수장이 있는 전사戰士 사회가 형성되어 있었음을 알 수 있다. 또 몬트로(코르도바주)에서 에게 문명의 미케네 양식의 토기가 발견되어, 기원전 12000년경에는 반도 남부가 지중해 교역권에 포함되어 있었음을 알 수 있다.

서지중해의 발레아레스제도Illes Balears에는 매우 특징적인 거석문화가 출현하였다. 탈라요트(Talayot, 주변 땅의 측면을 보호하는 탑), 타울라(Taula, T자형 테이블), 나베타(Naveta, 배를 엎어 놓은 모양의 석루)와 같은 독특한 양식의 거석 건조물이다. 타울라의 용도는 불분명하지만, 나베타는 매장 의례에 사용된 것으로 생각된다.

기원전 2000년, 세기말에는 이베리아반도로 다양한 민족이 건너왔다. 동부 연안에는 페니키아인, 그리스인, 카르타고인 들이 지중해를 건너 도착했다. 반도 북부로는 피레네산맥을 넘어 인도·유럽어족이 와서 갈리시아 아스투리아스에 정착하여 카스트로(언덕 위 성새城塞 집단부락) 문화를 발전시켰다. 인도·유럽어를 기반으로 하는 사람들은 철에 관한 지식을 갖고 들어와 농경과 목축을 영위한 것으로 보인다. 유골함 속에 유골의 재를 보관하는 화장 문화도 그들에 의해 확산되었다.

3. 고대 지중해 세계와 이베리아반도

지중해로부터 사람들의 유입

기원전 1000년대에 들어서자 지중해 여러 민족 간의 교역·식민 활동이 활발해졌다. 반도 남부에서 동, 은, 금이 풍부하게 산출되고 나아가 주석이 반도 북서부나 바다를 건너 브리튼섬에서 산출되고 있었기 때문이다. '주석의 길'은 청동의 수요가 늘면서 중요성이 더해졌다. 처음으로 반도 남서부에 식민시군植民市群을 만든 것은 동지중해 출신의 페니키아인들이었다. 전해지는 이야기로는 가디르(Gadir, 현 카디스Cádiz)에 마을을 형성한 것이 기원전 1104년이라 하지만 기원전 8세기에는 상업 거점이 되어 있었던 것 같다. 이렇게 이 지역에는 오리엔트문명의 영향이 크게 미치게 되었다.

더욱이 기원전 6세기에는 반도의 지중해 연안까지 그리스인의 활동이 널리 미치고 있었다. 북동의 엠포리온(지로나Girona주/헤로나주)에서 남쪽의 마이나케(위치 불명)까지 많은 기항지가 만들어졌다. 그 후 카르타고인이 서지중해 일대로 세력을 확대하며 페니키아인의 식민 활동을 계승했다. 그 거점으로는 에부수스(이비사Ibiza섬)나 비야리코스(알메리아 도)가 있었다.

타르테소스

고대 그리스의 역사학자들은 반도 남서부에 풍요로운 왕국 타르테소스가 있었다고 사료로 남기고 있다. 성서에 나오는 지명 '타르시스'와의 관련도 오래전부터 지적되고 있으나 이는 분명하지 않다. 여하튼 반도 남부 과달키비르강 유역의 원주민 공동체가 페니키아인의 경제활동에 자극받아 강고한 정치체제를 구축한 것으로 보인다.

'매우 활기찬 시장이 있어, 켈트의 땅으로부터 강을 따라 운반되어 오는 다량의 주석, 그리고 금이나 동으로 넘쳐나고 있다'(기원전 4세기의 역사학자 에포루스[8])고 기술되었던 것처럼, 풍요로운 광물자원을 배경으로 타르테소스는 페니키아인의 교역 시스템 속에서 번영했다. 그러나 페니키아인이 지중해 세계로부터 후퇴하자 이 번영도 끝이 났다. 카람볼로(세비야주) 등지로부터 금은을 사용한 화려한 재물이 발견되었는데 그 중심이 되었을 도시 유적은 아직 발굴되지 않았다.

이베리아인과 켈트인

선주민인 켈트인(투르데타니아인, 바스테타니아인, 에데타니아인, 라이에타니아인 등의 총칭)은 주로 밀, 올리브, 포도를 기반으로 하는 농경農耕 경제에 종사하고 있었으나, 반도의 동부와 남부에는 페니키아인, 그리스인, 카르타고인과

---

8) Ephorus, 기원전 400~기원전 330년, 고대 그리스의 역사가로 그리스인과 그 이외 민족 공통의 역사, 즉 최초의 세계사를 기록한 것으로 알려져 있다.

의 접촉으로 연금이나 금은 세공 같은 공예 활동이 발달했으며 문자를 사용하는 사람들도 나타났다. 스트라본[9] 『지리서』(기원전 1세기)에 따르면 투르데타니아인은 '이베리아인 중에서 가장 문화 수준이 높다'고 하였고, '옛 기억을 기록한 문서, 시, 운문으로 쓰인 법전'을 갖고 있었다.

이베리아인 사회에 유력한 전사 귀족이 존재했다는 것은 기원전 4세기의 것으로 추정되는 '엘체의 귀부인상'이나 '바사의 귀부인상'이 무기나 도구류와 함께 발견된 것에서 알 수 있다. 이들 고고학적 유물들은 대표적인 이베리아 예술품으로 평가받고 있다.

한편 그 외 반도 지역에는 켈트인(바세오인, 루시타니아인, 카르페타니아인, 켈티베리아인)이 집단으로 나뉘어 할거하고 있었다. 중부에 사는 켈티베리아인은 켈트인과 이베리아인의 혼혈로 보인다. 켈트인은 부족제와 유사한 사회 조직을 만들어 목축이나 소규모 농경으로 생계를 꾸렸으며, 공예 제품이나 도구류는 세련됨이 부족하고, 문자를 갖지 않았다.

---

9) Strábôn, (기원전 64~기원후 24년경) 고대 로마 시대의 그리스계의 지리학자, 역사가로 전 17권으로 구성된 『지리서』를 저술하였다. 이 저술은 당시 고대 로마의 지리관, 세계관을 알 수 있는 중요한 자료로 알려져 있다.

1-2. 엘체의 귀부인상(마드리드 국립고고학박물관)

각각의 문화적 특징도 크게 달라 북서부로 갈수록 인도·유럽어족 유래의 문화적 요소가 존속되어 있었고, 동남부로 갈수록 이베리아적 요소가 강해졌다. 남부의 이베리아인과 비교하면 북부 사람들은 미개인으로 여겨졌다. 마찬가지로 스트라본 『지리서』에는 '산에 사는 사람들'은 검소한 생활을 하고, '교역을 하지 않기 때문에 그들에게는 사교성과 인간성이 깃들어 있지 않다'고 쓰여 있다. 후술하는 바와 같이 지중해 연안부로부터 시작된 로마의 반도 정복은 약 200년이란 세월을 필요로 했다.

서지중해의 카르타고

카르타고는 페니키아인이 북아프리카에 건설한 식민시에 그 기원을 갖고 있는데, 기원전 4세기에는 페니키아인에 이어 통상국으로 큰 세력이 되었다. 이베리아반도로의 진출은 처음엔 교역 거점 확보에 국한되어 있었다. 그러나 제1차 포에니전쟁(기원전 264~기원전 241년)에서 로마에 패배하고 시칠리아, 사르데냐를 빼앗긴 후에는 이베리아반도로의 본격적 진출로 바뀌었다.

하밀카르 바르카의 지휘하에 반도 남부부터 중부와 동부로 지배 지역을 확대하였고, 그의 사위 하스드루발은 카르타고노바(현 카르타헤나)를 건설하고 그곳을 수도로 삼았다.

반도에 관심을 있었던 로마는 그의 세력 확대를 견제하여 에브로 조약(기원전 226년)으로 카르타고는 이베리스강(현 에브로강)을 넘지 않는다는 약속을 받아냈다.

그러나 기원전 221년, 하밀카르 바르카의 큰아들인 한니발이 카르타고군의 최고지휘관이 되자, 반도의 여러 부족들에게 전쟁을 걸어 기원전 219년 로마 동맹 도시였던 사군툼(현 사군토)을 공격하여 함락시켰다. 이를 계기로 제2차 포에니전쟁(기원전 218~기원전 201년)이 시작되었다. 한니발은 병사를 이끌고 갈리아(현재의 프랑스와 주변 지역)로부터 알프스를 넘어 이탈리아로 진격, 수차례 전투에서 로마에 승리했다.

한편 로마는 그나이우스 스키피오의 군단으로 하여금 이베리아반도를 치게 하였다. 그나이우스는 동생 푸블리우스와 함께 적극적인 공세를 펼쳐, 기원전 212년 무렵에는 사군툼을 탈환하였다. 그러나 기원전 211년에 그나이우스와 푸블리우스가 전사함으로써 로마의 작전은 실패했다. 다시 로마는 푸블리우스의 아들(대大스키피오)을 1만 명의 병사와 함께 반도로 진격시켰다. 대스키피오는 에브로강 방면에서 카르타고노바로 급히 진격하여 수도를 함락시켰다. 수도 탈환의 효과는 커서, 대부분의 선주민이 카르타고로부터 이반하여 로마군은 전승을 거듭했다. 기원전 206년 카르타고는 이베리아반도에서 축출되고 기원전 202년에 한니발은 자마 전투에서 패하여 로마와 강화를 맺었다.

제2차 포에니전쟁에 승리한 로마는 이베리아반도를 산하傘下에 두었다고 되어 있으나 실상과는 다른 이야기이다. 기원전 197년, 반도에 두 개의 속주국(프로빈키아)을 설치하여 히스파니아 키테리오르(가까운 스페인)와 히스파니아 울테리오르(먼 스페인)라 불렀다. 그러나 그 지배 지역은 전자는 에브로강 유역과 레반테 지방의 연안이었고 후자는 과달키비르강 유역으로 한정되어, 반도 전체를 제압하는 것은 쉽지 않았다.

4. 로마제국과 '히스파니아'의 형성

로마의 정복

고대에 반도는 '이베리아'라고 불렸으나 로마인은 반도의 지배 영역을 '히스파니아'(아마 페니키아어에서 유래)라고 불렀기 때문에, 지배 영역의 확대와 더불어 이 말은 이베리아와 같은 뜻으로 사용되었다. 이를 어원으로 하여 '에스파냐'라고 하는 스페인어가 탄생하였고 근세에 들어설 때까지는 반도 전체를 가리키는 말이었으며, 포르투갈을 뺀 영역 국가 '스페인'을 의미하지는 않았음에 주의할 필요가 있다.

로마의 지배를 받아들이지 않으려는 현지 여러 부족의 반란은 기원전 19년에 이르기까지 반복되었다. 이미 기원전 197년에 키테리오르 속주국 총독이 전사했고, 기원전 195년에는 마르쿠스 포르키우스 카토가 강력한 군단을 이끌고 레반테 지방을 석권했다. 로마는 실효 지배를 위한 조직화에는 아직 관심이 없었고 금이나 은 확보에 역점을 두고 있어, 그 후에도 반란에는 그때그때 대처할 뿐이었다. 한편 비옥한 토양을 가진 남부에서는 식민시(콜로니아) 건설이 시작되었다. 기원전 171년, 이탈리아반도 외의 최초의 식민시가 카르티아(카디스)에 건설되어 퇴역병들이 이주했다.

기원전 2세기 중반이 되자 로마군은 중앙부 메세타의 제압에 나섰으나 이는 여러 부족의 반란을 초래했다. 그중 주요한 것은 울테리오르의 루시타니아 전쟁과 후술할 키테리오르의 누만티아 전쟁이다. 루시타니아인은 기원전 154년 반란을 일으켰다. 기원전 139년에는 비리아투스가 지도자가 되어 다시 반란을 확대시켰으나 동료의 배신으로 목숨을 잃고 전쟁은 종결되었다.

루시타니아는 포르투갈의 옛 이름이다. 현재의 포르투갈과 스페인의 국경 지역을 포함한 지역으로, 비리아투스의 출생지는 분명하지 않다. 20세기 살라자르[10]와 프랑코의 독재 체제의 정사正史에서는 외부로부터의 침공에 대해 현지 주민의 저항의 상징으로 각기 비리아투스를 현창하고 있다.

기원전 1세기가 되자 이베리아반도에서 로마와 현지 주민과의 분쟁은 잦아들었으나 로마인끼리의 항쟁은 격렬해졌다. 기원전 82년에 키테리오르 속주국 총독이 된 퀸투스 세르토리우스는 반도를 정적인 술라에 대한 대항 거점으로 삼아 히스파니아 주민의 지지도 얻었지만 기원전 72년에 암살당했다.

그 후 공화정 로마는 격동의 시대를 맞이한다. 카이사르, 폼페이우스, 크라수스에 의한 협조 체제(이른바 제1차 삼두정치)가 붕괴하고 내란이 일어나자 히스파니아도 다시 항쟁의 무대가 되었다. 기원전 45년, 카이사르가 직접 군대를 이끌고 반항하는 속주 총독들을 억누르려 나왔고 문다(현 오스나) 전투에서 승리했다. 카이사르의 암살(기원전 44년) 후에는 그의 양자인 옥타비아누스가 서쪽 속주국을 관할하게 되어 마르쿠스 안토니우스를 무찌르고 제2

---

10) António de Oliveira Salazar(1889년 4월~1970년 7월), 포르투갈의 정치가, 경제학자로 교수로 명성을 얻어 수상 취임 후 유럽에서 가장 오랜 독재 체제인 에스타드 노보를 구축한 독재자로 평가받고 있다.

차 삼두정치를 종결시켰다. 이 기원전 38년은 공식적인 속주국 히스파니아 평정의 해가 되어 히스파니아력이 만들어졌다. 히스파니아의 독자적인 이 달력은 카스티야 왕국에서는 1383년까지 사용되었다.

기원전 27년, 모든 내란에서 승리한 옥타비아누스는 아우구스투스의 칭호를 얻고 제정帝政을 시작하였다. 그는 이베리아반도 전토의 정복에 착수하여, 북부 지역의 칸타브리아인과 아스투리아스인 부족을 항복시켜 기원전 19년, 전역의 로마 지배를 달성했다. 제2차 포에니전쟁으로부터 약 200년이 경과한 때였다.

누만티아 포위

시대를 조금 앞으로 거슬러 가보자. 누만시아 마을은 카스티야 북동부의 소리아주에 위치하며 그 교외에 과거의 누만티아가 있었다. 누만티아 전쟁은 그 땅에 살고 있던 켈티베리아인이 로마의 지배에 저항을 거듭한 반란으로 기원전 153년에 시작되어 기원전 133년에 끝났다. 마지막은 카르타고 시를 파괴한 스키피오 아이밀리아누스

(소(小)스키피오)에 의해 1년에 걸친 포위전이 되어, 누만티아성과 요새는 로마군이 주위에 쌓은 7개의 요새를 연결한 높은 벽으로 완전히 포위당했다. 최후의 단계에서 로마군이 투입한 병력은 6만 명이었고 농성 중이던 켈티베리아인은 2,500명이었다. 저항하던 사람들 대부분이 기아를 못 이겨 자결하였고, 남은 자들은 노예가 되어 로마로 끌려갔다고 한다. 소스키피오는 이 공적으로 '누만티누스'의 칭호를 받았다.

이 사건은 전승되어 왔으나 장소는 오랫동안 특정조자 되지 않았다. 중세 레콩키스타 중에는 켈티베리아인이 스페인인과 동일시되면서 이 비극이 서사시적으로 노래되었다. 이 흐름의 정점이 된 것이 세르반테스(1547~1616년)의 희곡 『누만시아의 포위(La Numancia)』(1583년)로 승자 로마는 침략자로, 패자 누만시아(누만티아)는 조국애가 넘치는 희생자로 그려졌다.

그 후에도 누만시아는 스페인인의 희생적 애국심을 찬양하는 절호의 재료가 되어 좌우 무관하게 영웅적 국민상의 칭송에 이용되었다. 19세기에는 국민 사학(내셔널 히스토리)이 역사 유산을 국민사 속에 포함시키는 작업을 전개하여 1882년, 누만시아의 유적은 국가 사적으로 지정되었고 1905년에는 국왕이 배석한 가운데 동일한 장소에서 기념비가 제막되었다.

로마의 속주 히스파니아

로마는 현지 주민의 특출한 반란을 억누르는 데 성공했다고는 하나 실효 지배를 실현하기 위해서는 이베리아의 영토와 주민의 재편이 불가피했다. 아우구스투스 시대의 히스파니아는 서부의 루시타니아, 남부의 바이티카, 동부의 타라코넨시스라는 3개의 속주로 나뉘어졌다. 3세기 말에는 디오클레티아누스에 의해 갈리아도(道) 장관 아래 히스파니아 관할구는 5개의 속주로 나뉘었다. 루시타니아, 바에티카, 갈라에키아, 타라코넨시스, 카르타히네시스이다.

아우구스투스는 로마 군단에 도로를 건설하게 하여 북으로부터 타라코를 거쳐 카르타고노바에 이르는 아우구스타 가도를 만들었다 이는 나중에 코르두바(코르도바)에서 가데스(카디스)까지 이어져 반도의 경제적 네트워크를 강화시켰다. 퇴역병이 이주하는 식민시 건설이 진행되

1-3. 로마 시대의 히스파니아

었고, 종래의 도시는 자치도시(무니키피움)로서 발전했다. 도시의 발전은 도시의 벽, 신전, 극장, 광장, 다리나 수도교水道橋 건설을 동반했다. 세계유산으로서 유명한 메리다의 극장, 세고비아의 수도교 등 로마 시대의 유적이 스페인 각지에 보인다.

속주의 경제적 중요성이 높아지고 원주민의 로마화가 진행되자, 1세기 말에 베스파시아누스는 모든 원주민 도시에 **라틴권**(라틴 시민권, 본래는 로마와의 라틴동맹 참가 도시에 한정해서 주는 권리로, 도시 공직자는 로마 시민권을 획득)을 **부여하였**

제1강 '스페인' 역사의 시작 35

다. 이에 따라 유력자들은 점차 로마 시민권을 얻는 길을 획득하여 로마와의 일체화를 더욱 강화해 갔다. 팍스·로마나(로마의 평화)를 실현한 로마제국은 공화정 시기 혹은 제정 초기와 같이 로마인이 특권계급을 구성한 시대로부터 속주 각지의 유력자가 속주 엘리트가 되어 지배에 참가하는 체제로 변화해 갔고 히스파니아에서도 그러하였다. 나아가 번영하는 히스파니아 출신자가 로마에서 활약하기 시작하여 호민관, 집정관에 머무르지 않고 '오현제'로 일컬어지는 트라야누스, 하드리아누스 등 히스파니아 출신의 황제도 탄생했다.

히스파니아의 경제적 번영

반도의 정복·식민이 진행되면서 로마의 경제 제도가 히스파니아에 정착했다. 라티푼디움(대토지 소유)의 형성, 다수의 토지 사유제, 노예노동력의 사용, 생산과 상품교환의 중심으로서의 도시, 화폐 사용 등이다. 특히 남부 바이티카의 여러 도시들은 로마적 생활을 영위하여 코르도바는 '작은 로마'라는 별명을 얻었다.

농업과 목축업이 현지 주민의 주요한 경제활동이었는데, 휴경이나 관개 기술이 도입되어 농업 생산성은 높아지고, 바이티카의 올리브 재배는 코르도바나 히스팔리스(세비야)를 번영시켰다. 올리브유는 암포라(도자기 용기)에 넣어서 배편으로 로마로 운반되었다. 로마 시내에서는 히스파니아 유래의 암포라 도자기 파편이 대량으로 출토되고 있다.

현재 카르타헤나(구 카르타고헤나) 항구에는 수중고고학 박물관이 세워져 있는데 그 전시물을 보면 반도와 로마 사이의 지중해 교역의 번성함을 알 수 있다. 올리브유에 더하여 가룸(물고기 간장)이나 염장 생선도 로마에서 애용되고 있었다.

그래도 로마제국의 번영을 가져온 히스파니아 최대의 산물은 광산 자원으로, 그 채굴은 기본적으로 황제 직할로 이루어졌다. 반도 북서부 라스 메둘라스에서 산출된 금은 총계 96만 킬로그램에 달하는 양으로 추계된다. 그리고 카르타고노바 주변이나 시에라모레나에서는 은이, 알메리아나 아스투리아스에서는 동이, 알마덴에서는 수은이 산출되고 있다.

로마제국의 위기

3세기에 들어서면 로마제국은 여러 황제가 난립하여 존망의 위기를 맞게 된다. 서쪽에서는 게르만인의 침입, 동으로는 사산조페르시아와의 전쟁으로 제국의 지역 간 교역이 곤란해졌다. 대규모 정복 사업은 끝나고, 노예에 의지한 생산 제도도 유지할 수 없게 되었다. 황제의 지배권이 속주에 이르지 않는 상태에서 현지 지배자들은 용병을 이용하여 로마로부터의 독립성을 높였다.

속주 히스파니아에서는 3세기 후반에 게르만계의 프랑크족과 알라만족의 파괴적 침공이 있었다. 특히 동부 연안 도시의 타격은 막대해서 바르시노, 타라코의 공격은 처참했다. 도시의 경제와 생활이 혼란스러워지자 여러 주에서는 화폐 유통이 줄어들고 각 지역은 자급자족적 상태로 들어갔다. 농업이 주요 경제활동이 되고 장원(빌라)이 중요해졌다. 주위를 벽으로 쌓은 장원은 안전한 거주 공간으로서 농업 노동과 비호의 공간으로 기능했던 것이다.

4세기 말이 되자 게르만 여러 부족의 침입과 이주가 이어져 로마제국 서반부의 붕괴가 진행되었다. 이베리아반도에는 5세기 초 반달족, 수에비인, 알란족이 침입하여 타라코넨시스를 뺀 거의 대부분의 지역이 침입자의 지배 아래로 들어갔다. 395년 테오도시우스 황제 사망 후 제국은 두 아들이 각각 동서를 분할하여 통치하게 되었다. 서로마제국을 맡은 호노리우스는 이 침공을 막으려고 서고트인과 협정을 맺고 로마 동맹자로서 이베리아반도로 맞아들였다. 그러나 히스파니아의 여러 지역을 방어하고 통제해야 할 서고트족은 독립성을 강화시켜 독자적인 왕국을 설립하게 된다. 서로마제국은 476년에 와해되었다.

속주 히스파니아의 문화와 기독교

히스파니아는 앞에서 기술한 바와 같이 로마에 정치가를 보냈을 뿐만 아니라 문화인들도 배출했다. 제정기에는 네로 황제의 스승으로 유명한 스토아학파 철학자 세네카, 수사학자 퀸틸리아누스, 시인 루카누스 등 히스파니아 출신이 셀 수 없이 많았다. 기독교의 보급이 진행된 제정 말기에는 기독교 시인 푸르덴티우스, 성직자이며 역사가인 오로시우스 등을 배출했다.

로마화는 라틴어, 로마의 종교, 로마의 법 제도를 반도로 가져와 히스파니아인들에게 '히스파노 로마인'이라는 의식을 갖게 했다. 기독교의 보급과 교회 조직의 확립은 로마 문화권의 히스파니아라는 의식을 더욱 강화시킨 것으로 생각된다. 그러나 그 과정은 오랜 기간에 걸친 것으로, 기원전 1세기라고 알려진 성 야고보나 성 바울의 포교는 역사적 사실이라고는 말하기 어려우며, 성 베드로가 파견했다고 하는 '7명의 전도자'의 활동도 나중에 크게 각색된 것이다.

그러면서도 기독교(로마가톨릭)는 3세기 후반에는 상당히 침투된 것으로 생각된다. 아리우스파를 이단으로 한 니케아공의회(325년)에서 주석을 지낸 사람은 코르도바 주교 호시우스였다. 4세기에는 엘비라(현 그라나다)와 카이사르 아우구스타(현 사라고사)에서 교회 회의가 개최되었다. 4세기 말에는 아빌라 주교 프리스킬리아누스(프리실리아누스)의 설교가 도덕적 일탈이라고 하여 이단시되었다.

그렇다고 로마화와 기독교의 보급을 과도하게 평가해서는 안 된다. 북서부의 갈리시아나 아스투리아스에는 예로부터 켈트계 신들에 대한 신앙이 뿌리 깊게 남아 있었다. 스페인과 프랑스의 경계에 위치해 있는 바스크 지방(파이스 바스코, 이하는 바스크라고 약칭)은 라틴어의 영향을 거의 받지 않은 채 인도유럽어인 바스크어가 지금도 자리 잡고 있다.

제 2 강
'스페인' 역사의 시작
여명기~4세기

알람브라궁전(그라나다)의 라이온 중정中庭

415년	서고트족, 반도 침입
418년	서고트 왕국 건국, 수도 톨로사(현 툴루즈)
507년	서고트, 부이예 전투에서 프랑크왕국에 패배
589년	서고트 왕국 전체의 개종 선언, 아리우스파로부터 가톨릭이 되다
625년	이 무렵까지 반도 남부에서 동로마령 소멸
654년	'서고트 법전' 공포
711년	이슬람 세력, 반도로 진출. 서고트 왕국 멸망
722년	코바동가 전투
756년	후기 우마이야왕조의 성립
880년	이븐 하프순의 난(~928)
929년	아브드 알 라흐만 3세, 칼리프를 선언
1031년	후기 우마이야왕조 멸망
1086년	무라비트왕조, 안달루시아로 진출
1150년경	무와히드 왕조, 안달루시아로 진출
1212년	라스 나바스 데 톨로사 전투에서 기독교도 연합군, 무와히드 왕조에 대승
1238년	나스르왕조의 무함마드 1세, 그라나다를 지배
1482년	가톨릭 양왕 그라나다 전쟁 개시
1492년	그라나다왕국의 멸망

1. 서고트 왕국

서고트족의 반도 진출

415년 남쪽으로 내려와 이베리아반도에 들어온 서고트족은 남부 반달족을 공격했다. 전투에 패한 반달족은 아프리카로 건너가 카르타고를 수도로 하여 반달왕국을 건국했으나 534년에 동로마제국에 의해 멸망했다. 동로마군은 아프리카 쪽의 지중해 연안으로 진출하여 555년에는 이베리아반도 남부를 점령했다.

서고트족은 418년, 갈리아 남부의 톨로사(현 툴루즈)를 수도로 건국했으나 남부 갈리아에 멈추지 않고 히스파니아로 세력을 확대, 5세기 후반에는 북서부의 수에비 왕국을 뺀 지역을 지배하에 두었다. 또 478년에는 서로마제국이 멸망하여 각지의 게르만 부족들 왕국의 통치는 독자적으로 이루어졌다. 서고트 왕국도 그리하여 507년에 부이예 전투에서 프랑크왕국에 패배하여 갈리아의 지배권을 대부분 잃었다. 이후 서고트 왕국은 거의 이베리아반도만을 지배하는 왕국이 되었다.

그러나 서고트 왕의 즉위는 전통적으로 선거제에 의거

하고 있었기 때문에 왕가의 지배는 안정되지 않았다. 6세기 전반에 7명의 왕이 탄생했으나 그중 5명이 폐위 혹은 암살당했다. 또한 6세기까지 이어진 혼란은 크게 두 가지 요인에 의한 것이었다.

첫 번째 요인은 지배자인 서고트족은 피지배자인 히스파노 로마인에 비해 압도적으로 소수였다는 점이다. 이 무렵 히스파노 로마인은 400만~600만 명이었으나 서고트족은 20만 명 정도였다. 다수자에 대한 통치는 옛 로마계 관료가 맡고 있어 '기생적 지배자'였던 것이다. 덧붙이자면 서고트족에게는 게르만법이, 히스파노 로마인에게는 로마법이 적용되고 있었다(속인법주의).

두 번째로 서고트족은 아리우스파의 기독교를 믿고 있어 고트어로 예배를 드렸으나, 대다수를 차지하는 히스파노 로마인은 이전부터 로마가톨릭교를 믿고 있었다는 것이다. 가톨릭 입장에서는 삼위일체설을 인정하지 않는 아리우스파는 이단이었으며, 이미 전국적으로 교회 관할구가 정비된 히스파니아 교회를 서고트족이 그 지배 기반으로 하는 것이 불가능했다.

서고트 왕권의 확립

자신이 소속된 민족 집단에 따라 적용되는 법률이 다른 '속인법' 상태를 해소하는 것은 왕국을 통합시키는 데 꼭 필요한 것이었다. 마침내 그것이 해소된 것은 654년의 일이었다. 그 전년에 즉위한 레케스윈트 왕이 첫 속지법으로서 '서고트 법전'을 공포한 것이다. 12편으로 이루어진 법전은 첫머리에 '하나의 신체, 하나의 머리, 하나의 영혼'이라는 비유를 내걸고, 왕국과 왕과 법의 일체성을 강조하였다. 이 법전은 중세 스페인에 계승되어 '푸에로 후스고'(Fuero juzgo, 재판법전)로 이용되었다.

종교 면에서도 '이중 국가' 상태는 상당히 심각했다. 6세기 후반의 레우비길드 왕은 568년에 내륙의 톨레도를 수도로 정하고 서고트 왕국의 지배를 확대했으나, 아들 헤르메네길드의 반란은 종교 정책을 둘러싼 대립을 내포하고 있었다. 레우비길드에 이어 즉위한 레카레드는 마침내 가톨릭

2-1. 산타마리아 데 킨타니야 데 라스비나스 성당(부르고스 도)의 '두 천사와 그리스도'의 부조

제2강 서고트 왕국에서 안달루시아로 47

으로의 개종을 결단했다. 589년 제3회 톨레도회의를 소집하여 왕국 전체에 가톨릭 개종을 선언했던 것이다.

이로써 법과 종교의 분열은 해소되었고, 왕국의 통일이 크게 진일보했다. 아리우스파의 전례典禮를 행하지 않게 되자 고트어도 소멸되기 시작했다. 그러나 북서부의 수에비 왕국 병합은 585년에, 말라카(현 말라가)에 거점을 둔 동로마군을 몰아낸 것은 훨씬 뒤인 625년의 일이었다. 그 후에도 북부에는 바스크족이나 칸타브리아족 등 반은 자립적인 민족이 있었다. 또 반도에는 1세기부터 유대인이 이주하였고 그들은 유대교를 신봉하고 있었다.

가톨릭 개종 후의 서고트 왕국에서는 가톨릭교회의 힘이 강해 '신권정치'가 이루어졌던 것으로 평가된다. 신의 권위를 과도하게 중시해서는 안 되지만, 불안정한 왕권은 왕국을 통치하는 데 성직자의 영향력을 교묘히 이용하지 않을 수 없었다. 633년의 제4회 톨레도회의에서는 '왕위 계승 규정'이 정해져, 왕을 선출할 때는 유력자와 성직자의 협의가 필요해졌다. 나아가 653년 이후 톨레도회의는 세속적 문제도 다루는 '왕국 회의'가 되었다.

가톨릭 국교화는 이교인 유대교의 억압으로 이어졌다.

위에서 말한 '서고트 법전' 제12편 제2장에서는 유대교에 유래하는 습속이나 의례를 엄격히 금하고 있다. 694년의 제17회 톨레도회의에서는 '히스파니아의 유대인 전원을 영구히 노예로 삼는다'고 선언하였다. 머지않은 711년에 이슬람 세력이 반도를 석권하자 반유대법으로 고통받고 있던 유대인들은 신앙의 자유를 보장해 주는 새로운 지배자를 환영했다.

이시도루스 르네상스

6세기부터 7세기에 걸쳐 가톨릭교회가 서고트 왕국의 지배층으로 침투하는 데에 성직자들이 한 역할은 지대하였다. 그중에서도 톨레도회의에서 활약한 주교들은 국왕과 친밀한 관계를 형성하고 지식의 전파에 크게 공헌했다. 제3회 톨레도회의에서 대주교를 맡은 레안데르는 지배층의 아리우스파 포기를 결정하고, 로마교황 그레고리우스 1세와도 친교를 맺었다.

교회 지식인으로서 가장 유명한 인물은 레안데르의 남동생인 세비야의 이시도루스Isidorus(560년경~636년)이다.

그는 시세부트 왕의 스승이었으며 많은 저작을 남겼다. 『고트·반달·수에비 왕국사』는 민족 이동기부터 반도의 역사를 전해 주는 귀중한 사료이고, 『어원지語源誌』는 고전 고대의 지식을 집성한 백과사전으로서 중세에 이르기까지 대대로 널리 읽혔다. 또한 제4회 톨레도회의의 대주교를 맡아 가톨릭교회의 조직 정비에 힘을 쏟았다.

나아가 사라고사Zaragoza의 주교 브라울리오, 톨레도의 주교 일데폰소 등 이시도루스와 연관이 있던 성직자들이 활발한 저작 활동을 펼쳤다. 그들의 활동은 8세기 말부터 9세기 초에 걸친 카를대제 통치하의 카롤링거왕조르네상스Carolingian Renaissance에 앞선 문예부흥 운동으로서 '이시도루스 르네상스'라고 불린다.

미술공예품이나 건축에 관해서는 전모를 파악하기가 어렵다. 톨레도 등 주요 도시는 중층적으로 역사가 전개되어 발굴이 어렵기 때문이다. 산 후안 데 로스 바뇨스 교회(발렌시아 도) 등의 유물을 통해 단순화된 모티브의 추상적 미를 즐겼던 것으로 추측된다. 또 과라사르(Guarrazar, 톨레도 도)에서 출토된 보석 장식품은 왕권과 가톨릭교회의 강력한 연대를 보여준다.

2. 이슬람의 진출과 안달루시아의 형성

이슬람 세력의 확대

7세기 전반 아라비아반도에서 시작된 이슬람교는 7세기 후반의 우마이야왕조 시대에 급속하게 동서 세계로 퍼져나갔다. 그리고 711년, 지브롤터해협을 건넌 이슬람 세력(아랍인과 베르베르인)은 몇 년 안에 이베리아반도의 거의 전 지역을 지배하에 두게 되었다. 수천 명 정도의 군대로 이러한 승리를 거둔 데는 두 가지 요인이 있다. 첫 번째는 서고트 왕국이 내분 상태에 있어 방어전을 구축할 수 없었고, 두 번째는 각지의 귀족과 유력자들과의 관용적인 협정을 통해 굴복시켰기 때문이다. 서고트 귀족에게는 대부분의 소유지 보유를 허용해 주고, 주민에게는 생명과 재산의 보장, 기독교 신앙의 유지를 인정해주었던 것이다.

이러한 조치는 이베리아반도에 국한된 것이 아니었다. 아랍인은 중동 전역으로부터 이집트, 마그레브(Maghreb, 이집트 서쪽의 북아프리카)로 확대하는 과정에서 정복지의 원주민들을 보호 대상(딤미dhinmmi)으로 취급하여 이슬람 개종을 강요하지 않았다. 단 이교도에게는 이슬람 권위에의 종속과 인두세(지즈야jizyah) 납부를 요구했다. 이러한 조치는 광대한 지역을 지배하는 권력이 다른 종교=법 공동체의 존재를 용인할 필요성 때문에 생겨난 것으로, 개인적 권리로서의 신앙의 자유를 보장하는 것과는 관계없음에 유의했으면 한다. 동일한 조치는 이후 레콩키스타Reconquista에 의한 기독교 제국의 확대 과정에서도 관찰된다.

이렇게 소수자인 이슬람교도가 기독교도나 유대교도 위에 군림하는 '안달루시아'(알 안달루스Al-Andalus라고도 함. 이슬람 지배하의 히스파니아 지역)의 역사가 시작되었다. 시간이 흐르자 이슬람 사회에서의 평안함과 사회적 상승을 목적으로 이슬람교로 개종하는 기독교인의 수도 늘어갔다. 안달루시아의 기독교인은 '모사라베'Mozarab로, 개종자들은 '무왈라드'(Muwallad, 스페인어로 물라디Muladi)라 불렸다.

이슬람교도는 피레네를 넘어 더욱 세력권을 확대하려 했으나, 732년 프랑크왕국의 카를 마르텔Charles Martel의 저지로 단념하였다. 또한 722년에 아스투리아스의 코바동가 지역에서 펠라요[1]에게 패배를 맛보는데, 후술하는 바와 같이 이 전투는 사소한 분쟁에 지나지 않았다. 반도 북부는 서고트 왕권에도 적의를 품고 있던 바스크인, 아스투리아스인, 칸타브리아인의 세계였으며, 이슬람교도들은 일부러 병력을 투하하여 이주가 어려운 지역을 제압하려고는 하지 않았다. 그래서 안달루시아는 대략 두에로(Douro강, 도루강) 유역보다 남쪽으로 국한되게 되었다.

안달루시아의 지배자층

새로운 지배자가 된 이슬람교도라도 모두가 같지는 않았다. 지배 엘리트인 아랍인은 비옥한 반도 남부나 동부에 토지를 획득했지만, 북아프리카 원주민인 베르베르인은 대개 반도 중부나 북부 토지를 분여받았다. 아랍인 사이에서도 북아랍과 남아랍 간에 부족 간 대립이 있었다. 또 741년에는 베르베르인의 반란을 진압하기 위해 북아프리카에 파견되었던 시리아인 중 7천 명이 반도로 들어

---
[1] 서고트 왕국의 귀족으로 초대 아스투리아 왕이다.

2-2. 코르도바의 모스크(메스키타)

와 이전 정복자들인 '토지를 소유한 자들'의 권익을 위협했다.

이처럼 8세기 중엽까지 안달루시아는 아랍인과 베르베르인, '토지를 가진 자들'과 시리아인, 그리고 남북 아랍인과 같은 식으로 복합적인 대립 관계를 안고 있었다. 더구나 안달루시아는 다마스쿠스를 수도로 하는 우마이야왕조가 차지한 광대한 지역의 서쪽 끝 변경 지역이었다. 714년부터 749년 사이에 19명에 이르는 아미르(Amir, 총독)가 파견되었지만 통치는 안정되지 않았다. 다종다양한 피지배자들(모사라베, 무왈라드, 유대인) 위에 군림하는 이슬람교도 다종다양해서 끊임없이 분쟁이 일어났기 때문이었다.

후기 우마이야왕조의 성립

750년에 다마스쿠스의 우마이야왕조가 붕괴하고 아바스Abbasids왕조로 왕조 교체가 되자 와해된 왕가의 생존자인 아브드 알 라흐만Abd al-Rahman(1세)은 안달루시아로 도망가 권력을 장악하고, 756년 아미르 왕국으로서 독립을 선언했다(후기 우마이야왕조의 성립). 이후 10세기에 들어서기까지 코르도바를 수도로 하는 독립 아미르 왕국이 8대에 걸쳐 이어지는데 그 군사력은 베르베르인 용병과 사칼리바saqaliba(슬라브족 혹은 동유럽 출신의 노예)에게 의존하고 있었다. 아바스왕조를 모방하여 와지르(wazīr, 대신)와 하지브(hajib, 시종)를 중심으로 한 지배 체제가 정비되고, 지방 주요 도시에는 충신들이 배치되었다.

국가조직을 정비한 아브드 알 라흐만 1세는 8세기 말에 코르도바의 모스크 건설에 착수했다. 이 모스크(메스키타Mezquita)는 10세기 후반까지 차례로 증축되어 지금의 위용을 자랑하게 되었다. 이중으로 된 말굽 모양의 아치가 연속되는 형태(원주의 숲)는 방문객을 매료시킨다(1984년에 스페인 최초로 세계유산으로 지정).

9세기 중반 아브드 알 라흐만 2세 시대에는 더욱 아바스 왕조를 모범으로 하여 행정·재정 기구를 정비하였다. 안달루시아에서 동방으로 유학하여 법학 지식을 갖고 돌아온 사람들도 출현하였고, 메디나의 법학자 말리크 이븐 아나스의 영향이 강해지자 말리크파 법학자들을 교묘하게 정치체제 안으로 끌어들였다. 이 무렵 바그다드로부터 옮겨온 음악가 지리야브Ziryāb의 음악이 궁정을 중심으로 크게 확산되었다.

그러나 코르도바의 아미르에 의한 지방 귀족 통제는 점차 곤란해졌다. 민족적·종교적으로 복잡한 안달루시아에서는 중앙 권력에 반발하는 반란이 끊이지 않았다. 사라고사 지역의 카시 집안 등은 이슬람과 기독교 사이의 변경 지역에서 사실상 독립을 유지하고 있었다.

더욱이 코르도바 아미르가 직접 신민들로부터 징세하는 경향이 강해지면서 지방의 무왈라드 귀족과 농민의 반발을 초래했다. 이븐 하프순Ibn Ḥafṣūn의 난(880~928년)은 그중 하나였는데, 그가 899년에 기독교로 개종하자 민족적·종교적 성격도 띠게 되었다.

안달루시아의 이슬람화

 9세기가 되자 옛 서고트 사람들의 이슬람화가 진행되어 아랍 정복자의 언어·생활 문화를 받아들이는 사람들이 늘어났다. 서고트 시대 이래 라틴어나 그 구어로서의 로맨스어(로망어)보다도 아라비아어를 일상적으로 사용하는 모사라베나 이슬람으로 개종하고 무왈라드가 되는 사람도 늘어갔다. 한편 안달루시아의 아라비아어 구어는 베르베르어나 로망어의 단어를 받아들여 안달루시아·아라비아어라고 일컬어야 할 말이 되었다.

 수도인 코르도바에서 아랍화·이슬람화가 가장 많이 진행되었다. 9세기 후반, 이 지역에는 무함마드를 모욕하고 스스로 처형되기를 바라는 '순교자'들이 때때로 출현했다. 과거에는 이 기독교도들의 '순교 운동'은 가혹한 이슬람 지배에 대한 저항운동으로 평가되었다. 그러나 이 운동을 선동하고 자신도 처형을 당한 에울로히오 Eulogio가 기록한 바와 같이, 그 기본 동기는 자발적으로 아랍화·이슬람화해가는 동포들에 대한 강력한 반항과 종교적 위기의식이었다.

 8세기부터 10세기까지 세 종교의 경전을 따르는 사람

들이 서로 평화리에 공존했다는 '안달루시아 신화'는 사라져야 한다. 자치를 향유하고 있었다고는 말할 수 있지만, 기독교도와 유대인은 이슬람교도 아래에 위치하는 피지배자로 세금 부담이 더 무거웠고 이슬람 교의를 비판하는 것도 용인되지 않았다. 그리고 이 시기에 기독교도의 이슬람으로의 개종은 착실히 진행되고 있었던 것이다.

3. 이슬람 왕조의 번영

코르도바의 칼리프 왕국

아브드 알 라흐만 3세(재위 912~961년)가 즉위함으로써 코르도바 아미르 왕국의 정치 정세는 급변했다. 그는 반항하는 무왈라드를 진압하고, 보바스트로Bobastro성城(말라가)의 제압에 성공했다. 이븐 하프순과 그의 아들의 유해를 파헤쳐 코르도바의 길가에 내걸었다. 929년 바그다드와의 연대를 파기하고 이슬람의 종교적 수장인 칼리프임을 선언했다.

후기 우마이야왕조가 이 시기에 칼리프를 칭한 것에는 이유가 있었다. 아바스왕조의 칼리프에 대항하여 북아프리카에 탄생한 파티마왕조가 칼리프라고 자칭하고 있어, 마그레브 지역의 세력 다툼에서 이기고 그곳 베르베르인의 지지를 얻기 위해서는 파티마왕조와 동등한 권위가 필요했기 때문이다. 마그레브 서부 지역은 아브드 알라흐만 3세의 아들인 하캄 2세가 다시 그 지역을 회복하는 데 성공했다. 이어 히샴 2세는 어려서 즉위했으나 시종인 만수르가 실질적인 최고 권력자가 되어, 군사 원정을 단행함으로써 안달루시아의 판도를 가장 크게 넓혔다. 이렇게 칼리프라고 하는 종교적 최고 권위를 자칭한 후기 우마이야왕조의 코르도바 칼리프 왕국은 11세기 초까지 안달루시아의 역사에서 가장 찬란한 시대를 만들어냈다.

코르도바 칼리프는 이슬람적 통치 이념을 전면에 내세워 나시르(신앙의 옹호자)라 자칭하며 무왈라드 출신 관료를 대신하여 우마이야 가문의 가신이나 아랍인, 베르베르인 관료를 적극적으로 등용했다. 북부 기독교 나라들로 군사 원정을 반복하고 정규군에 더해서 사칼리바 Saqālibah를 중심으로 하는 용병으로 칼리프 군을 증강

2-3. 아브드 알 라흐만 3세가 조영한 왕궁 도시 마디나트 알 자흐라의 유적

했다.

정치적 안정과 함께 주요 도시들은 크게 발전했다. 수도 코르도바는 많은 부와 물품이 모이는 경제도시로서 바그다드에 필적하는 도시가 되어 10만이 넘는 인구를 품게 되었다. 수많은 지식인들이 모이는 문화도시이기도 하여 대도서관은 약 5만 권의 책을 소장하고 있었다. 코르도바 근교에 세워진 마디나트 알 자흐라(Madinat al-Zahra, 메디나 아자하라Medina Azahara) 유적은 이 왕국 도시의 번영했던 옛 모습을 보여주고 있다.

타이파Taifa 시대

만수르가 1002년에 죽고 아들인 무자파르Muẓaffar, 그리고 아브드 알 라흐만(통칭 산추엘로)이 실권을 장악하려고 하지만, 궁정에서는 당파 대립이 격화했다. 1031년에는 후기 우마이야왕조가 붕괴하고 지방 세력이 차례로 독자적인 정권을 수립하면서 안달루시아는 제1차 타이파(작은 왕국) 시대로 돌입하게 된 것이다. 코르도바에서는 만수르 시대에 들어온 베르베르 군단인 '신베르베르인', 본래 있던 안달루시아인, 그리고 사칼리바 사이에 대립이 격화하여 시내가 황폐해졌다. 마디나트 알 자흐라와 마디나트 자히라와 같은 교외의 화려한 궁전도 완전히 파괴되었다.

20개 이상의 타이파 중에서 상上변경구[2](辺境区, thughur)인 사라고사, 중中변경구인 톨레도, 하下변경구인 바다호스Badajoz를 중심으로 한 왕국이 중심이었고, 안달루시아 남부에서는 세비야 왕국이 코르도바를 능가하게 되었다. 그라나다에는 신新베르베르인이, 발렌시아에는 사칼리바가 왕국을 열었다. 각각이 서로 경쟁하는 타이파 왕

---
[2] 안달루시아 시대에 국경 지역에 설치한 변경도시

들은 이합집산을 반복하면서, 북부의 여러 기독교 국가에 파리아(군사 공헌금)를 지불함으로써 독립을 유지하고 있었다.

이런 상황 속에서 북부 기독교 국가들은 안달루시아의 혼란을 틈타 레콩키스타(국토회복운동)를 통해 후술하는 바와 같이 1085년 카스티야=레온왕국의 알폰소 6세가 톨레도 재정복을 실현했다. 이 함락으로 인해 바다호스, 세비야, 그라나다의 왕들은 위기의식을 느끼고, 맞은편 연안 마그레브의 무라비트Murabitun왕조에 구원을 요청하게 되었다.

무라비트왕조와 무와히드왕조

10세기의 코르도바 칼리프 왕국의 번영으로 안달루시아와 마그레브 지방의 관계는 강화되었다. 무라비트왕조는 11세기 전반의 이븐 야신을 정신적 지도자로 하는 이슬람 개혁 운동에 기원을 두고 수도 마라케시를 중심으로 북으로는 지브롤터해협까지 퍼져 있었다. 이븐 야신은 코르도바에서 수학하고 있었는데 무라비트왕조 지도자들은 이 안달루시아의 말리크파 법학자를 환영했다.

 타이파 왕들로부터 구원 요청을 받은 무라비트왕조의 유수프 이븐 타슈핀은 지브롤터해협을 건너, 1086년에 사그라하스Sagrajas 전투에서 알폰소 6세에게 승리하지만, 그 후의 타이파 왕들의 태도를 불신하게 되어 그들을 일소하게 된다. 강한 성전聖戰 의식을 갖고 있던 베르베르인들은 아라곤 왕 알폰소 1세의 사라고사 점령(1118년)은 저지할 수 없었지만, 레콩키스타를 막아내고 1140년대에 들어설 때까지 안달루시아를 그 제국 영내에 편입시켰다.

 그러나 오랜 기간에 걸친 주둔은 재정적으로 큰 부담이 되었다. 임시세 징수는 무라비트왕조에 대한 안달루시아 주민의 비판을 강화시켰고 습속이 다른 베르베르계 유목민 병사와의 알력도 현저해졌다. 이 무렵에는 신비주의적인 사상운동인 수피즘Sufism[3]이 주민들 사이에 확산하였고 말리크파 법학자의 변변찮은 대응이 주민의 동요를 확대시켰다.

---

3) 이슬람교의 확대와 함께 탄생한 신과의 일체감을 구하는 민중적 신앙으로 8세기경에 시작되어 12세기 무렵부터 신비주의 교단이 생겨나 각 지역으로의 이슬람교 확대의 원동력이 되었다.

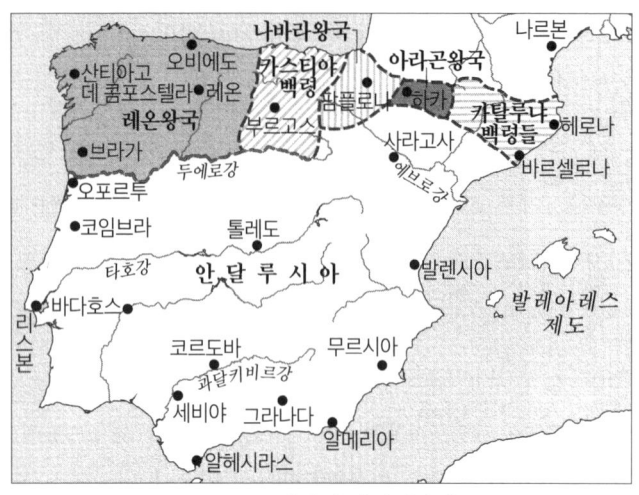

2-4. 10~11세기의 이베리아반도

모로코의 아틀라스산맥에서 일어난 무와히드 운동은 1130년대에 아브드 알 무민Abd al-Mumin 지배하에서 확대되어, 1147년에 마라케시를 정복하고 무라비트왕조를 멸망시켰다. 스스로를 유일신 신앙의 신도(무와히드)라고 하는 무와히드 왕조(~1269년)는 1150년대가 되자 반도 침입을 본격화했다.

안달루시아의 무라비트왕조 지배는 1145년경에는 와해되어 있었고, 무와히드 왕조가 제압할 때까지는 각지에서 타이파가 부활하였다(제2차 타이파 시대). 이들의 대부분은 단기간에 무와히드 왕조에 굴복하지만, 무르시아를 거점으로 한 이븐 마르다니쉬Ibn Mardanīsh는 널리 남동부를 지배하여, 1172년 죽을 때까지 4반세기에 걸쳐 무와히드 세력에 저항을 계속하여 기독교도로부터 '늑대왕'이라 불리었다. 무르시아는 성벽으로 둘러싸인 요새도시였기 때문에 현재에도 그 중심가에서는 재개발 때마다 유적이 발견되고 있다.

무와히드 왕조는 1195년 알라르코스 전투에서 카스티야Castilia왕국의 알폰소 8세에게 승리하는 등, 13세기 초까지 권세를 자랑하였으나 여러 기독교 국가들이 연합군을 만들어 침공하자 라스 나바스 데 톨로사Las Navas de Tolosa(하엔 도)에서 크게 패하면서 군사적 열세를 드러냈다. 안달루시아에서는 반베르베르 감정과 말리크파al-Mālikīya 법학자들에게 이단으로 간주된 타우히드Tawḥīd 신학에 대한 반감이 커졌다. 안달루시아의 상황이 혼란해지는 한편, 마그레브에 대두한 마린 왕조와의 항쟁이 발생했기 때문에 무와히드 왕조는 1229년경에 안달루시아로부터 철수했다.

안달루시아는 다시 지방 정권이 서로 다투는 군웅할거 시대로 들어갔다(제3차 타이파 시대). 이러한 분열 상태는 기독교 국가들의 남하를 쉽게 하였고, '대大레콩키스타'(제

3강 참조) 결과, 13세기 중반에 안달루시아는 나스르왕조 Nasrid dynasty의 그라나다왕국만 남게 되었다.

안달루시아의 문화

기독교 제국과의 군사적 대항 속에서 이슬람 사회의 수호를 지상 과제로 삼은 무라비트왕조, 무와히드 왕조 아래에서 안달루시아는 모사라베(기독교인)나 유대인에 대한 압력을 강화했다. 비호를 받은 이교도들은 이슬람교로 개종하든가, 기독교 국가로 가든가, 마그레브로 이주하든가를 음으로 양으로 강요받았던 것이다. 그 결과 13세기 중반에는 안달루시아 주민의 대부분이 이슬람교도였던 것으로 보인다.

코르도바에서 태어난 유대인 철학자 마이모니데스(1135~1204)[4]는 무와히드 왕조의 지배를 싫어하여 이집트로 이주했다. 그러나 이슬람교도 지식인 사이에서는 전통적인 말리크파 법학에서 주장하는 규율이 완화되어 철

---

4) Maimonides, 중세 유대인 신학자 철학자로 스페인 코르도바 출생, 카이로의 유대교단을 지도하고 중세 유대교 신학의 합리적 이론적 기초를 세웠다. 『방황하는 자들의 길잡이』 등의 저술이 있다.

학자들의 새로운 지적 영위가 생겨났다. 이븐 투파일Ibn Tufayl이나 이븐 루시드Ibn Rushd(1126~1198)가 그 대표로, 후자는 아리스토텔레스 철학의 방대한 주석을 달아 중세 스콜라철학에 큰 영향을 미쳤다. 서구에서 그의 이름은 아베로에스로 알려져 있다.

11~12세기는 안달루시아 각지에서 활발한 문화 활동을 보인 시대이다. 문화인들이 황폐해진 코르도바를 떠나 타이파 왕들의 비호 아래 활동했기 때문이다. 무라비트 왕조나 무와히드 왕조도 이슬람교도의 지적 활동을 억누르는 일은 없었다. 예를 들어 이븐 하즘Ibn Hazm은 각지를 유랑하면서 광범위한 저작 활동을 펼쳤다. 그의 문학작품 『비둘기의 목걸이』는 이슬람 연애론의 백미로 여겨진다. 이븐 쿠즈만의 서정시는 트루바두르 문학(중세에 남프랑스를 중심으로 확산된 오크어 서정시)에 영향을 준 것으로 평가된다. 역사학이나 지리학도 크게 발전하였는데 이슬람의 광대한 판도가 그 기초가 되었음은 말할 것도 없다. 세우타 태생의 알 이드리시al-Idrīsī(1100?~1165?)는 당시로는 가장 정확하다고 평가받는 세계지도를 1154년에 만들었다.

4. 나스르왕조 그라나다왕국

알람브라궁전

 나스르왕조는 1232년, 무함마드 1세에 의해 건국되었다. 1238년에 그라나다를 지배하고 이곳을 수도로 한 나스르왕조 그라나다왕국은 1492년 함락 때까지 존속했다. 북아프리카에는 마린 왕조가 자리 잡고 있어, 그라나다왕국으로 병사를 보내 레콩키스타를 완수하는 데는 카스티야를 비롯한 기독교 국가들의 부담이 너무 컸다. 나스르왕조는 카스티야 왕의 봉건 가신으로서 공납금 지불 의무를 지고 있었는데, 이는 마린 왕조의 군사개입을 견제하는 의미에서도 이점이 있었다. 즉 그라나다왕국은 카스티야왕국과 마린 왕조 사이의 힘의 균형을 잘 이용하여 존속했던 것이다.

 게다가 14세기 중반에 카스티야왕국은 페스트의 유행과 트라스타마라 내란 발발로 인해 대규모 군사행동을 일으킬 수 없었다. 마린 왕조도 이 시기부터 내분으로 힘들어하다 힘이 약해졌다. 이런 상황에서 나스르왕조는 14세기 중반부터 말기에 걸쳐 유수프 1세와 무함마드 5

세 아래에서 안정과 번영의 시대를 맞이했다.

이 나스르왕조의 황금시대를 상징하는 것이 그라나다 시 남동쪽 언덕에 위치한 알람브라궁전(본래는 아라비아어로 '붉은 성'을 의미하는 성채 도시)이다. 궁전은 9세기에 군사 요새로 시작되었다가 유수프 1세와 무함마드 5세 시대에 대폭 증축되어 거의 지금의 모습이 되었다. 16세기에 합스부르크 왕조의 카롤루스 1세(카를 5세)가 그 일각에 르네상스 양식의 궁전을 지었지만 다행히 그 이상은 손을 대지 않았다. 그때까지 적이었던 이교도의 사원이나 궁전이 크게 파괴되는 가운데 이는 이례적인 일이었다. 오늘날에도 무함마드 5세가 조영을 명한 '라이온 중정(中庭)' 등, 스페인 굴지의 세계유산이 여전히 방문객들을 매료시키고 있다.

제노바인의 네트워크

소국 그라나다왕국이 15세기 전반까지 위기에 빠지지 않고 번영을 누릴 수 있었던 것은 또 하나의 큰 이유가 있었다. 지중해 교역에서는 안달루시아 상인이 동서 교역의 큰 역할을 했는데, 코르도바 칼리프국이 멸망하여 무라비트왕조 및 무와히드 왕조 시대가 되면서, 이탈리아의 제노바 상인을 비롯한 기독교도들의 선박이 그 역할을 대신하게 되었다.

나스르왕조가 되자 제노바 상인들의 중요성은 더욱 커졌다. 비이슬람교도인 그들은 거류지 특권을 부여받아 왕국 영내에서 생산되는 사탕수수, 말린 과일, 견직물을 구매하여 이탈리아의 여러 도시나 플랑드르(현재의 네덜란드 남서부에서 벨기에 서부, 프랑스 북동부에 걸친 모직물 공업이 일찍부터 발달한 지역으로, 15세기에 합스부르크가 영토가 됨) 등 유럽 각지로 수출했다. 그라나다로는 플랑드르나 영국(잉글랜드)의 모직물, 동지중해의 향신료 등을 가져왔다. 나아가 마그레브로부터는 금이나 흑인 노예, 곡물을 수입했다. 왜냐하면 대레콩키스타로 인해 세비야나 코르도바로부터 많은 이슬람교도가 이주하여 그라나다왕국 영내의 생산만으로는 충당할 수 없었기 때문이다.

왕국 영내의 항구로서는 말라가와 알메리아가 중요했다. 그라나다 시내에 코랄 델 카르본 Corral del Carbón이라고 하는 건물이 있는데, 이것은 14세기의 푼두크(funduq, 상인용 숙박과 창고를 겸한 시설)으로 왕년의 제노바 상인들의 활동을 떠올리게 한다.

15세기에 들어서 본격적으로 대서양 진출이 시작되면서, 마데이라제도나 카나리아제도 개발이 진행되어 이 섬들에서 사탕수수 재배가 확대되었다. 대서양 쪽의 경제적 중요도가 증가함과 동시에 제노바 상인들의 그라나다왕국에의 관심이 줄어들었다. 그라나다 연안의 치안이 악화한 점도 이러한 경향을 조장시켰고 15세기 후반에 나스르왕조의 경제는 유지되지 못하게 되었다.

그라나다왕국의 존망

경제적 곤란은 왕족 간의 다툼이나 신하 간의 당파 싸움과 같은 정치적·군사적 혼란을 동반했고, 지배자의 계보도를 정확하게 그릴 수 없을 정도로 왕위 찬탈이 반복되었다. 포르투갈은 1415년에 바다 건너 세우타를 정복하였고, 카스티야는 1462년에 지브롤터를 빼앗았다. 1465년에는 마린 왕조가 멸망하여 마그레브도 군웅할거 상태가 되어 지브롤터해협을 넘어서 이슬람 세력이 도래하는 것은 더 이상 기대할 수 없었다.

그러나 15세기 중반에는 카스티야왕국도, 아라곤 연합왕국도(이 두 개 왕국의 성격에 대해서는 후술) 영지 내의 정치적 혼란 때문에 그라나다왕국에 손을 뻗을 여유가 없었다. 1469년, 카스티야의 이사벨과 아라곤의 페르난도가 결혼하여 내란을 잠재우고 연합을 확고히 하자 나스르왕조의 운명은 결정 나게 되었다.

1482년 이후 카스티야는 거의 매년 침공하여 차례차례 성과 도시를 빼앗았다. 말라가는 1487년에, 알메리아는 1489년에 정복당했다. 이 단계가 되어도 나스르왕조의 내분은 끊이지 않았고, 1492년 1월 이사벨과 페르난도, 즉 '가톨릭 양왕(兩王)'은 그라나다로 입성하였다. 안달루시아 최후의 왕인 무함마드 11세(보아브딜)는 페스(Fez, 모로코)로 망명하고, 기독교도에 의한 레콩키스타는 종료되었다. 그러나 항복한 그라나다뿐만 아니라 아라곤이나 발렌시아에도 많은 이슬람교도들은 계속 거주했다. 그들의 처우를 둘러싼 알력은 이후 100년 이상 계속되었다.

다음 3강에서는 시대를 거슬러 이슬람 세력의 반도 침입과 점령에 대항하면서 이루어진 기독교 국가들의 행보를 살펴보기로 하겠다.

제 3 강
다양성 속의 중세 사회
8세기~15세기

톨레도 대성당

711년	이슬람 세력, 반도로 진출. 서고트 왕국 멸망
722년	코바동가 전투
801년	프랑크왕국 군, 바르셀로나를 공략. 히스파니아 변경령 성립
910년	아스투리아스 왕국, 레온으로 천도. 레온왕국 성립
961년	카스티야 백령, 레온왕국으로부터 독립
1085년	카스티야=레온 왕 알폰소 6세, 톨레도를 공략
1137년	바르셀로나 백작 라몬 베렝게르 4세가 아라곤 왕녀 페트로넬라와 결혼, 아라곤 연합 왕국 성립
1157년	카스티야=레온왕국, 카스티야왕국과 레온왕국으로 분열
1212년	라스 나바스 데 톨로사의 전투에서 기독교도 연합군, 무와히드 왕조에 대승
1230년	차이메 1세, 마요르카를 정복 카스티야왕국과 레온왕국의 재통합으로 카스티야왕국 성립
1245년	차이메 1세, 발렌시아를 정복
1348년	이 무렵 페스트 유행, 인구 대폭 감소
1369년	카스티야왕국에서 트라스타마라 왕조 시작
1391년	각지에서 반 유대 폭동 발생. 이 무렵부터 콘베르소(개종 유대인) 급증
1412년	카스페 회의에서 트라스타마라 가문의 페르난도를 아라곤 연합 왕국의 왕으로 선출
1462년	카탈루냐가 내란 상태가 됨(~1472)
1469년	카스티야 왕녀 이사벨과 아라곤 왕자 페르난도(이후의 가톨릭 양왕)가 결혼

1. 레콩키스타의 시작과 기독교 제국의 형성

코바동가 전투와 레콩키스타

 후술하겠지만 프랑코에 의한 20세기 장기 독재 체제가 주창한 역사 인식은 19세기에 만들어진 전통적 국민사학(제7강 참조)이 떠받쳐 왔다. 722년의 코바동가 전투에서 1492년의 그라나다 함락까지 약 800년은 '레콩키스타'의 시대로 불리는데, 이는 서고트 왕국의 혈통을 이으면서 카스티야왕국으로 결집된 기독교 제국의 역대 국왕들이 주도했다. 통일적인 가톨릭 왕국의 '부흥'으로 왕권의 역사적 정통성을 주장했던 것이다.

 하지만 이교도들로부터의 국토 탈환이라는 이념이 처음부터 있었던 것은 아니다. '레콩키스타'라는 말은 중세에는 쓰이지 않았다. 다만 9세기에 북서부의 갈리시아에서 12사도 중 한 명인 성 야고보(산티아고)의 것으로 추정되는 묘지가 '발견'된 것은 유럽의 기독교 세계에 자신을 자리매김하려는 작위가 발동된 것도 확실하다. 10세기 초의 『알폰소 3세 연대기』에는 '고트인 군대의 재흥'과 '이교도의 격퇴'가 코바동가 전투의 주된 동기였다고 서술되어 있다.

그러나 이 『연대기』에는 과장도 많다. 성모마리아의 가호로 이교도 병사들은 12만 5천명이나 죽임을 당했다고 되어 있다. 그러나 아랍에 의한 안달루시아 정복을 얘기한 17세기 초의 마그레브의 역사가 알 막카리al Maqqari의 서술(『안달루시아의 초록 나무들의 가지』)에 의하면, 펠라요 Don Pelayo 왕은 3백 명의 종자를 이끌고 있었을 뿐이었고 전투 결과 병사의 수는 10분의 1로 줄었다고 한다. 펠라요가 서고트 출신임은 인정했다 할지라도 그가 이끄는 사람들은 서고트 지배에 거의 굴하지 않았던 아스투리아인이었다. 펠라요가 구축한 저항 거점이 이후에 아스투리아스 왕국으로 발전했다고 되어 있지만 서고트 왕국과의 연속성은 사실로 인정하기는 어렵다.

레콩키스타는 12세기가 되어 명확히 십자군의 색채를 띠었다. 안달루시아에서 무라비트왕조, 무와히드 왕조가 지배자가 되어 기독교 국가들과의 대립이 깊어졌기 때문이다. 로마교황이 주창하는 이슬람에 대한 십자군은 이베리아반도의 기독교 국가들에도 레콩키스타의 기운을 불러일으켰다. 그 결과 1212년의 라스 나바스 데 톨로사의 전투에서 승리했다.

그러나 접경 지역인 이베리아반도에서는 기독교 국가들에 의한 안달루시아의 영토 탈환은 이슬람교도의 축출을 의미하지는 않았다. 1085년에 톨레도를 재정복한 카스티야-레온 왕 알폰소 6세는 자신을 '두 종교의 황제', 즉 기독교와 이슬람교도 쌍방에 군림하는 자로 칭했다. 그 후에도 이슬람교도는 '무데하르mudéjar[1]'로 불리면서 기독교도 사회에서 존재를 인정받고 있었다.

11세기에는 무장으로 로드리고 디아스 데 비바르(엘 시드El Cid)가 활약했지만 이후의 전통적 국민사학에서 서술하고 있는 것 같은 독실한 기독교 옹호자는 아니었다. 이탈리아 용병(콘도티에로)처럼 계약에 따라 종교와는 무관하게 싸웠던 것이다. 그를 칭송한 서사시 『우리 시드의 노래』[2](1207년경)를 사실로 볼 수는 없다. 12세기에는 페르난도 로드리게스 데 카스트로 등이 같은 활약상을 보였다.

---

[1] '잔류자'라는 의미로 기독교도에 정복당한 마을에 그대로 거처하는 것을 인정받은 이슬람교도들을 가리킨다.
[2] Cantar de mio Cid, 12세기경 성립된 중세 스페인의 서사시로 실재 스페인의 기사인 엘 시드의 활약을 테마로 하고 있다. 내용은 사실과 창작이 섞여 있고 사본은 있으나 원본은 남아 있지 않다.

산티아고 순례와 '무어인 살해' 성 야고보

성 야고보의 무덤이 '발견'된 스페인 북서부의 산티아고 데 콤포스텔라Santiago De Compostella는 11세기부터 12세기에 걸쳐 레콩키스타의 전선이 남하함에 따라 유럽 각지로부터 순례자들이 모여들어 로마, 예루살렘과 함께 기독교의 3대 순례지가 되었다. 피레네 지역에서부터 콤포스텔라에 이르는 순례길 옆에는 부르고스와 레온 등과 같은 도시가 발전했고, 이 순례길은 레온과 카스티야의 경제 발전에 크게 기여했다.

영토를 확대하려는 왕권에 있어 성 야고보는 영혼 구제의 성자일 뿐만 아니라 '무어인'(이슬람교도)과의 싸움의 수호 성자가 되었다. 11세기 클라비호Clavijo의 전투(834년, 844년, 859년)에서 성 야고보가 백마를 타고 나타나 기독교도 군사들을 구했다는 기적 이야기가 유포되어, '산티아고 마타모로스'(Santiago Matamoros, 무어인을 죽이는 성 야고보)라는 이미지가 만들어졌다. 성 야고보는 15세기 말부터 시작된 신대륙 정복에서도 정복자(콩키스타도르 Conquistador)를 고무시키게 된다.

레온왕국과 카스티야 백령(伯領)

아스투리아스 왕국은 아미르(총독)의 약체화를 틈타 두에로강에 이르는 토지를 점거하고 910년에는 수도를 레온으로 옮겼다. 이후 왕국은 레온왕국으로 불리며 서고트 왕국의 계승자임을 자임했다. 그러나 10세기 말에는 거꾸로 만수르의 침공을 받아 왕국은 위기 상황에 빠졌다.

그 동쪽에는 카스티야 백령이 만들어졌다. 안달루시아에 대비하기 위해 지은 성채군Castillo을 중심으로 형성된 백령은 전사적 성격이 짙어 10세기 후반에는 사실상 레온왕국으로부터 독립된 지역 정체政體가 되었고, 카스티야 백작 겸 레온 왕 페르난도 1세(후술)는 1065년에 장남 산초 2세에게 백령을 왕국으로 만들어 물려주었다.

서유럽에서는 주군이 가신에게 영지를 봉封하고 그 대신 가신에게 군역軍役 봉사를 요구하는 봉건 관계가 형성되어, 11세기에는 봉건적 계층 질서가 성립되었다. 그러나 이슬람 사회와의 경계 지역에 위치하는 기독교 국가들에서는 이런 질서가 유동적이었다. 가신은 주군에게 의존하지 않더라도 영지를 획득할 수 있었고, 주군은 군사적으로 봉건귀족뿐 아니라 평민 기사나 기사 수도회를 의지할 수 있었기 때문이다.

카스티야 지방에서는 무주지·황무지로의 식민 운동이 다시 시작되었는데, 이주자에게는 특권으로서 자유 토지가 주어져 봉건귀족을 거치지 않고 왕권과 연결되는 자유농민이 생겨났다. 그중에는 기병 장비를 갖춘 사람도 나타났는데 그들은 면세 특권을 갖는 평민 기사(민중 기사라고도 부름)가 되어, 경계 지역 성채 도시의 민병을 구성했다. 카스티야 중앙부의 레콩키스타에서 그들이 수행한 역할은 지대했다.

또한 안달루시아로의 남하에는 기사 수도회가 큰 역할을 했다. 12세기 후반에 칼라트라바Calatrava, 알칸타라Alcántara, 산티아고의 3대 기사단이 조직되었다. 이들 기사 수도회는 무와히드 왕조의 공격으로부터 메세타 남부를 방어하고, 후술하는 13세기의 '대레콩키스타'의 정복 활동에서도 주도권을 잡았다.

나바라왕국의 발전과 정체

피레네산맥 서부에서는 북으로부터 프랑크왕국, 남으로부터는 안달루시아의 압력을 받으면서도 바스크인이 서고트 시대 이래로 자율적 사회를 유지하고 있었다. 11세기에 쓰인 프랑스의 서사시 『롤랑의 노래』는 안달루시아를 제압하려는 프랑크왕국의 기사 롤랑의 활약을 그린 것인데, 실제 롱스보 고개에서의 패배(778년)는 바스크인들의 공격 때문이었다. 9세기 전반에 바스크인들은 이니고 아리스타Inigo Arista의 지휘하에 결집하여 팜플로나Pamplona 왕국을 건국하였고, 10세기 말에는 나바라왕국으로 명명하였다.

11세기 전반에는 산초 3세 대왕이 동쪽의 아라곤 백령과 서쪽의 카스티야 백령을 병합하고 나아가 레온왕국을 점령하여 보호하에 두고 반도 북부로 뻗어가는 패권국가를 세웠으나, 1035년 그가 죽으면서 유산이 4명의 아들에게 분할되었다. 카스티야 백령을 계승한 둘째 아들 페르난도는 후에 카스티야 왕이 되었고, 1037년 레온 왕 베르무두Bermudu 3세가 서거하자 레온 왕위도 계승하여 카스티야-레온왕국을 세웠다. 아라곤을 계승한 라미로Ramiro는 역시 왕을 칭하여 아라곤왕국을 세웠으며 산초가 남긴 영지도 11세기 후반에 병합시켰다.

12세기 전반에 나바라왕국은 다시 독립국가가 되었고, 산티아고 순례가 유행하게 되면서 팜플로나, 하카Jaca 같은 도시들이 번영했다. 그러나 서쪽에는 카스티야왕국이, 동쪽에는 아라곤 연합 왕국이 발전·확대되고, 북으로는 프랑스가 버티고 있는 상황에서 독립 왕국으로서 존속하기는 어려웠다. 소국 나바라는 프랑스 세력권으로 들어갔다가 다시 카스티야의 영향하에 놓이게 되었다. 15세기에는 심각한 내란을 거쳐 1512년에 카스티야에 점령당한 후 1515년에 카스티야왕국으로 편입되었다.

한편 아라곤왕국은 1060년대에는 안달루시아의 사라고사 왕국에 대한 레콩키스타를 본격화하여 1118년에 사라고사 점령을 실현했다. 에브로강 이남으로 경계 지역을 한꺼번에 확대시켰고 지역방위를 위해 귀족 가문에게 중요한 성채를 세습적으로 관리시켰다. 성채 보유와 군역 봉사를 통해 귀족이 왕권과 연결되는 관계가 형성됨으로써, 영주 권력이 강한 사회가 탄생했다.

히스파니아 변경령邊境領과 바르셀로나 백작의 우위

반도 북동부는 프랑크 왕 카를대제(카를 1세)에 의해 이슬람 세력에 맞서는 방위지역으로 인식되고 있었다. 대제는 785년에 지로나(헤로나)를, 801년에는 바르셀로나를 정복하고 카탈루냐 북부를 그 지배하에 두었다. 이 지역은 히스파니아 변경령이라 불렸는데, 통일된 정치체政治體가 아니라 프랑크 왕권에 복속하는 여러 백령들의 집합체였다.

변경 지역으로서 주인이 없는 땅이었던 카탈루냐 북부(구 카탈루냐라고도 함)에는 9세기에 피레네산맥 일대로부터 이주가 활발하여 많은 자유농민이 탄생하였으며, 백작에 대해 군역을 담당하는 병사가 되기도 했다. 카스티야의 경우도 마찬가지였다.

여러 백작 중에서도 바르셀로나 백작이 유력했지만 9세기 말 카탈루냐 국기 탄생의 일화(부상을 입고 병석에 누운 기프레 1세 털보 백작을 병문안했던 주군 프랑크 왕 샤를 2세가 기프레의 피 묻은 가슴을 손으로 닦아, 옆에 있던 금색 방패에 4개의 핏줄을 그어 기프레의 문장으로 했다고 함)는 역사적 사실과는 거리가 멀다. 또한 988년에 보렐 2세가 프랑크 왕에 대한 순종 서약 거부를 들어 건국의 해라고 카탈루냐 국민사학(19세기 스페인 국민사학 탄생에 대항하여 카탈루냐 역사가들은 카탈루냐의 독자적 행보를 강조한 역사를 썼다. 제7강 참조)에서는 칭송하지만, 1258년까지 프랑크왕국은 독립을 인정하지 않았다. '카탈루냐'라는 지리적 명칭이 등장하는 것도 레콩키스타가 진전된 12세기 이후의 일이다.

그렇기는 하나 10세기 이후 바르셀로나 백령을 중심으로 정치적 통합은 진전되었고 바르셀로나와 지로나의 도시적 발전은 두드러졌다. 바르셀로나 백작은 다른 백작들 및 유력 귀족과 각기 복종 계약을 맺고 봉건적 지배관계를 서열화했다. 11세기부터 12세기에 걸쳐 '바르셀로나 관습법'이 정비되어 새로운 봉건적 사회질서의 법적 기초가 되었다.

12세기에는 카스티야=레온왕국의 패권으로 위협을 받은 아라곤왕국은 바르셀로나 백령에게 접근했다. 1137년 아라곤 왕인 라미로 2세는 딸인 페트로넬라Petronela를 바르셀로나 백작 라몬 베렝게르Ramón Berenguer 4세와 혼인시키고 자진 퇴위했다. 여기서 아라곤 연합 왕국(원어로는 '코로나 데 아라곤Corona de Aragón')이 탄생하는데, 하나의 왕관(코로나) 아래에 놓인 여러 나라(아라곤과 카탈루냐,

후의 발렌시아)는 각자의 법, 제도, 언어 등을 유지했다. 이 왕조적 원리에 근거한 온건한 동군연합同君聯合은 근세 유럽의 '복합 군주정複合君主政'의 선례라고 말할 수 있다.

2. 카스티야왕국의 확대

카스티야왕국의 발전

 페르난도 1세가 세운 카스티야=레온왕국은 동군연합이었지만 나바라왕국이나 아라곤왕국과 싸우면서 판도를 넓혀 나갔다. 1065년에 페르난도가 사망하자 카스티야왕국과 레온왕국으로 분열되어 전자는 산초 2세가, 후자는 알폰소 6세가 통치하게 되었다가, 1072년 산초가 암살되어 알폰소가 레온 왕을 겸하게 되었다.
 위에서 서술한 바와 같이 카스티야=레온의 왕인 알폰소 6세는 두에로강 이남으로 레콩키스타를 가속화하면서 1085년에 이슬람교도 사이의 항쟁을 틈타 타호Tajo강 연안의 고도古都 톨레도를 정복했다. 그리하여 안달루시

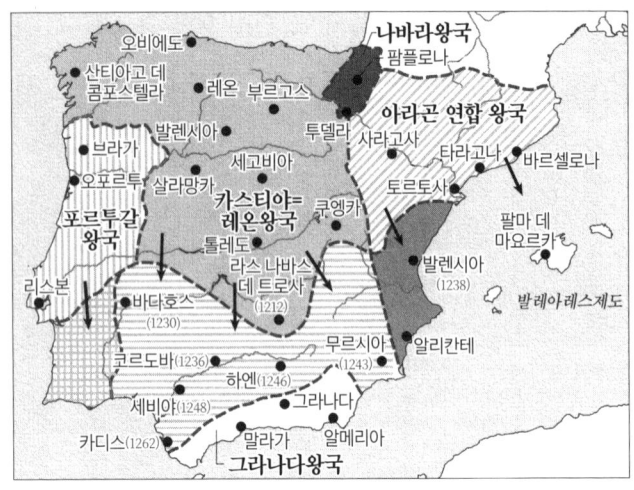

3-1. 13세기의 '대레콩키스타'

아와의 경계를 타호강 유역까지 남하시키는 결과가 되었다. 서고트 왕국의 수도 톨레도가 기독교도의 손으로 되돌아감으로써 나타난 심리적 효과는 매우 컸다.

뒤이은 우라카Urraca의 치세는 무라비트 군의 공세로 레콩키스타는 정체되었고, 산티아고 순례 도시에서 코뮌 운동(영주 지배로부터의 이탈을 목적으로 하는 움직임)이 발생하는 등, 내우외환의 시대였다. 그러나 1126년에 즉위한 알폰소 7세는 타이파 소왕국들의 내분을 교묘히 이용하여 타호강 유역으로부터 이슬람 세력을 일소하였다. 후술하는 '톨레도의 번역 그룹'이 왕성하게 활동했던 때가 이 무렵이다.

 1157년 알폰소 7세의 사후에 다시 카스티야왕국과 레온왕국으로 나뉘는데, 레콩키스타의 주도권을 쥐고 있던 것은 카스티야왕국이었다. 알폰소 8세는 1195년 알라르코스Alarcos 전투에서 무와히드 군에게 패하기는 했지만 1212년에는 그가 이끄는 기독교 연합군이 라스 나바스 데 톨로사 전투에서 무와히드 군에 크게 승리했다. 1230년 카스티야왕국과 레온왕국은 페르난도 3세에 의해 재통합되었다. 이후 두 나라는 분열하지 않고, 아라곤 연합왕국과 마찬가지로 복수의 왕국(레이노Reino)을 통치하는 하나의 왕관(코로나) 아래에 놓이게 되었다. 그 후의 카스티야왕국은 원어로는 '코로나 데 카스티야'이지만 왕국 내의 집권화가 정착되면서 '연합 왕국'적 성격은 없어졌다.

 카스티야왕국의 일체화가 진행된 것은 이 무렵부터 가산의 한사상속(限嗣相續, 대부분은 장자상속)이 일반화된 것 때문이었다. 여러 왕국이 경쟁하는 속에서 동일한 왕조의 존속을 위해서는 여러 자식으로 분할상속되는 것은 적합하지 않았다. 귀족들도 또한 이 무렵부터 가문 존속을 위해 장자상속을 하게 되어, 15세기에는 이 한사상속 제도(마요라스고mayorazgo)가 정착되었다.

'대레콩키스타'의 수행

라스 나바스 데 톨로사의 전투에서 승리한 카스티야왕국은 더 나아가 페르난도 3세의 지휘하에 '대레콩키스타'를 수행하여 그라나다, 말라가, 알메리아를 제외한 안달루시아(13세기 이후 스페인 남부를 가리키는 지리적 명칭으로, 반도의 이슬람 지배 지역 전체를 안달루스라고 부른 것에서 유래)의 거의 전 지역을 점령했다. 페르난도는 17세기에 레콩키스타의 공적으로 열성列聖되어 '성왕'聖王으로 불린다.[3]

뒤이은 알폰소 10세는 극적으로 확대된 왕국 영역을 통치하기 위해 로마법에 근거한 『7부 법전』 등을 편찬하여 왕국의 법적·제도적 통일에 힘썼다. 그러나 왕권 강화책은 재정복 지역의 무데하르의 폭동에 더하여 특권 옹호를 기도한 귀족 및 도시의 반발도 초래했다.

14세기 전반의 알폰소 11세의 치세 때는 지브롤터나 알헤시라스Algeciras를 획득하여 모로코 마린 왕조의 반도 침공 위협을 제거했다. 그러나 14세기 중반부터 카스티야는 위기의 시대로 접어들어 나스르왕조에 대한 레콩

---

[3] 1671년 교황 클레멘스 10세에 의해 열성되어 「聖王」(el Santo)의 칭호를 부여받았다.

키스타는 둔화되었다.

13세기부터 14세기 초의 카스티야왕국의 확대는 순조로운 경제 발전이 버팀목이 되었다. 양모 생산이 확대되어 세고비아, 톨레도, 쿠엥카 등지를 중심으로 모직물 공업이 발달했다. 엑스트레마두라Extremadura부터 안달루시아로 레콩키스타가 진행되어 성속聖俗 대영주의 광대한 목초지가 확보되면서 메세타 북부와 남부의 장거리 유목이 가능해졌기 때문이다. 이 유목으로 사육한 메리노 양의 양모는 많은 수요를 창출하여 카스티야의 양모 생산은 근세까지 계속 확대되었다. 알폰소 10세는 장거리 유목업자의 전국 조직으로서 전국 메스타를 설립하여 특권이나 재판권을 부여하고 보호했다.

카스티야왕국의 위기

1348년에 반도를 습격한 페스트는 다음 해에 걸쳐 카스티야로 퍼졌다. 14세기 전반에는 기후 불순과 흉작이 이어져 특히 민중들의 영양 상태가 나빴기 때문에 인구의 약 20%를 잃는 대량 사망으로 이어졌다. 사람들이 일상적으로 죽음에 직면하는 시대가 시작되었고, 그 공포는 '죽음의 무도'로 불렸다.

13세기의 대레콩키스타로 안달루시아에는 메세타 중앙 지역으로부터 이주한 사람들로 인해 상당히 많은 소규모 토지 소유가 형성되었는데, 인구 감소와 경제적 곤란 속에서 농민들이 토지를 포기하였다. 근대 안달루시아 풍경의 특징이라 할 수 있는 라티푼디오(latifundio, 대토지 소유)는 이 시기에 유력 귀족들이 버려진 땅을 모은 결과였던 부분이 크다. 이런 위기에 즉위한 페드로 1세는 물가와 임금의 통제, 농민의 토지긴박을 명하여 사회의 동요를 막으려고 했다. 유력 귀족의 영향력을 줄이는 왕권 강화책을 펴고, 유력 유대인이나 하급 귀족 출신의 문관(레트라도)을 등용했다.

왕권과 귀족의 대립이 심화되는 가운데 1354년, 페드로의 이복동생인 엔리케 데 트라스타마라가 왕위 찬탈을 노리고 봉기했다. 이 분쟁에는 아라곤 연합 왕국, 포르투갈 왕국, 나스르왕조 그라나다왕국, 나바라왕국 등 여러 세력이 개입했다. 영·프의 백년전쟁도 영향을 미쳐 페드로에게는 영국인 용병이, 엔리케에게는 프랑스인 용병이 지원했다. 페드로는 1369년에 몬티엘Montiel에서 살해되고 엔리케가 엔리케 2세로 즉위하여 트라스타마라 왕조를 열었다. 페드로에게는 함부로 유대인을 등용하여 기독교 이념을 배반한 '잔인한 왕'이라는 꼬리표가 붙여졌다.

트라스타마라 왕조하의 카스티야

내란으로 즉위한 엔리케 2세의 권력 기반은 약했다. 그래서 왕은 종래의 혈통 귀족을 대신하여, 봉사 귀족이라 불리는 충실한 단체의 창설에 힘을 쏟아 지지파 귀족에게 왕령지 및 작위를 아끼지 않고 부여했다. 이 특권 부여는 '엔리케의 은혜'라고 불릴 정도로 관대한 것이었다.

스페인의 각 왕국에는 12세기 말 이후 귀족, 성직자, 도시의 대표(의회에 대표 파견을 승인받은 여러 도시의 대표)의 각 부회로 구성되는 왕국 의회(신분제 의회)가 만들어져 각기 왕권을 제약하는 역할을 맡았다. 후술하는 아라곤 연합왕국 나라들의 의회와 비교하여, 카스티야왕국 의회(코르테스)는 큰 권한을 갖지 못했지만 내란으로 약화된 왕권에 대해 여러 도시대표로 구성된 의회는 임시 조세를 얻고, 유력 귀족을 견제하여 왕권을 정당화하기 위한 수단이 되었다. 실제로 14세기 후반 엔리케 2세와 후안 1세의 치세에는 왕국 의회가 빈번하게 개최되었다. 이 시기 의회의 대표를 파견하는 도시의 수는 최대에 달했으나 왕권이 안정화됨에 따라 그 수는 감소하고 의회의 권한도 축소되었다. 왕권은 도시 통제를 강화하여 국왕 대관(代官코레히도르)의 도시 파견도 빈번해졌고 고등법원, 국왕 고문회의 등과 같은 통치기관도 정비되었다.

그러나 왕권의 강화와 통치기관의 재편은 국왕 자신의 자질과 유력 귀족에게 주는 '혜택'에 크게 의존하고 있었다. 1406년, 엔리케 3세가 죽고 후안 2세가 겨우 두 살나이에 즉위하여 모후인 카탈리나와 숙부 페르난도 데 안테케라Antequera가 섭정을 하자 유력 귀족들 간에 당파 싸움이 표면화되었다. 페르난도는 1412년 카스페Caspe 회의에서 아라곤 연합 왕국의 왕(아라곤 왕 페르난도 1세)으로 선출되어, 아들들(아라곤의 왕자들)을 통해 카스티야 정치에 영향력을 행사했다. 알바로 데 루나Albaro de Luna를 필두로 한 국왕 지지파 귀족들은 이에 대항했고, 나아가서는 카스티야 유력 귀족들이 당파를 만들어 두 사람에게 반발했다.

후안 2세는 말년에 아라곤파 귀족을 올메도 전투(1445년)에서 패배시켰고 알바로 데 루나도 그 후에 실각했다. 그러나 후계인 엔리케 4세에게는 카스티야의 유력가문들이 앞을 막았다. 국왕은 '절대왕권'을 주장하며 왕권 강화에 힘썼지만 반대파 귀족 앞에서는 무력했고, 후사 없이 1474년에 사망하여 후세에 '불능왕'El imotente이라는 오명을 얻었다.

대부분의 귀족들은 엔리케 4세의 이복 여동생인 이사벨을 다루기 쉬운 대상이라 여기고 그녀의 국왕 즉위를 지지했다. 하지만 이 이사벨이 카스티야의 새로운 시대를 일으켜 세우게 된다.

3. 아라곤 연합 왕국의 지중해 진출

아라곤 연합 왕국의 발전

앞서 말한 것처럼 1137년에는 바르셀로나 백령과 아라곤왕국의 연합 왕국인 '아라곤 연합 왕국'이 만들어졌다.

카탈루냐 국민사학에서는 이것을 '카탈루냐-아라곤 연합체'라고 부르는데 이는 역사적 사실은 아니다. 그러나 광대한 바르셀로나 백령이 연합 왕국의 주체가 된 것이 분명하므로, 이후 국왕 이름을 카탈루냐어로 표기하면서 카탈루냐를 중심으로 서술해 보려 한다.

12세기 중반, 아라곤 연합 왕국은 안달루시아의 혼란을 틈타 에브로강 하류 지역(레이다, 토르토사)을 정복했다. 요브레가트강 이북은 구카탈루냐, 새로운 정복 지역은 신카탈루냐라 불리는데, 이 신·구 카탈루냐 영역은 14세기 이후 '카탈루냐 공국'으로 불리게 된다. 덧붙여 아라곤 연합 왕국은 남프랑스에 관심을 두고 북카탈루냐(현재는 프랑스령 로세욘, 세르다냐)를 확보했지만 1213년 뮈레 전투에서 카페 왕권에 패하여 더 이상의 북방으로의 확대는 저지당했다.

이에 아라곤 연합 왕국은 영토 확장의 방향을 안달루시아와 지중해로 돌렸고 차이메 1세가 주도권을 발휘했다. '정복왕'으로 불린 것처럼, 귀족층의 요구에 응하는 형식으로 재정복을 진행하여 1230년에 마요르카, 1245년에는 발렌시아를 공략했다. 각각 왕국으로서 아라곤 연합 왕국에 편입되었는데, 마요르카는 14세기 중반에 왕국의 지위를 잃게 된다. 마요르카와 발렌시아 연안에는 카탈루냐인이, 발렌시아 내륙에는 아라곤인이 이주하였기 때문에 발렌시아는 현재도 2개 언어 지역이다(연안 지역의 카탈루냐어 발렌시아 방언, 내륙지역의 스페인어). 또 피점령지에는 새로운 영주 지배를 도입한 이슬람교도가 잔존해 있어서 독자적인 신앙과 법률을 유지하는 무데하르를 다수 떠안는 사회가 되었다. 더욱이 알리칸테 이남으로도 세력을 확장하려 했으나 카스티야의 확대와 부딪히며 저지되었다.

13세기부터 14세기에 걸쳐서는 각 왕국의 통치 기구가 정비되었다. 카탈루냐에서는 성직자·귀족·도시의 대표들로 삼부회 의회(코르츠)가, 아라곤에서는 귀족이 대귀족과 하급 귀족으로 나뉜 사부회 의회(코르테스)가 13세기 후반에 기능하기 시작하여, 각 신분별로 힘의 크기를 반영하면서 둘 다 의회가 국왕 입법에 대한 동의권을 갖는 등, 왕권을 제약하는 권한을 갖고 있었다. 의회 폐회 중에 임시세의 징수관·관리를 담당하는 의회 상설 대표부(카탈루냐에서는 제네랄리타트, 아라곤에서는 디푸타시온)도 조직되었다. 국왕은 각 의회의 의향을 무시할 수 없어 전체적으로 '통치 계약주의(파그티스모[4])'의 전통이 형성되면서 중세 말부터 근세에 걸쳐 아라곤 연합 왕국에서는 '강권적 왕정'으로의 움직임은 억제되었다. 또한 카탈루냐에서는 바르셀로나시의 정치적, 경제적 비중이 압도적이었다. 13세기 중반, 시 참사회와 백인百人 회의라는 도시 통치 제도가 확립되어 도시귀족은 대폭적인 자치권을 향유했다.

지중해 제국

반도에서의 영역 확장을 바랄 수 없게 된 아라곤 연합 왕국은 지중해 진출도 적극적으로 진행했다. 지중해 교역으로 얻는 이익에 영주 귀족도 도시귀족도 모두 참여했다. 13세기 말부터 14세기 초에 걸쳐 시칠리아섬, 사르데냐섬을 정복하고 더 나아가 그리스에 세워진 십자군 국가인 아테네 공국과 네오파트리아 공국을 점령했다.

---

4) 인민과 지배자 사이의 계약으로 자주 독립의 개인끼리 맺는 계약과 다르다. 이 계약으로 인민은 몇 개의 중요한 권리를 유보하며 평화와 질서유지를 위해 지배자에게 통치를 위임하며 이에 복종할 것을 약속한다. 따라서 지배자는 인민의 권리를 보장하고 통치 의무를 이행하여야 한다. 이는 이미 중세부터 존재하였으며 근대 사회계약설의 이론적 선구라고도 말해지나 본질적으로는 신분 사회를 전제로 하는 점에서 자유 평등한 개인을 전제로 하는 사회계약설과는 구별된다.

아테네 공국 등의 찬탈에는 카탈루냐인 용병 집단(알모가베르스)이 크게 관여했다.

이 지중해 진출은 직접적인 영토 확장 보다는 각지의 정권으로부터 빼앗은 거류지를 연결하는 네트워크 형성에 역점을 두고 있었다. 서지중해에서는 시칠리아섬이나 사르데냐섬에서 이베리아반도로 밀이나 소금을 들여왔고 마그레브와의 교역에서는 금·노예·밀 등이 수입되고 와인과 올리브유를 수출했다. 동지중해와의 교역에서는 향신료나 노예를 수입하고 농산물을 수출했다.

해상 거래의 원활화를 위해 지중해의 주요 도시에는 연합 왕국의 상무관(거래소와 창고를 갖춤)이 설치되었고, 바르셀로나와 발렌시아에는 상업 재판소를 두었다. 나아가 주로 바르셀로나 시참사회가 선출, 임명하는 영사(콘술)가 해외 거류지에 파견되었고 관련 분쟁 처리를 위한 '해사 관습법'이 성립되었다.

이 동안에 바르셀로나는 크게 발전하여 14세기 중반에는 인구 5만 명에 달할 정도가 되었다. 이러한 급속한 확장으로 아라곤 연합 왕국은 제노바나 베네치아에 비견되는 '지중해 제국'이 되었으나, 그 지배 영역은 과도하게 분산되어 있었다. 14세기 중반 페스트의 대유행으로 이 네트워크는 크게 동요하게 된다.

경제 위기와 사회적 대립의 격화

14세기 중반 페스트가 인구동태에 미친 영향은 아라곤 연합 왕국에서 심각했다. 특히 참혹했던 것은 카탈루냐에서 인구의 약 40%가 사라졌다고 추계되는 점이다. 발렌시아와 마요르카도 페스트의 여파로 힘들었으나 15세기에 들어서면서 견직물 생산을 중심으로 발렌시아 경제가 순조로이 회복되어 다른 여러 나라로부터도 이주자들이 유입되었다. 바르셀로나 시가 정치적·사회적 혼란으로 힘든 와중에, 발렌시아 시가 지중해 연안의 가장 중요한 상업도시가 되었다.

카탈루냐에서는 사회불안이 고조되는 가운데 1391년 반유대 폭동이 여러 도시를 강타했다. 시정을 좌지우지해 온 과두 지배층과 중·하층 시민의 대립이 그 배경에 있었다. 바르셀로나에서는 전자는 비가, 후자는 부스카로 불리며 그 당파 대립은 15세기 내내 지속되었다. 카탈루냐 농촌에서는 라멘사 농민(토지긴박으로부터 해방되기 위해서는 신분 매수가 필요했다)이 영주 제도의 철폐와 '악습' 폐지를 요구하며 14세기 말부터 봉기를 거듭했다.

1410년에 바르셀로나 백작 가문의 마지막 당주當主인 마르티 1세가 후사 없이 죽자 정치적 혼란이 가중되었다. 1412년 연합 왕국을 구성하는 아라곤, 카탈루냐, 발렌시아의 각 대표가 카스페에 모여 페르난도 데 안테케라를 새로운 왕(바르셀로나 백작 페란 1세, 아라곤 왕 페란도 1세)으로 추대했다. 카스티야의 트라스타마라 왕조의 한 분가가 연합 왕국을 통치하게 된 것이다.

페란 1세는 4년 후에 죽고, 후계자인 알폰소 4세(아라곤 왕 알폰소 5세)가 1458년까지 통치했다. 둘 다 카스티야왕국의 내정에 개입했는데, 의회의 반대도 있어 1440년대에는 이를 그만두었다. 알폰소의 관심은 단절된 프랑스의 앙주 가문을 대신하여 이탈리아 남부의 나폴리왕국을 계승하는 쪽으로 기울여져, 1435년 출범 이래 카탈루냐에는 돌아오지 않았다. 알폰소는 1442년에 나폴리 왕위를 획득하여 시칠리아와 나폴리의 '양 시칠리아왕국'이 성립했으나, 지중해에서 제노바인의 상업 패권을 무너뜨릴 수는 없었다. 제노바인은 카스티야왕국과 동맹을 맺고 있었기 때문에, 카탈루냐 상업은 아프리카 대서양 연안의 무역 루트로 진입할 수가 없었다.

국왕 부재가 된 아라곤 연합 왕국 제국은 더욱더 정치적으로 혼란해졌다. 계속되는 주안 2세(후안 2세)의 치세에는 국왕과 왕태자 비아나 공작 카를로스의 대립으로, 1462년부터 10년간 도시도 농촌도 내란 상태가 이어졌다. 이사이에 카탈루냐는 괴멸적 피해를 입어 바르셀로나부터 많은 자본과 인구가 유출되었다. 아라곤 연합 왕국의 명운이 뒤이은 페란 2세(페르난도 2세)의 손에 달리게 되었다.

4. '세 종교의 공존'

『성모마리아 찬가집』과 세 종교

레콩키스타의 진전에 따른 기독교 제국의 남하는 기독교의 배타적 종교 원리에 기반한 법 공동체의 성립으로 바로 이어지지는 못했다. 남아 있던 이슬람교도(무데하르)는 각지에서 신앙을 이어가며 자치권을 보장받는 공동체를 존속시켰다. 유대인도 또한 서고트 왕국 말기와는 달리, 14세기 후반까지는 큰 박해를 받지 않고 유대인 공동체(알하마aljama)를 조직했다. 현재도 스페인 도시에서는 이슬람교도 거리(모레리아moreria)와 유대인 거리(후데리아juderia)의 흔적을 볼 수 있다.

전통적인 국민사학에서는 가톨릭 양왕 시대(4강 참조)에 있었던 이교도의 추방과 강제 개종은 위업으로 칭송받았다. 그러나 오늘날의 스페인은 이문화·이종교의 공존을 필요로 한다. 1992년에 '안달루시아 500년'과 '세파라도 500년'(세파라도는 유대인이 이베리아반도에 붙인 호칭)이 기념·현창되었는데 이것은 스페인 중세를 세 개의 종교가 공존한 시대로 높이 평가한 때문이었다. 수도 마드리드에는 '세 문화의 정원'이 정비되었다.

그러나 현대적 과제를 동기로 하여 과거를 이상화해서는 안 된다. '세 종교의 공존'은 기독교도의 우위를 전제로 한 것이며, 기독교 세계와 이슬람 세계의 경계로서 이집단의 상호 의존을 필요로 한 지역의 시대적 현상이었다.

이 우위를 단적으로 묘사하고 있는 것이 13세기 후반의 알폰소 10세 치하에 만들어진 다양한 서적의 삽화이다. '현왕'이라고도 '세 종교의 왕'으로도 불린 알폰소는

3-2. 『성모마리아 찬가집』(25번)의 사본 삽화: 유대인 고리대금업자와 기독교도 상인의 거래 모습이 그려져 있다
(엘 에스코리알 수도원 도서관)

세 종류의 다른 종교 공동체 사람들이 교류하는 것을 그리게 했는데, 장사하거나 체스를 두거나 악기를 연주하는 장면 등 서로 다른 풍속이 공존하는 그림이 들어가 있다. 그러나 『성모마리아 찬가집』에는 성모 숭배와 함께 이단자나 이교도를 우롱하는 기적 이야기도 적지 않게 수록되어 있다. 기독교 신앙의 우위를 빼고는 이 공존을 생각할 수 없었다.

그렇기는 해도 13세기까지의 일상생활 속 접촉은 기독교도들로 하여금 우월감과 함께 유대인은 설교를 통해 기독교로 개종할 것이라는 낙관론을 갖게 했다. 『성모마리아 찬가집』에서도 설득이나 기적을 통해 진리에 도달하여 개종한다는 유대인 개종 설화가 들어 있다. 그러나 14세기 위기의 시대가 도래하자 기독교도들은 '희생양'

을 필요로 했다. 이교도, 특히 유대인은 예수라는 '신을 죽인 백성'으로 간주되어 개종 문제는 비관론으로 바뀌어 갔다.

톨레도의 번역 그룹

스페인 중세의 '세 종교의 공존'의 전형적 사례로서 12~13세기에 톨레도에서 활약한 '번역 그룹'이 자주 거론되어 왔다. 1085년에 기독교도의 지배하로 돌아온 톨레도는 고전 문화와 이슬람학 연구의 중심 도시가 되어 많은 아랍어 문헌이 라틴어로 번역되었다. 이븐 시나의 의학서 등과 더불어 아리스토텔레스, 에우클레이데스(유클리드) 등의 고전(아라비아어 번역으로 남겨졌던 것)이 번역되어, '12세기 르네상스'라 불리는 유럽 중세의 고전 문화 부흥에 큰 영향을 준 것으로 평가되고 있다.

그러나 그 대부분은 기독교도, 유대교도, 이슬람교도의 삼자가 협동한 것이 아니다. 기독교도 성직자가 유대인이나 원래 모자라베(안달루시아의 기독교도)의 협력을 얻어 아라비아어를 스페인어(카스티야어)로 번역한 뒤 다시 라

3-3. 『사랑의 기도서』에 그려진 유대인의 신앙심 없음을 조롱하는 삽화. 악마가 눈을 감고 귀를 막고 있다. (대영도서관 Yates Thompson 31)

틴어로 번역한 것이다. 스페인어가 번역자와 협력자의 공통언어였다. 잔류한 이슬람교도, 즉 무데하르가 이 일에 관여하는 비율은 적었던 것으로 보고 있다.

정복 당초는 톨레도에도 많은 무데하르가 있었지만 결국 그 대부분이 안달루시아로 이주해 갔다. 항복 협정에 반하여 대모스크는 교회로 사용되기 위해 접수당했고 기독교도 우위의 사회가 형성되었기 때문이다. 또한 고딕 양식의 현 톨레도 대성당은 13세기에 이 땅에 세워진 것이다.

반유대 폭동과 콘베르소 문제

서유럽이 기독교 사회로서 발전하는 과정에서 유대인의 추방은 공통된 사건이었다. 13세기 말 영국에서 시작되어 각지에서 추방령이 내려졌는데 스페인에서는 1492년에서야 실시되었다. 이렇게 늦어진 기본적인 이유는 위약한 왕권이 레콩키스타와 재식민을 수행하려는 목적을 위한 배려 때문이었다.

유대인 공동체의 대부분은 수공업이나 소규모 상업에 종사하는 민중이었지만 유력자들은 대규모 상업이나 금융업, 징세 청부에 종사하고 있었다. 그중에는 재무행정에 능통해 국왕 측근으로 활약하거나 궁정의로서 이름을 떨치는 사람도 있었다. 페드로 1세의 재무장관으로 일한 슈무엘 할레비가 건립한 톨레도의 시나고그(현재는 세파라도 박물관)는 그 권세를 엿보게 한다.

14세기 중반의 페스트 유행과 사회불안의 고조 속에서 유대인 공동체에 대한 시선은 크게 변화하였다. 성직자 중에는 유대인은 성체 모독이나 의례儀禮 살인[5]을 한

---

5) 종교적·주술적 힘을 얻기 위해 신체의 일부를 의식에 따라 자르거나 하는 살인을 말함.

다는 반유대 설교를 반복하여 민중을 선동하는 사람들이 나타났다. 고리대금업자로 악덕하다는 전형적인 유대인 이미지가 확산되었다. 도시 내부의 정치적 알력이 고조되자 유대인 편을 드는 것은 절호의 공격 재료가 되었다.

1391년 세비야에서 반유대 폭동이 일어나자 코르도바, 톨레도, 부르고스, 바르셀로나 등 주요 도시로 번졌다. 유대인 거리는 약탈당했고 다수의 유대인이 기독교로의 개종을 결단했다. 약 그 3분의 1에 해당하는 유대인이 '콘베르소'(개종 유대인)가 된 것으로 보인다.

그러나 사태는 더욱 복잡해졌다. 법적 제약을 받지 않게 된 유대인 유력자들이 성직자와 도시 공무원이 되는 사례가 늘어난 때문이었다. 조상이 유대인인 것이 드러난 신 기독교도들이 지배층으로 합류하면서 민중의 반감을 샀다. 그중에는 위장으로 개종한 사람도 있어 콘베르소는 '말라노'(숨어 있는 유대교도)라는 비난의 목소리도 나왔다. 15세기에는 반콘베르소 폭동도 발생하여 콘베르소 문제는 스페인 사회의 난제가 되었다.

전통적 도시 관직의 보유자 중에는 민중의 반발을 피하기 위해서 자신들은 '오래전부터 기독교도'임을 증명하는 움직임이 나타났다. 이 움직임은 근세에 들어서 여러 특권 단체가 '피의 순결 규약'(조상에 유대인이나 무어인[6]의 피가 섞여 있지 않음)을 가입 요건으로 하는 것으로 이어졌다.

---

[6] 8세기 이후 이베리아반도에 침임해 온 북아프리카의 이슬람교도를 유럽인들이 부르는 호칭, 북아프리카 지방 원주민을 의미하는 마우리(라틴어), 모로스(Moros, 스페인어)에서 유래했고 실제로는 베르베르인을 지칭하는 경우가 많고 나중에는 이슬람교도 일반의 의미로도 사용되었다.

제 4 강

가톨릭 양왕의 통치에서 스페인 군주국으로
15세기 말~16세기

교황 앞에서 펠리페에게 왕권을 맡기는 그리스도(히에로니무스 빌리쿠스의 판화, 1585년). 지구의는 검, 올리브 가지, 왕관, 십자가로 장식되어 있다.

1474	카스티야왕국의 왕으로 이사벨 1세 즉위
1479	아라곤 연합 왕국의 왕으로 페르난도 2세 즉위
1480	세비야에 이단 심문제 시행
1492	그라나다왕국 멸망
	유대교도에 추방·개종령
	콜럼버스, 서인도제도에 도착
	『카스티야 어문법』출판
1502	카스티야에서 무데하르 추방·개종령
1512	나바라왕국 점령(1515 카스티야왕국으로 편입)
1516	카를로스 1세, 브뤼셀에서 즉위 선언. 합스부르크조 스페인 시작
1519	카를로스 1세, 신성 로마 황제로 선출.
1520	카스티야 여러 도시의 코무니다데스 반란(~1521)
1521	코르테스, 아즈텍제국을 정복
1533	피사로, 잉카제국을 정복
1556	펠리페 2세 즉위
1557	생캉탱 전투에서 프랑스에 승리
1561	펠리페 2세, 마드리드를 궁정 도시로 만듦
1568	네덜란드 여러 주, 독립 전쟁을 개시(~1648)
	그라나다에서 모리스코(이슬람에서 가톨릭으로 개종한 사람)의 반란(~1571)
1571	레판토해전
1580	펠리페 2세, 포르투갈 왕 필리프 1세로 즉위 선언
1588	'무적함대', 영국 함대에 패배
1598	프랑스와의 베르뱅 조약
	펠리페 2세 사망

1. 가톨릭 양왕의 동군연합

공동통치와 '스페인 군주국'

중세 스페인에서는 서고트 왕국 시대의 선거 왕정을 대신하여 세습 왕정이 되었으나 3강에서 언급한 바와 같이 레콩키스타 과정에서 다양한 왕국·영국領國이 탄생하여 합종연횡을 반복했다. 어느 왕가가 통치하는 나라가 후계자가 없어 다른 나라에 병합되거나 어떤 왕가의 영지가 복수의 계승자로 분할 상속되거나 하여, 현재의 스페인 전 영역을 포괄하는 하나의 왕가가 탄생하기까지는 긴 시간을 필요로 했다.

1469년, 카스티야왕국의 왕녀인 이사벨과 아라곤 연합 왕국의 왕자 페르난도(페란)가 결혼했다. 이사벨에게는 나중에 아라곤 연합 왕국을 계승할 페르난도의 지원을 받아 왕위를 확고히 하려는 목적이 있었고, 페르난도는 강력한 카스티야왕국의 원조를 받아 연합 왕국의 내홍에 종지부를 찍으려는 의도를 갖고 있었다.

1474년 의붓오빠인 엔리케가 죽자 이사벨은 즉위를 선언, 엔리케의 딸 후아나의 옹립을 기도한 포르투갈의 지원을 받은 세력을 물리치고 1476년에는 카스티야의 왕위 계승을 확고히 했다. 1479년에 페르난도가 아라곤 왕으로 즉위하여 카스티야와 아라곤의 공동통치가 실현되고, 마침내 그라나다왕국과 나바라왕국도 병합하여 현재의 스페인 영역을 지배하에 두었다.

가톨릭 양왕이라는 칭호는 1496년에 교황 알렉산데르 6세가 두 사람에게 부여한 것인데, 혼인 협정에 의거하여 두 사람은 상대 나라의 '왕배王配'(왕의 배우자)가 아닌 '공동통치 왕'이 되었다. 자손이 태어나면 '동군연합'의 단독 군주가 되는 것이었으나 1504년, 이사벨은 계승 왕자를 낳지 못한 채 죽었다. 페르난도는 아라곤 연합 왕국을 독자적으로 존속시키기 위해 재혼했지만 아이를 얻는 행운은 없었다. 그 결과, 두 개의 왕국은 합스부르크가의 펠리페(신성 로마 황제 막시밀리안 1세의 아들)에게 시집간 후아나가 계승하고 나아가 그 자식인 카를이 이어받았다.

왕위 계승에 우연이 겹쳐 양국의 '통일'은 그 후에도 유지되었으나 당분간은 '동군연합'으로서 법 제도, 의회, 화폐, 조세, 군사 제도 등은 그대로 유지되었다. 이른바 '스페인'이 영역적으로 실현된 것인데, 19세기 이후의 국민 국가 스페인과는 구별해야 하며, 가톨릭 양왕의 시대를

'스페인 통일국가의 실현'이라고 하는 이해는 옳지 않다. 다만 카탈루냐 등 근대 지역 내셔널리즘이 주장하는 바와 같이 18세기 초까지 각각이 독립국가였던 것도 아니고, 근세 역사 과정을 통해 서서히 왕권에 의한 여러 나라의 통합과 집권화가 진행되었다는 점에도 유의했으면 한다.

이와 같이 여러 왕국과 여러 영지가 한 사람의 군주(경우에 따라서는 공동통치 2인)에 의해 지배되는 근세 유럽의 정치체제는 특히 영국의 역사가 엘리엇[1]의 제창을 받아들여 '복합 군주정'이라 불리고 있다. 스페인의 경우는 1479년 카스티야와 아라곤 공동 통치의 실현이 그러한 정치체제의 출발점이었음은 틀림이 없다. 다만 두 왕은 '스페인 국왕'이라는 직위를 채택하지 않고 정식 직위는 카스티야 왕, 아라곤 왕, 바르셀로나 백작이라는 여러 나라의 왕 그대로였음에 주목할 필요가 있다. 16세기 중반에 '스페인 군주국'(모나르키아 히스파니카)라는 호칭이 일반화되는데, 이때도 '스페인 국왕'은 통칭에 지나지 않았다 (제7강 참조). 덧붙이자면 '스페인 국왕'이란 단일 직함이 공식적으로 사용된 것은 19세기 초이다.

---

[1] John Huxtable Elliott

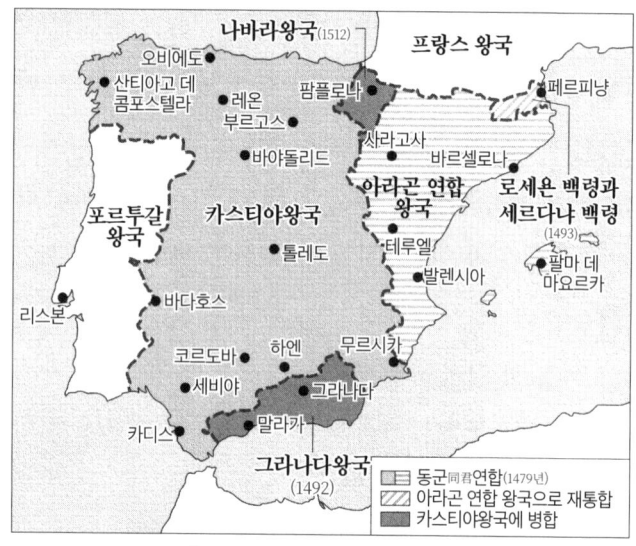

4-1. 가톨릭 양왕 시대의 이베리아반도

 또한 근세 유럽의 왕위 계승은 장자상속이 우선이었는데, 그런 상속이 이루어지지 않는 경우에는 계승권을 둘러싼 복잡한 분쟁이 발생했다. 타국 왕조와의 혼인은 우호 관계를 구축할 뿐만 아니라, 계승권의 순위에 따라서는 다른 나라를 자신의 왕조 아래 두는 것을 가능케 했다. 따라서 가톨릭 양왕을 포함하여 '복합 군주정'에 입각한 왕권은 혼인 정책을 왕조의 존속·확대의 중요한 방법으로 보고 있었다. 덧붙여 역사가들은 근세 유럽의 국가를 '왕조 국가'라고도 부르고 있다.

카스티야왕국의 우위

두 왕의 결혼은 전통적 국민사학이 서술하고 있는 것과 같은 양자 동권은 아니었다. 카스티야왕국과 비교하여 아라곤 연합 왕국은 너무나 작은 나라였기 때문이다. 전자는 인구가 약 430만 명으로 면적은 38만 5천㎢였던 데 비해, 후자의 인구는 약 86만 5천 명이고 면적은 11만 ㎢에 지나지 않았다.

더구나 카스티야 경제는 영국이나 플랑드르로 양모 수출을 축으로 해서 순조롭게 확대되어 대서양 교역도 시작하려던 참이었던 반면, 발렌시아의 경제는 회복되었지만 아라곤의 정체는 부정할 수 없어 카탈루냐에는 이전의 지중해 제국의 그림자조차 없었다. 더구나 아라곤 연합 왕국에는 왕권을 제약하는 통치계약주의가 뿌리내려 있었다. 따라서 공동통치 왕인 두 사람은 트라스타마라 가문 왕조의 안정을 위해서는 카스티야왕국 통치를 재편·강화하여 '강권적 왕정'을 실현할 필요가 있었다.

카스티야왕국을 살펴보면 1476년, 여러 도시에 할당하여 보기병인 산타 에르만다드(신성 도시동맹)를 창설하여 거리의 치안 회복을 맡게 했다. 주요 도시에는 국왕의 관리를 항상적으로 파견하여 지방의 당파 분쟁을 억눌렀다. 의회 대표를 파견하는 도시의 수를 제한하고 의회의 소집 회수를 줄여 그 정치력을 감소시켰다. 유력 귀족에게는 전 국왕이 부여한 특혜는 무효로 하는 한편 영지, 조세, 징수권, 세습연금 등은 새롭게 인정함으로써 영주로서의 지위를 보장했다.

카탈루냐는 1486년 과달루페 법령[2]을 발하여 라멘사 농민의 요구에 부분적으로 대응하여 타협적 해결을 기도하는 한편, 도시 참사관(칸시예르) 선출에 '추첨제'를 도입하여 도시 여러 계층의 대립을 완화시켰다. 페르난도는 주로 카스티야에 체재하며 부재한 경우가 많았기 때문에 아라곤 연합 왕국 나라들에는 부왕을 두었고, 1494년 이후 궁정에 아라곤 고문회의를 설치했다. 그러나 연합 왕국의 통치 제도를 변경하는 일은 없었다.

1480년에는 이단 심문제(후술)를 제정했으나 이는 교황청이 중세에 만든 이단 심문제와는 달리 왕권 주도의 것이었다. 이 이단 심문제의 당초 목적은 말라노[3]의 적발

---

[2] 농지로부터의 이동의 자유를 요구하는 농민(라멘사 농민)들의 요구에 응해 농민의 이동의 자유를 인정한 규정
[3] marrano, 스페인어로 돼지 내지는 비천한 자라는 의미, 역사적 용어로서는 콘베르소로 불렸던 기독교로 개종한 유대인을 모욕적으로 부르는 호칭으로 콘베르소 중 위장 개종자를 '말라노'로 부르기도 했다.

에 한정되어 있었다. 그러나 마침내 이단 심문제는 제국의 특권의 벽을 넘은 스페인 공통의 제도가 되어 '가톨릭 군주국'이라고도 불린 스페인의 신민 통치의 사다리가 되어갔다.

네 가지 사건

1492년에는 스페인 역사를 좌우하는 네 가지 사건이 겹쳐 일어났다. 제1 사건은 가톨릭 양왕의 그라나다 입성으로 이로 인해 레콩키스타가 완료되었다. 제2의 사건은 유대교도 추방령의 공포로 유대인은 종교를 포기하거나 추방을 강요받았다.

이 두 가지 사건이 의미하는 바는 크다. 이베리아반도에서는 왕권의 권위를 받아들이는 한 이교도의 종교·법 공동체의 존속이 인정되어 왔지만 이후 기독교도만이 신민임을 허용하는 사회가 되었다.

그렇기는 하나 1492년 단계에서 이슬람교도 추방은 기정사실은 아니었다. 항복협정에서는 신앙과 재산이 보장되었지만 동화를 강요하는 성직자에 반발하여 무데하르의 폭동이 일어났기 때문에, 1502년에 카스티야의 무데하르에 개종 칙령이 발령되었고 1526년에는 아라곤으로 확대되었다. 유대교도 추방령도 기독교로 개종시키는 것이 목적이었다. 10만 명의 유대인들이 반도를 떠났으나 개종한 자도 많았다.

이교도 공동체를 허용하는 정치 문화는 소멸했지만, 구기독교도가 신기독교도를 동포로서 받아들이는 것도 쉽지 않았다. 근세를 '갈등의 시대'라고 평한 역사가가 있었는데, 콘베르소와 '모리스코'(이슬람에서 개종한 사람) 취급을 둘러싼 갈등은 그 후의 스페인을 특징짓게 된다.

제3의 사건은 콜럼버스가 '인디아스', 즉 아메리카 신대륙에 도달한 것이다. 이후 이 땅의 정복·식민, 선주민에 대한 포교, 부의 수탈과 스페인 제국의 전개는 떼어서 생각할 수가 없다. 그러나 '콜럼버스 교환'이라는 역사 용어가 역사가 크로스비[4]에 의해 제창된 것처럼, 인류사에서의 의미는 훨씬 크다. 역사시대에 들어선 이래 교류가 없었던 두 개의 세계가 조우했기 때문이다. 유럽에서 들어

---

4) Alfred Worcester Crosby, Jr, 미국의 역사학자로 『The Columbian Exchange』(1972년), 『Ecological Imperialism』(1986년) 등이 있다. 그는 호주, 북미, 남미 같은 지역에서 유럽인의 식민이 비교적 쉽게 진행된 이유에 대해 생물학적·지리적 요인으로 설명하는 '생태적 제국주의론'을 주장했다.

온 병원균으로 아메리카 선주민이 대거 사망하게 되었다. 또 감자, 옥수수, 토마토, 고추 같은 신대륙산 작물이 전 세계의 식문화를 크게 바꾸어 갔다.

제4의 사건은 인문주의자 네브리하에 의한 유럽 최초의 속어 문법서 『카스티야 어문법』의 출판이다. 그때까지 '문법'이라 하면 라틴어 문법을 가리켰으나 네브리하는 속어인 스페인어(카스티야어)의 문법구조를 밝혔다. 이 책은 스페인어를 군주국 엘리트층의 공통언어로 높이는 데 기여했다.

왕조 국가의 혼인 정책

전통적 국민사학에서는 이사벨 여왕을 종교적으로 고매한 군주로 서술하지만, 당시의 저술가들은 페르난도를 높게 평가하고 있었다. 동시대의 마키아벨리는 페르난도가 '복합형 군주국'의 통치에 정치적 수완을 펼친 것을 칭찬했으며, 17세기에도 그라시안[5]이 그의 저서 『정치가』에서 페르난도를 '군주의 거울'이라고 말했다.

---
5) Baltasar Gracián y Morales(1601-1658년), 스페인 황금 세기의 철학자, 신학자, 예수회 신부

여하튼 가톨릭 양왕은 종교가 갖는 정치적 유효성을 잘 알고 있었다. '언어도 풍습도 제도도 다른' 여러 지역의 통합 수단으로서 종교적 일체성을 중시함과 동시에, 기독교 세계의 맹주가 되기 위해 프랑스와의 대항을 선명히 했다. 그 시대의 교황이 '가톨릭 왕'이란 칭호를 두 사람에게 부여한 이유 중 하나는 두 왕이 프랑스의 이탈리아 개입을 막은 데 있었다. 1494년, 프랑스의 샤를 8세는 나폴리 계승권을 주장하며 이탈리아로 원정했으나 교황, 신성 로마 황제, 아라곤 등의 신성 동맹의 저항에 부딪혀 철수했다. 그러나 프랑스는 그 후에도 이탈리아 제국諸國의 병합을 위해 16세기 중반까지 획책을 이어갔다(이탈리아전쟁).

이에 가톨릭 양왕은 혼인 정책을 통해 이탈리아 지배를 둘러싸고 적대하던 프랑스 왕국을 지정학적으로 포위하는 것을 기도했다. 장녀인 이사벨을 포르투갈의 왕태자인 아폰수에게 시집보냈고, 그 사후에는 국왕 마누엘 1세와 결혼시켰으나 얼마 뒤 사망했다. 그 후 셋째 딸 마리아도 마누엘 1세에게 시집보내 이베리아반도의 불안을 없앴다. 넷째 딸인 카탈리나는 영국의 황태자 아서와 혼인시켰고 그의 사후에는 국왕 헨리 8세에게 시집보냈

4-2. '가톨릭 양왕의 성모'(작자 미상, 1491~93년, 프라도 미술관). 성모자 앞에 손을 모으는 이사벨과 페르난도.

다. 둘째 딸 후아나는 신성 로마 황제 막시밀리안의 아들 펠리페에게 시집보내 포위망을 확고히 했다.

그러나 혼인 정책은 왕위 계승자의 죽음으로 생각지 못한 사태를 불렀다. 차녀 후아나가 두 왕의 유일한 계승자가 되었지만 후아나는 '미친 여왕'이라 불렸던 것처럼 통치 능력이 없었다. 1504년 어머니 이사벨 사후 1508년 남편 펠리페가 사망하였고 1516년에는 아라곤 왕인 아버지 페르난도도 죽자 스페인 영토의 계승권은 후아나의 아들 카를에게 넘어갔다. 카를은 1516년, 법적으로는 어머니 후아나가 국왕임에도 불구하고(1555년 죽을 때까지), 카스티야왕국과 아라곤 연합 왕국의 두 왕관을 받을 국왕 카를로스 1세임을 스스로 선언했다. 합스부르크조 스페인의 시작인 것이다.

2. 합스부르크조 스페인의 탄생과 발전

코무니다데스 반란

 브뤼셀 궁정에서 카를로스 1세로 즉위 선언을 한 카를은 1517년 플랑드르인에 둘러싸여 처음으로 스페인에 들어왔다. 이때까지 이베리아반도와 지중해에 한정되어 있던 트라스타마라가의 행보와 합스부르크조 스페인의 그것과는 큰 차이가 있을 것으로 예상되었다. 카를로스는 19년에 신성 로마 황제에 선출되자 카스티야왕국 의회에 상납금을 강제하고 독일로 떠났다.

 1556년에 퇴위하는 카를로스는 치세를 통해 스페인에 체재한 것은 불과 16년이었다. 카를로스의 최대 관심은 합스부르크가 영지의 유지와 신성 로마 황제의 책무를 다하는 것이었다. 그는 기독교 보편 제국의 이념을 추구하여 기독교 세계를 위협하는 이슬람 세력, 황제권을 인정하려 하지 않는 프랑스 왕, 그리고 제국 내부의 프로테스탄트와의 싸움에 생애를 바쳤다.

제국의 이익에 카스티야가 종속되는 데 대한 반발은 코무니다데스 반란[6](Guerra de las Comunidades de Castilla, 1520~1521년)으로 이어졌다. 왕국 중앙부의 도시들을 중심으로 성의회(Santa Junta)로 칭하는 '방위의 서약 단체'가 결성되어 상납금의 철회, 제국보다 스페인 이익의 우선, 양질의 양모 수출 제한과 국내 모직물 공업의 보호 등을 요구했다.

플랑드르로의 양모 수출에 관심이 있었던 부르고스는 도중에 도시 반란으로부터 이탈했고, 처음엔 제국 정책에 반발하여 방관하던 귀족층도 반란이 반영주적 성격을 띠자 국왕 지지로 돌아섰다. 국왕군이 비야라르 전투에서 승리하면서 반란은 종식되었다. 같은 시기에 발렌시

---

[6] 16세기 초 스페인 왕 카를로스 1세(신성로마제국 황제 카를 5세)의 절대주의 지배에 대한 스페인 도시의 반란. 스페인에서는 중세적 자치를 주장할 때 코무니다로 부르고 코무니다의 구성 시민을 코무네로스라 한다. 16세기 스페인 도시 행정은 국왕 지배하에 편성되어 국왕 마음대로 납부금 등을 징수하고 있었다. 카를로스 1세 즉위 후 1520년 신분제의회를 소집하여 40만 두카트의 납부금을 부과, 도시 대표는 이를 거부했으나 의회가 국왕의 압력을 받아 승인하면서 도시 자치 운동이 일어났다. 톨레도가 먼저 코무니다를 선언하며 자치도시 운동은 카스티야, 레온, 안달루시아 등으로 번져 전쟁 상태까지 갔으나 국왕군에 진압되어 자치도시 운동은 좌절되었다.

아 왕국에서는 도시 과두 지배층에 반발하는 수공업자들이 중심이 되어 헤르마니에스 반란(형제단의 반란)을 일으켰지만 도시귀족 및 영주들에 의해 진압되었다. 이 반란은 코무니다데스 반란과는 어떤 제휴도 없었다. 복합형 군주국에서는 여러 나라의 틀을 넘어 반란이 확대되는 양태는 보이지 않았다.

1522년에 스페인으로 돌아온 카를로스는 7년간 머물며 카스티야의 정치적 안정에 부심했다. 왕권과 유착하는 형태로 도시의 과두 지배가 진행되고 도시 대표로 구성된 의회는 왕권에 따르지 않을 수 없었다. 한편 카를로스는 제국의 정책 추진에 카스티야왕국으로부터의 세수에 크게 의존하게 되었다.

편력의 국왕

언어도 법 제도도 완전히 다른 유럽 왕국들, 영방들을 통치하고 제국의 판도를 지키기 위해 카를로스는 '편력의 국왕'이 되어야 했다. 국왕의 오랜 부재는 각지의 이반의 씨앗이 되었기 때문이다. 카를로스는 퇴위하면서

"짐은 각지를 전전하며 전쟁과 평화의 날을 보내왔다. 9번 독일에 갔고 6번 스페인, 7번을 이탈리아에서 보냈으며 10번을 플랑드르로 왔다. 또 4번을 평시와 전시의 프랑스로, 두 번을 영국으로, 두 번을 아프리카로 갔다."고 말하고 있다.

원래 합스부르크가의 영지와 어머니 후아나로부터 물려받은 트라스타마라가의 영지는 너무나도 달랐다. 전자는 일찍부터 동생 페르디난트에게 황제 대리로서 통치를 맡기고 있었다. 결국 독일에서의 프로테스탄트 제후들의 반란으로 애를 먹던 카를로스는 1555년의 아우크스부르크 종교회의에서 "영토가 속하는 자에게 종교도 속한다(쿠이우스 레지오 에이우스 렐리지오)"는 원칙을 인정하여 기독교 보편 제국의 꿈을 포기하였다.

그와 동시에 카를로스는 합스부르크가의 영토를 양분하여 보전하는 길을 택하였다. 1556년 동생 페르디난트는 오스트리아 대공에 더하여 신성로마제국 황제가 되어 오스트리아 합스부르크가의 시조가 되었다. 한편 카를로스의 아들 펠리페는 스페인 국왕 펠리페 2세가 되어 이탈리아와 인디아스의 영토를 계승하고 네덜란드(현재의 베네룩스 3국과 프랑스의 일부를 포함한 지역)도 상속받았다. 스페인 합스부르크가(압스부르고가)의 이 광대한 영토 지배는 17세기 말까지 이어졌다.

프로테스탄트와의 싸움, 그리고 아들에 기댄 꿈

카를로스는 결국 독일에서는 프로테스탄트 제후들과 타협하지 않을 수 없었으나 아들 펠리페에게 상속시키려던 영지에서는 가톨릭 신앙의 유지와 이단의 박멸에 노력했다. 동시에 합스부르크가의 패권에 도전하는 프랑스에 대항하기 위해 프랑스 포위망을 완성시키려 했다.

이베리아반도에서는 포르투갈과의 우호 관계를 확실히 하기 위해 자신이 포르투갈 왕녀 이자벨을 왕비로 맞이했고, 이자벨의 조카 마리아 마누엘라를 아들 펠리페의 첫 결혼 상대로 정했다. 마리아 사후 9년 뒤에 이번에는 영국 여왕 메리 1세를 결혼 상대로 지명했다. 메리는 영국의 가톨릭 복귀를 도모하고 있었고 펠리페와의 결혼으로 후계자가 태어나면 스페인과 영국의 동군연합이 실현될 터였다. 그렇게 되면 프랑스에 대한 강력한 대항 포진이 완성되고 네덜란드의 칼뱅파의 움직임을 억누르는 것도 가능해질 것으로 생각했던 것이다. 그러나 둘 사이에 아이는 생기지 않았다. 메리 사후 엘리자베스 1세가 즉위하여 국교회로 돌아간 영국은 스페인과 적대 관계를 분명히 했다.

1556년 카를로스가 퇴위한 다음 해에 스페인은 생캉탱에서 프랑스군에 대승리를 거두었다. 이로써 15세기 말부터의 이탈리아전쟁은 끝이 났다. 당면한 프랑스의 위협은 사라졌고 퇴위하여 스페인의 유스테 수도원에 은거하고 있던 카를로스의 최대 걱정은 스페인 국내의 이단의 움직임이었다. 1558년에 바야돌리드와 세비야에서 루터파의 존재가 발각되자 카를로스는 아들 펠리페에게 이단의 싹을 자르라고 강하게 독촉했다. 그해 9월에 카를로스는 사망했고, 다음 해 플랑드르에서 스페인으로 돌아온 펠리페는 가톨릭 신앙 견지를 위한 대책을 강구하게 된다.

3. 펠리페 2세와 '가톨릭 군주국'

제도帝都 마드리드 만들기

'편력의 국왕'으로 여러 왕국·영방들을 다스린 카를로스 1세와 달리 아들 펠리페 2세는 스페인의 카스티야왕국을 거점으로 광대한 영토 통치를 도모했다. 나중에 펠리페는 군주의 덕목을 다음과 같이 말하고 있다. "제국을 방문하여 무엇이 필요한지 신경 쓰는 것은 군주에게 필요치 않다. 심장은 신체 구석구석까지 활력을 주기 위해 각 부위를 찾아가거나 자신이 있는 곳에서 나오거나 하지 않는다."

이 '심장'의 장소로 선택된 것이 마드리드였다. 그때까지 궁정(이동 궁정)은 바야돌리드Valladolid나 톨레도에 두는 일이 많았다. 마드리드를 택한 데는 이유가 있었다. 바야돌리드에는 귀족의 저택이 밀집해 있어 국왕이 전통적 귀족층의 간섭을 받기 쉽고, 톨레도에는 수석 대주교좌가 있어 교회 권력이 강했다. 이에 비해 지방 도시의 하나에 불과했던 마드리드에는 전통적인 성속聖俗의 힘이 약했기 때문이다. 펠리페는 하급 귀족이나 상인 가계

家系 출신 문관을 중시하여 그들을 국왕 고문회의의 비서국에 배치했다.

1561년 이후 마드리드는 사실상의 제도로서의 지위를 얻어 스페인 군주국을 다스리는 상설 기관들이 여기에 두어졌다. 대부분은 카를로스 1세 때 것을 계승했으나 문관을 중시하여 강화한 여러 고문회의는 분야별, 지역별로 설치되었다. 분야별로는 재무, 십자군 특별원, 국무, 종교기사단, 이단 심문 분야의 각 회의가 있었으며 지역별로는 카스티야, 아라곤, 인디아스, 이탈리아, 포르투갈, 플랑드르 지역의 각 회의가 있었다. 즉 스페인 군주국 공통의 문제에 대한 답신과 각 왕국과 지역의 문제에 대한 답신 등이 여러 고문회의를 거쳐 국왕에 이르는 구조로 되어 있었다. 펠리페는 '서류왕'으로도 '신중왕'이라고도 불릴 정도로 이들 방대한 답신을 읽고 정책을 정하는 것이 일과였다.

스페인 이단 심문제와 가톨릭 군주국

위에서 언급하였듯이 16세기 중엽부터 '영토가 속하는

자에 종교도 속한다'는 원칙이 침투하자 유럽국들의 군주들은 가톨릭이든 프로테스탄트이든 종파적 입장을 명확히 함과 동시에 신민의 신앙 일체화를 추진하여 종교적·사회적 규율화를 강화시켜 갔다. 이를 '종교 체제화'라 한다. 스페인 군주국은 가톨릭의 신교 국가로서 종교적 통제를 강화하였고 그 최대의 도구가 이단 심문제였다.

세기 초에 많은 희생자를 낸 끝에 위장 개종자의 문제가 진정되자 이단 심문제도 약화되었으나 1558년에 바야돌리드와 세비야에서 루터파의 거점이 발견된 것을 계기로 이듬해에 이단 심문소가 재편, 강화되었다. '가톨릭 군주국'으로서 가톨릭 신앙을 중심으로 여러 왕국, 여러 영방의 광대한 영토를 통합하는 왕권은 프로테스탄트 종교개혁뿐 아니라 신비주의적인 움직임을 포함하여 정통 신앙으로부터의 일탈을 허용할 수 없었다. 종교개혁에 대처하여 가톨릭교회가 추진한 신앙과 도덕의 쇄신 운동을 역사학에서는 '대항종교개혁'으로 부르는데, 이를 교의적으로 자리매김한 트리엔트공의회(1545~1563년에 단속적으로 개회)에서는 스페인의 성직자들이 주도적 역할을 담당했다.

왕권은 각지의 이단 심문소를 통하여 신민의 민중 종

교의 신봉이나 종교 규범으로부터의 일탈을 감시 통제하는 움직임을 강화했다. 신성모독의 언동에서부터 간통이나 중혼, 마술 행위, 나아가 성직자의 구애 행위까지 이단 심문소의 감시가 펼쳐졌다. 전근대의 감시 장치의 효과를 과대평가해서는 안 되지만 이단 심문소가 종교적·문화적 관용의 토양 형성을 저해한 것은 의심의 여지가 없다. 이 제도는 실로 1834년이 되어서야 최종적으로 폐지되었다. 한편으로 마녀사냥은 스페인에서는 거의 없었던 점도 주목을 끈다. 이단 심문소는 마녀의 종교적 인정에는 신중하여 사람들이 마녀사냥의 열광으로 희생자를 내는 것을 억지하는 작용을 했기 때문이다.

나아가 왕권은 모리스코의 실질적인 기독교화를 지향하여 아라비아어나 특유의 풍속, 습관을 금압하는 조치를 취했다. 이단 심문소는 특히 그라나다, 발렌시아, 사라고사에서 모리스코에 대한 감시를 강화시켰던 것이다. 이에 반발하는 그라나다의 모리스코는 1568년에 대규모 반란을 일으켜 알푸하라스 산지에서 2년에 걸쳐 저항했다. 패배 후 그라나다의 모리스코는 기독교 사회로 동화되기 위해 카스티야 각지로 강제이주되었다. 그러나 이것은 모리스코와 구기독교도 사이의 더 큰 알력을 초래하게 되었다.

거듭되는 전쟁과 그 부담

펠리페 2세의 시대는 군주국의 패권, 당시의 말로는 '명성(레푸타시온)의 유지'를 위해 적대국들과의 항쟁으로 날을 보냈다. 그의 42년의 통치 기간에 1577년 2월~7월 시기를 빼고 지중해, 영국, 프랑스, 네덜란드, 인디아스, 아시아, 아프리카, 이베리아반도 어딘가에서 전투가 벌어지고 있었고, 흔히 말하는 '태양이 지지 않는 제국'(당시 유포된 이 말의 기원에는 여러 설명이 있다)은 "전쟁이 끊이지 않는 제국"이었다.

생캉탱에서 승리한 프랑스와는 카토-캉브레지 조약(1559년)[7]을 맺어 동맹 관계가 되었다. 이듬해 펠리페는 세 번째 부인으로 이사벨 데 발루아(엘리자베트 드 발루아)

---

7) Traités du Cateau-Cambrésis, 이탈리아전쟁에 참가한 발루아조(프랑스)와 합스부르크가(오스트리아 스페인)가 1559년에 맺은 화친조약으로 같은 해 스페인의 펠리페 2세가 프랑스 왕 앙리 2세의 딸 엘리자베트와 결혼하며 실현되었다. 카토-캉브레지는 프랑스 북부 노르파드칼레의 도시로 앙리 마티스의 출생지이기도 하다. 이 조약으로 프랑스는 이탈리아에서 권리를 방기하였고 밀라노, 나폴리, 시칠리아, 토스카나 서남단 지역이 합스부르크가의 통치하로 들어갔다. 그 대신 프랑스는 로렌 지역을 할양받았다. 영국은 프랑스에 칼레를 반환하고 양국 국경은 도버해협으로 확정되었으며, 피렌체 공화국의 메디치가는 시에나를 획득했다.

를 맞아들였다. 1562년부터 프랑스에서는 몇 차례의 종교전쟁이 일어났고 스페인은 위그노와 대립하는 가톨릭을 지원했지만, 1598년 프랑스 왕 앙리 4세는 위그노에게 일정 정도의 신앙의 자유를 인정하며 전쟁을 종결시켰다. 개입의 구실을 잃게 된 펠리페는 같은 해에 베르벵조약을 맺고 화친했다.

이사벨과의 10년간의 결혼생활 후 펠리페는 남성 후계자를 얻기 위해 1570년에 4번째 부인으로 아나 데 오스트리아(안나 폰 외스터라이히)를 맞아들였다. 그리고 다행히 펠리페(3세)가 태어나지만 둘은 숙부와 조카 사이로 왕조국가의 연속성을 지키기 위한 이 근친결혼의 폐해가 이후에 나타나게 된다. 그러나 스페인과 오스트리아의 양 합스부르크가의 관계는 보다 견고해졌다.

지중해 지역을 살펴보면 1453년에 비잔틴제국을 멸망시키고 1529년에는 빈을 포위하는 등 세력을 확대하고 있던 오스만제국의 위협에 맞서지 않을 수 없게 되었다. 스페인·베네치아·교황청의 신성 동맹이 맺어져 1571년 그리스의 레판토해전에서 기독교도 연합이 승리했다. 오스만제국은 선전된 것만큼 충격을 받지는 않았지만 그 후 서지중해에서는 큰 전투가 없어졌다.

스페인을 가장 괴롭힌 것은 네덜란드의 반란이었다. 네덜란드를 구성하는 17주에서는 각각의 특권이 강고하게 남아 있었고 16세기 중엽에는 각지에 칼뱅파가 침투하고 있었다. 중앙집권화와 이단 탄압을 강화시키던 펠리페 2세에 대한 반발이 커지는 것은 피하기 어려워지게 되어 1568년 북부 7주의 독립으로 이어지는 '네덜란드독립전쟁'이 시작되었다. 남부 10주(플랑드르를 포함한 남네덜란드에서 현재의 벨기에와 룩셈부르크, 북프랑스의 일부)는 스페인에 귀속되었으나(스페인령 네덜란드), 북부는 1580년대에는 사실상의 독립국 네덜란드였다. 1648년까지 이어지는 이 전쟁 때문에 스페인은 막대한 인적·물적 손해를 입었다.

1580년에는 포르투갈의 왕위 계승에 개입하여 다음 해 펠리페는 포르투갈 왕을 겸하게 되었다. 이 동군연합이 실현되어 스페인 합스부르크가의 지배 영역은 말 그대로 '지구만으로는 부족하다'고 자랑할 정도로 확대되었다. 그러나 '해가 지지 않는 제국'은 1588년 영국 여왕 엘리자베스 1세를 물리치기 위해 파견한 무적함대의 패배(아르마다Armada 해전)로 크게 흔들렸다.

대외 전쟁의 재정 부담은 카스티야 경제를 크게 압박했다. 세기 중반까지는 플랑드르의 양모 수출에 더하

4-3. 건설 중인 엘 에스코리알 수도원
(파브리시오 카스테요[파브리치오 카스텔로] 1576년)

여 새로운 인디아스 시장의 수요도 있어 카스티야 경제는 순조롭게 발전하여 여러 도시의 인구 증가도 두드러졌다. 그러나 네덜란드독립전쟁은 플랑드르와의 교역을 어렵게 했고 차관 이자 지불에 어려움을 겪던 왕권이 국고 지불정지 선언(단기 차관의 장기 공채로의 강제 전환)을 계속하자 국제금융업자들의 이반을 피할 수 없게 되었다.

어려움을 완화시켜 준 것은 아메리카 은의 유입이었다. 세기 중엽에 멕시코의 사카테카스나 남미 포토시에서의 은광 발견과 아말감법 도입으로 막대한 은이 산출되었다. 이 시대에 정화正貨로서의 은은 각지에서 군대를 주둔시키는 왕권 측이 국제금융업자로부터 자금을 융자

하는 신용으로 기능했기 때문에 귀중한 존재였다.

그러나 이것만으로는 부족하여 카스티야로부터의 왕실 수입을 늘리기 위해 1590년 미요네스Millones 세(특정 식료품에 부과하는 소비세)가 도입되었다. 왕국 의회는 이에 동의했지만 왕실의 외국 개입에 대한 비판의 소리를 높였다.

엘 에스코리알 수도원(1563~1584년)은 펠리페의 '명성'을 내외에 알렸지만 피폐한 민중에게는 원망의 표적이었다. 마드리드에서는 서민 여성 루크레시아가 예지몽으로 유명했는데 그 내용은 펠리페에 대한 통렬한 비판이었다. 이단 심문소에 체포되어 루크레시아의 소리는 듣지 못하게 되었지만 항간에는 "국왕이 없어지지 않으면 왕국이 망한다."라는 말이 퍼졌다고 한다.

4. 대항해시대와 '해가 지지 않는 제국'

신대륙의 정복과 식민

콜럼버스가 도달한 장소는 원래의 목적지인 아시아가

아닌 유럽인들에게는 미지의 땅으로 광대한 신대륙 아메리카의 일부라는 것을 알게 되었다. 스페인이 정복 식민을 추진한 아메리카(스페인령 아메리카, 19세기 이후는 라틴아메리카)는 식민지 시기에는 '인디아스'로 불리고 있었기 때문에 본서에서도 18세기까지는 이 호칭을 사용하겠다.

그런데 인디아스의 대부분의 정복 사업은 왕실의 허가를 받았다고는 하나 카스티야인 정복자들에 의한 사적 사업이었다. 1521년 코르테스가 아즈텍제국을, 1533년에는 피사로가 잉카제국을 정복했다. 두 제국은 고도의 농경문명에 기초한 선주민(인디오)의 국가로 지배에 반발하는 선주민 부족도 있었다. 스페인 정복자들은 화기 같은 군사 기술상의 우위과 선주민 사회의 대립을 이용하여 그 제압에 성공했다.

왕권은 정복자들의 성과를 독차지하기 위해 인디아스 통치에 관한 제도를 정비해 갔다. 법적으로 인디아스는 카스티야왕국에 단순한 속령, 식민지로 편입된 것은 아니다. 그러나 실제로 국왕은 궁정 내에 인디아스 고문회의를 설치하고 본국으로부터의 인디아스 통치를 일방적으로 정비하였다. 정복지에는 카스티야 도시 제도를 모방하여 식민시가 건설되었고 시 참사회가 만들어졌다.

북부의 누에바 에스파냐(멕시코) 부왕령과 남부의 페루 부왕령, 두 개의 부왕령이 설치되어 본국에서 파견된 '부왕'이 현지의 최고 권위자가 되었다. 그리고 각지에는 사법행정기관으로 법원이 두어졌다. 그렇다 해도 대서양을 사이에 둔 물리적 큰 제약 때문에 칠레 남부처럼 본국의 지배가 전혀 미치지 않는 지역도 있었다. 남미의 실질적 정복에는 많은 시간이 필요하였다. 또한 스페인어는 어디까지나 엘리트층의 공동 언어였고 식민지 시대에는 30% 정도의 주민밖에 말하지 못했다고 한다.

 왕권은 정복자들의 권력 남용을 우려하여 인디오의 노예화를 금하는 한편 식민지의 요구에 응하여 엔코미엔다 제도[8]를 도입했다. 식민지들은 기독교화와 보호라는 이름으로 위임받은 인디오를 노동력으로 이용할 수 있었던 것이다. 이는 실제로는 노동력 착취였고 현지로 부임한 수도사들로부터 인디오의 학대와 혹사를 고발하는 소리가 나왔다.

---

8) encomienda, 라틴아메리카의 스페인령 식민지에서 선주민의 기독교화를 명목으로 스페인 국왕이 식민자들에게 선주민의 통치를 위임한 제도, 통치자(엔코멘데로)는 선주민에게 공납과 부역을 과할 권리를 부여받았다. 이 제도는 콜럼버스가 이스파뇰라섬에서 실시한 선주민 노동력 분배에 기원이 둔다고 말해진다.

정복의 정당성을 둘러싸고

그중에서도 라스 카사스(1474~1566)는 인디오 보호를 정력적으로 주장하며 스페인 식민자들을 탄핵했다. 이러한 성직자의 진력으로 1542년에 카를로스 1세는 인디아스 신법을 제정하여 엔코미엔다 제도의 폐지를 결정했다. 그러나 식민자들의 반발에 부딪혀 그 폐지는 좀처럼 이루어지지 않았다. 1550년부터 이듬해에 걸쳐 카를로스는 인디아스 회의의 답신을 받아 인디아스 문제를 토의하는 위원회를 설치했다. 이 바야돌리드 논쟁[9]에서 라스 카사스와 세풀베다[10]는 정복 전쟁의 정당성을 두고 격한 논쟁을 벌였다.

그러나 위에서 언급하였듯이 인디아스에서 막대한 은이 산출되자 펠리페 2세의 관심은 노동력 확보로 모아졌다. '미타'로 불리는 부역제의 도입을 승인하여 1568년, 1577년에 성직자들이 인디아스 문제에 관해 논술하는

---

9) The Valladolid debate, 1550년부터 51년에 걸쳐 스페인 국왕 카를로스 1세의 명을 받아 행해진 인디오 문제를 둘러싼 논쟁을 말한다. 유럽 식민자와 신대륙 관계, 식민자들에 의한 선주민의 권리와 처우에 대한 유럽 최초의 도덕적 신학적 토론회였다. 이 논쟁에서 라스 카사스는 인디오의 자연권을 주장하며 정복 전쟁을 부정했다.
10) Juan Ginés de Sepúlveda(1489-1573) 르네상스기 스페인의 신학자이자 철학자로 인디아스 선주민 문제를 둘러싼 바야돌리드 논쟁에서 라스 카사스와 대결한 인물로 알려져 있다.

것을 금하였다.

그러나 라스 카사스는 1552년에 『인디아스의 파탄에 대한 간결한 보고』를 출판했다. 이 책에 그는 나중에 국왕이 되는 펠리페에 대한 헌사에서 식민자들이 '신의 영광을 해치고 왕을 욕보이고 있다'고 호소했다. 이 책은 스페인에서는 1556년에 회수 명령이 내려졌지만 적대하는 나라에서는 꾸준히 번역 출판되어 스페인인의 잔인성을 비난하는 '검은 전설'에 더없이 좋은 재료가 되었다.

그런데 인디오 인구의 격감은 스페인인의 잔학 행위에 더하여 신대륙에는 없었던 천연두 등의 전염병에 의한 부분이 컸다. 왕권은 인디오의 노예화는 허락하지 않았지만 식민자들의 요구에 응하여 아프리카로부터의 흑인 노예의 도입은 허가했다. 인디오 보호를 계속 주장했던 라스 카사스도 처음에 이를 불가피하다고 생각하고 있었다. 16세기 말부터는 포르투갈 상인이 18세기에는 영국 상인들이 국왕으로부터 노예 공급권(아시엔토)[11]를 부여받

---

11) asiento는 스페인어로 '계약'을 의미하는 역사 용어로 왕실이 어느 특정 개인이나 단체에 징세나 무역 등의 독점권을 부여하는 제도. 처음엔 전쟁 수행 등에 필요한 재원 확보를 위해 상인 집단과 계약했던 데서 시작하여 스페인 왕실의 자금 조달 방법으로 흑인 노예 독점권 제도로 이어졌다. 흑인 노예 아시엔토는 처음에 스페인인이나 포르투갈인이 개인이나 집단으로 스페인 국왕과 계약하며 시작되었고 1713년에는 위트레흐트조약 이후 영국의 남해회사(The South Sea Company)와 계약하여 신대륙에 5천 명 가까운 노예를 공급하기도 했다.

아 대규모로 흑인 노예를 인디아스로 보냈다. 카리브해 지역 등의 역사는 흑인 노예의 존재를 빼고 생각할 수 없을 정도이다.

1992년에 '아메리카 발견 5백주년'을 기념했을 때 선주민을 고려하지 않은 유럽 중심주의라고 비판받은 스페인은 '두 세계의 만남'으로 행사의 명칭을 변경했다. 그러나 흑인 노예와 그 자손들이 식민지 사회를 만드는 데 중요했다는 점도 인식할 필요가 있고 '세 세계의 만남'으로 해야 한다는 비판이 있다는 것도 기억해야 할 것이다. 쿠바의 사탕수수 플랜테이션과 관련된 스페인 자본가들은 19세기 말까지 노예제 폐지를 반대했다.

아시아로 확대된 스페인 제국

콜럼버스의 항해와 같은 시기 바스쿠다가마에 의한 인도 항로의 발견으로 인도와 동남아시아는 16세기 초엽에는 이미 포르투갈의 세력권에 들어갔다. 이에 대해 1521년에 카를로스 1세의 지원을 받은 마젤란(마갈량이스)이 태평양을 항해하여 필리핀에 도착하였고 1529년에

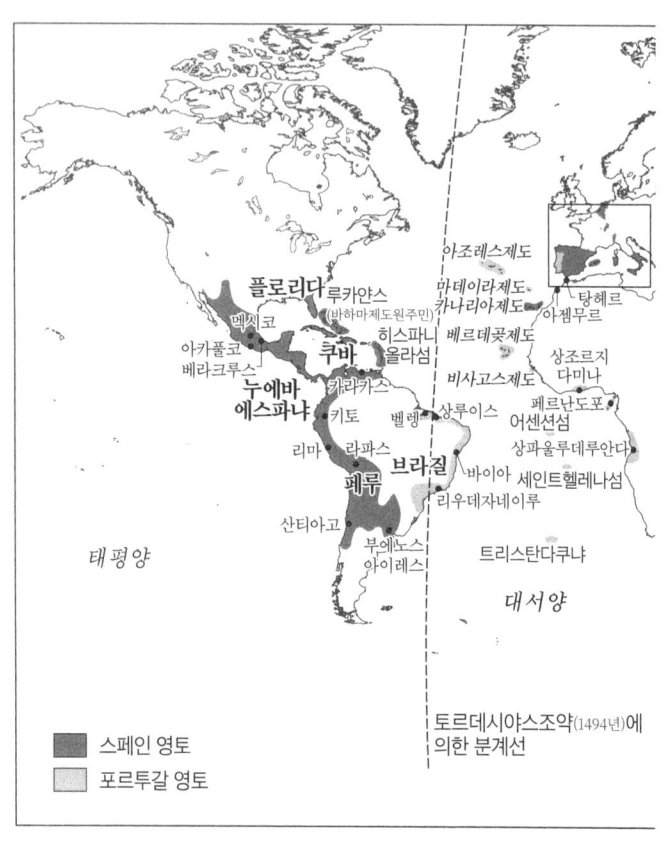

4-4. 1600년경의 스페인 제국

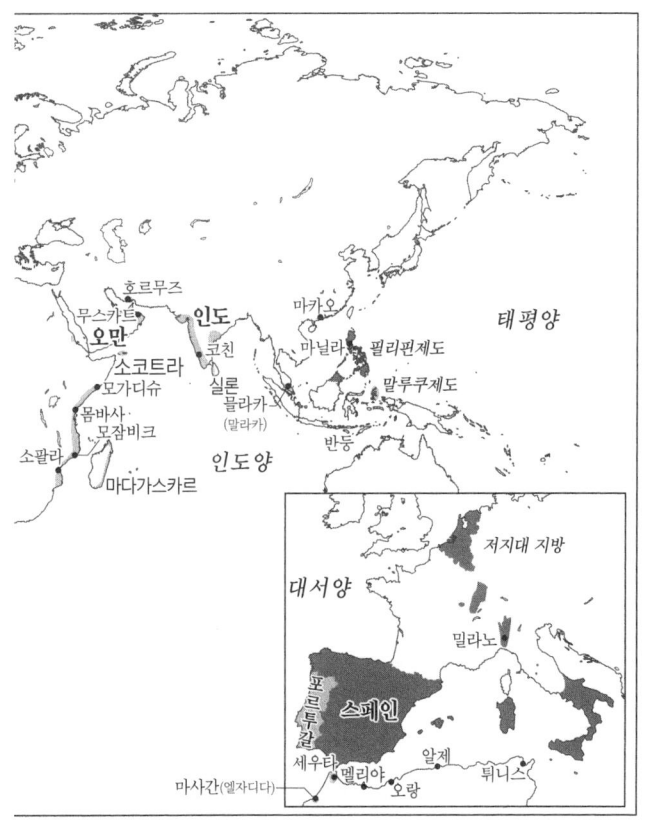

포르투갈과의 사라고사 조약에서 스페인의 영토로 인정받았다. 그러나 필리핀 개발은 1560년대 들어서부터 진행되었다. 1571년에 마닐라 시가 식민지 수도가 되어 마닐라와 아카풀코(멕시코) 사이의 갈레온 무역이 본격화되었다.

마닐라 갈레온은 중국의 도자기나 견직물을 인디아스로 가져가고 사카데카스나 포토시의 은이 마닐라를 거쳐 중국으로 흘러들어 갔다. 이후 250년 동안 마닐라는 스페인 제국의 교역 네트워크와 아시아 교역 네트워크의 결절점이 되었다.

포르투갈 상인들의 활약과 더불어 동남아시아, 동아시아에서의 포교는 주로 예수회가 맡았지만 일본에서는 기독교의 영향을 우려하여 1612년에 포교가 금지되었다. 그런 상황 가운데 1609년 마닐라를 떠난 갈레온선이 치바千葉현 앞바다에 표착하였다. 그 구조에 대한 답례로서 1611년에 비스카이노 사절[12]이 슨푸駿府[13]에 왔지만(그때의 헌상품인 남만시계가 구노산 도쇼궁久能山東照宮에 보관되어 있음) 기독교 포교를 거부하는 일본과의 통상 교섭은 진척되지

---
12) Sebastián Vizcaíno(1551~1615) 스페인의 대일 특별사절로 일본 근해의 금·은광 조사와 필리핀 총독의 조난 구조에 대한 사례 사절로 일본을 방문하여 도쿠가와 이에야스를 알현하고 귀항하였다.
13) 현재의 시즈오카현静岡県 중부 지역의 옛 지명

못했고 목적이었던 '금은 섬'도 발견하지 못했다.

  1613년에 비스카이노가 귀국 때 탄 배는 다테 마사무네伊達正宗가 파견한 하세쿠라 츠네나가支倉常長가 게이초 견구사절단慶長遣欧使節団[14]때 타던 것이었다. 하세쿠라 츠네나가는 멕시코에서 스페인까지 여행하고 1615년에 펠리페 3세를 알현했지만 아무런 성과도 얻지 못하고 5년 뒤에 귀국했다. 스페인 제국은 기독교 포교를 외교 교섭의 조건이라 하여 양보하지 않았다. 일행을 따라간 프란체스코회 선교사 소텔로는 그 후 마닐라를 떠나 금교령이 내려져 있던 일본으로 밀입국했다가 붙잡혀 처형당했다.

---

14) 일본 에도시대의 게이초 18년(1613)에 센다이번 다테 마사무네伊達政宗가 프란체스코회 선교사 루이스 소텔로를 정사로 하세쿠라 츠네나가支倉常長를 부사로 하여 스페인 국왕 펠리페 3세 및 로마교황 바오로 5세에 보낸 사절을 말한다.

제 5 강
스페인 군주국의 쇠퇴
17세기

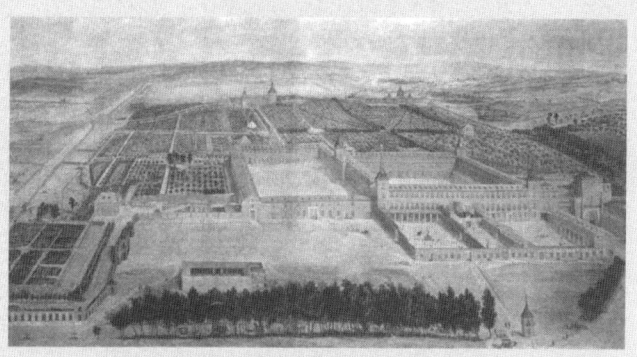

부엔레티로궁의 전경
(후세페 레오나르도 그림, 1636~37년, 마드리드 역사박물관)

1598	펠리페 3세 즉위. 총신 레르마 공이 실권 장악
1604	영국과의 런던조약
1609	네덜란드와의 휴전협정(~1621)
	모리스코 추방령(~1614)
1615	게이초 견구사절慶長遣欧使節 펠리페 3세 알현
1618	삼십년전쟁 시작(~1648)
1621	펠리페 3세 사망, 펠리페 4세 즉위, 총신 올리바레스 백공작 실권 장악
1625	스페인군, 네덜란드의 요충지 브레다를 함락시킴
	올리바레스, '군대 통합 계획' 구체화
1635	프랑스, 스페인에 선전포고
1640	카탈루냐에서 반란(~1652)
	포르투갈, 브라간사 공 아래 독립 반란
1647	나폴리와 시칠리아에서 소란
1648	베스트팔렌조약
1659	프랑스와 피레네조약, 프랑스에 북카탈루냐 할양
1667	프랑스와 귀속 전쟁(~1668)
1668	리스본 조약, 포르투갈 독립 승인
1672	네덜란드전쟁에 네덜란드 동맹국으로 참전(~1678)
1688	아우크스부르크동맹전쟁(~1697)
1697	프랑스군, 바르셀로나 침공
	레이스베이크 조약 체결
1700	카를로스 2세 사망, 합스부르크조 스페인 단절
	앙주 공 필리프가 펠리페 5세로 즉위하여 부르봉조 스페인 시작

1. '스페인 군주국'과 제국의 수도 마드리드

펠리페 3세와 모리스코 추방

 펠리페 2세는 이단자에게는 엄격하게 대했으나 이교도들이 기독교로 동화되는 길을 버리지는 않았다. 때문에 모리스코 추방에 대해서는 끝까지 찬동하지 않았다. 1598년에 즉위한 아들 펠리페 3세는 아버지의 막대한 빚을 승계하여 적극적인 대외 정책을 펼 여유는 없었지만, 프랑스와의 화친 후 영국과는 1604년에 런던 조약을 맺어 교전 상태에서 벗어났다. 그리고 총신 레르마 공의 뜻에 따라 네덜란드와의 휴전협정도 이루어냈다(1609~1621년).

 이 무렵에는 마그레브의 해적선이 지중해 연안을 습격해 왔고 모리스코가 그 길잡이를 하고 있는 것 같다는 우려가 퍼지고 있었다. 유럽 나라들과의 전쟁 상태에서 벗어난 지금, 동화가 이루어지고 있지 않은 모리스코를 여력 있는 배에 태워 국외로 추방하자는 안이 부상했다.

 1609년부터 1614년에 걸쳐 반도에서 추방된 모리스코의 수는 30만 이상에 달했다. 아라곤에서는 인구의 약 2

할, 발렌시아에서는 약 3할을 차지하고 있던 모리스코 농민과 수공업자들을 잃으면서 경제는 심각한 타격을 입었다. 그러나 카스티야에서는 그 수가 10만 명 정도로 이웃 나라의 약 2%에 지나지 않아 추방의 영향은 제한적이었다. 스페인 군주국 전체로 보면 실질적으로는 이교도였던 대집단을 깨끗이 추방함으로써 왕권의 위신을 높이는 결과가 되었다. 이에 '가톨릭 군주국'에 의한 종파 체제화가 강행되었던 것이다.

스페인은 17세기 초를 '로마의 평화'를 본뜬 '스페인의 평화'(팍스 히스파니카)라 불렀다. 그러나 1618년 보헤미아의 프로테스탄트 귀족과 신성 로마 황제와의 대립이 발단으로 시작된 전쟁은 독일을 주무대로 하면서 유럽 나라들이 전쟁에 휘말리게 되었다. 스페인은 오스트리아 합스부르크가를 지원하며 이 삼십년전쟁에 깊이 관여하게 되었다.

펠리페 4세와 총신 올리바레스

1621년 펠리페 4세가 즉위하면서 그의 총신이 된 이는 나중에 백공작(콩테 두케)으로 불리게 된 올리바레스 백 가스파르 데 구스만(1587~1645)이었다. 올리바레스는 1643년에 실각하기까지 20년 이상 스페인 군주국의 경제 재건과 국제사회에서의 '명성' 회복에 힘썼다.

그는 전왕 시대의 총신들의 부패를 규탄하고 관료의 기강 세우기에 힘써 '대개혁평의회'를 창설했다. 평의회는 재정 삭감과 함께 사치품 수입을 제한하고 상업 활동을 활성화시킬 방책을 논의했다. 그러나 새로운 금융공사 창설과 같은 대평의회의 개혁 요강에 대해서는 카스티야왕국 의회의 반발이 거세 결국 대부분이 동결되었다. 또한 상업 활성화를 위해서는 유대계가 많은 포르투갈 상인·금융업자의 수용이 필요하다고 생각하여 '피의 순결 규약'에는 비판적이었지만 규약의 철폐까지는 이루어내지 못했다.

1621년에 네덜란드와의 전쟁이 재개되었고 게다가 유럽 규모의 전쟁에 개입하여 '명성'을 회복하기 위해서는 스페인 군주국을 구성하는 카스티야 이외의 나라들에도 그에 걸맞은 재정적 군사적 부담을 요구할 필요가 있었다. 장기간에 걸친 제국 유지의 전쟁은 카스티야 경제를 크게 압박하고 있었고, 1590년대 이후 기후 불순과 감염병 만연도 겹쳐 농업 생산이 크게 저하되어 카스티야에 더 이상의 인적·물적 부담을 지우기가 어려웠기 때문이었다.

1624년에 올리바레스가 펠리페 4세에 올린 상서문에는 그의 정치 이념이 명확히 드러나 있다. "포르투갈, 아라곤, 발렌시아의 국왕, 바르셀로나 백에 만족하지 마시고 스페인을 구성하는 이들 왕국을 카스티야의 형식과 법에 따라 다스리셔야 비로소 "당신이 스페인 국왕(레이 데 에스파냐)이 되십니다."라고 그는 말하고 있다. 스페인 군주국은 응집력이 없는 '복합 군주국'이고 이러한 법적·제도적 상태에서 벗어나는 것이 17세기의 국제정치에서 스페인이 우위를 지키는 데 필요하다고 한 것이다. 그러나 이러한 정치 이념을 실행에 옮기려 하자 여러 왕국들로부터 격렬한 저항을 받게 되었다.

이 군주정의 강화는 다언어 상황의 해소를 의도한 것은 아니었다. 위 상서에서 올리바레스는 카스티야 귀족의 자제 교육에 대해 "스페인어, 포르투갈어, 리무쟁어(카탈루냐어를 지칭), 라틴어, 이탈리아어, 프랑스어를 완전히 읽을 수 있어야 한다."고 언급하고 있다. 여러 나라의 신민을 통치하기 위해서는 다양한 언어 습득이 필요했던 것이다.

군대 통합 계획과 제 왕국의 저항

 올리바레스의 정치 이념은 '군대 통합 계획'으로 구체화되었다. 총 14만 명의 병원 징집을 스페인 군주국 지배 영역의 왕국들에 할당하여 통일적이고 기동적인 상비군을 창설하려는 계획이었다. 카스티야와 인디아스에 4만 4천 명, 카탈루냐·포르투갈·나폴리에 각 1만 6천 명, 플랑드르에 1만 2천 명, 아라곤에 1만 명의 할당이 정해졌다. 카스티야, 플랑드르, 나폴리로부터의 징집은 대체로 성공했으나 아라곤 연합 왕국들은 거세게 반발했다.

 1626년 아라곤 연합 왕국으로 간 펠리페 4세와 올리바레스는 각 의회에 계획을 수락해 줄 것을 요청했다. 아라곤과 발렌시아 의회는 성내의 병사 모집을 거부하기는 했으나 전비의 일부 부담은 받아들였다. 그러나 카탈루냐에서는 의회가 모든 협력을 거부하여 심의가 불발에 그쳤다. 국왕은 1632년에 다시 의회를 열었으나 역시 심의가 성사되지 못했다.

왕권과의 긴장이 고조되는 가운데 카탈루냐 의회와 의회 상설 대표부를 옹호하고 통치계약주의의 전통을 칭송하는 저술이 왕성하게 출판되었다. 왕권의 과도한 요구에 저항한 것은 사실이나 이들 조직은 카탈루냐 국민역사학이 주장하는 민주적 대표기관이 아니고 어디까지나 여러 특권 신분의 이익을 지키는 단체였다. 예를 들면 16세기 말에 바르셀로나의 길드가 생활의 곤궁함을 호소했을 때 의회는 이를 억누르려 하여 수공업자들은 스페인 국왕에 직접 '공공선'의 실현을 요구하고 있다. 후술할 1640년의 민중 봉기는 카스티야군에 대한 반발과 함께 카스티야의 지배층을 향한 것이기도 했다.

극장도시 마드리드

1620년에 스페인군은 아직은 적대국들의 침공을 저지할 힘이 있었다. 1625년은 '기적의 해'로 불리듯이 네덜란드의 도시 브레다Breda의 함락이나 브라질의 바이아Bahia의 회복(후술)을 포함하여 주요한 승리를 거두고 있다. 그러나 1630년대에 들어서면 프랑스와의 직접 대결도 발생했고 1639년에는 다운스 해전에서 네덜란드 함선에 격퇴당하였으며 1643년에는 로크루아 전투에서 프랑스군에 스페인이 자랑하는 보병연대가 참패를 당했다.

1630년대에 마드리드의 중심부 동쪽에 세워진 부엔레티로궁은 스페인 제국의 '명성'을 내외에 과시할 의도로 지어졌다. 재정난으로 벽돌조 건물로 지어졌지만 내부 장식에는 왕권을 우러르는 당시 유명 화가들의 그림이 많이 사용되었다. 특히 '제 왕국의 방'은 천정에 스페인 군주국을 구성하는 24개 왕국의 문장을 그려 넣어 복합군주정의 일체성을 강조하고 있었다. 특히 동서 벽면은 벨라스케스(1599~1660)가 그린 전 국왕 펠리페 3세 부부와 현 국왕 펠리페 4세 부부, 그리고 왕위 계승 왕자인 발타사르 카를로스의 초상화로 장식하여 스페인 합스부르크 왕조의 연속성을 강조했다. 남북 벽면은 '기적의 해'의 승리를 포함하여 12장의 스페인군 승리 장면을 묘사한 그림으로 장식하여 스페인의 권세를 표현했다. 현재 이 그림들은 마드리드의 프라도 미술관에 흩어져서 전시되어 있지만 당시 이 그림들의 의미를 알려면 장식되어 있던 장소 '제 왕국의 방'의 복원이 필요할 것이다.

덧붙여, 제국의 수도에서는 왕위 계승, 새 왕비의 도착, 왕자나 왕녀의 탄생이나 군사적 승리 때 국왕 부부가 서쪽의 알카사르궁과 동쪽의 아토차 성모 수도원 등을 왕래하는 식전이 개최되었다. 특히 크리스트 성체(코르푸스 크리스티)의 종교 행렬에는 국왕, 도시 참사회, 그리고 성직자, 귀족, 길드 등의 각 단체가 질서 정연하게 참례하여, 스페인 군주국=가톨릭 군주국의 사단社團적 권력 질서가 과시되었다. 피터 버크의 말에 따르면 "주요한 거리나 광장이 큰 볼거리인 정치·종교의 표상의 무대가 된(극장도시)" 것이다.

2. 1640년대의 위기

카탈루냐의 반란

펠리페 2세 시대부터 광대한 영토를 가진 스페인은 '태양이 지지 않는 제국'으로 불렸으나 펠리페 4세 시대에는 국제정치의 무대에서의 패권은 이미 크게 흔들리고 있었다. 그 쇠퇴를 결정지은 것은 1640년대에 일어난 군주국을 구성하는 나라들의 계속된 반란 봉기였다.

삼십년전쟁 과정에서 오스트리아와 스페인 양 합스부르크가에 의한 프랑스 포위망이 구축되는 것은 프랑스로서는 가장 피해야 할 부분이었다. 1635년 프랑스는 스페인과 전쟁을 시작하여 스페인령 네덜란드와의 국경에서 전투가 계속되었다. 나아가 스페인 본국으로의 침공 기회를 엿보고 있었기 때문에 북동부 카탈루냐는 전략 거점이 되어 여러 마을에 카스티야군이 주둔하였다. 1640년 5월 타 지역 군대에 대한 민중의 반발이 영주나 도시 귀족에 대한 사회적 불만과 결합하여 각지에서 민중 봉기가 발발했다. 같은 해 6월 7일 바르셀로나 시내에서 열리는 '기독교 성체의 날' 종교 행사 참가로 인근 지역에서 모인 '수확 농부'(밀을 수확하는 농부)들이 폭동을 일으켜 부왕 산타 콜로마 백의 살해로 이어졌다. 카탈루냐 의회 상설 대표부는 민중 반란이 사회혁명으로 전화할 것을 우려했고 또한 카스티야군에 저항하기 위해 프랑스 왕 루이 13세를 군주로 받들 것을 결의하여 그 비호하에 들어가는 길을 선택했다.

그러나 영내로 불러들인 프랑스군이 자행한 약탈 행위

에 대한 빈발과 프랑스 상인과 바르셀로나 상인 간의 알력 등으로 프랑스 동조자가 줄어들었고 전쟁의 장기화로 전체적으로 염전 분위기가 고조되었다. 삼십년전쟁을 종결시킨 베스트팔렌조약(1648년)으로 네덜란드가 정식으로 독립하여 오스트리아와 스페인 양 합스부르크가는 유럽 정치에서 열세에 놓이게 되었기 때문에 펠리페 4세는 카탈루냐에 대해 강경한 태도로 임할 수 없게 되었다. 1652년 카스티야 공국은 회유적 조건으로 스페인 왕권 밑으로 복귀했다.

카탈루냐 국민역사학에서 이 반란('농부 전쟁')은 주로 중앙집권적인 마드리드에 대한 민족적 저항으로 상기되었고, 이 반란에서 카스티야인에 대한 저항을 외친 '농부'의 노래는 19세기 말부터 민족 가요가 되었다. 그러나 앞서 언급했듯이 특권 신분들과 민중층의 균열은 분명하여 왕권에 충실한 지역도 적지 않았다. 과거의 사건에 대해 과도하게 사회적·지역적 '일체성'을 말하는 해석은 주의가 필요할 듯하다.

포르투갈의 독립

 16세기 말에 포르투갈은 스페인 제국의 일원이 됨으로써 그 해양 제국의 유지·발전에 기대를 품었다. 스페인 제국이 제공하는 신대륙의 은과 마닐라 아카풀코 항로로 아시아 교역의 기회가 확대될 것으로 기대했다. 그러나 1620년대 이후 올리바레스에 의한 증세나 징병 요구가 커진 데 더해, 스페인과 대립하는 네덜란드나 프랑스는 포르투갈 해양 제국의 위협이 되었다. 특히 포르투갈이 16세기 초엽부터 식민지화를 추진하고 있던 브라질은 1624년에 바이아가 점령되는 등(다음 해에 회복) 네덜란드로부터 때때로 공격을 받았다. 또한 1637년에는 에부라에서 시작된 증세 반대 폭동이 각지로 퍼져나갔다.

 1640년 카탈루냐의 반란으로 골치를 썩던 올리바레스는 포르투갈군을 그곳으로 보내려 했지만 이에 반발한 포르투갈 귀족들은 브라간사 공을 추대하여 합스부르크조로부터의 독립을 선언했다. 1652년에 카탈루냐 반란을 진정시키고 1659년에 프랑스와 화약을 맺은 스페인은 포르투갈에 대한 공세를 강화했다. 그러나 포르투갈은 식민지 교역을 개방하는 조건으로 영국의 강력한 지원을 얻어 1668년의 리스본 조약에서 스페인과 화약을 체결하였다. 이후 포르투갈은 영국에 종속하면서 이베리아반도에서의 독립을 유지했다.

1640년대에는 스페인 군주국의 다른 나라들이나 지역에서도 반란이나 소요가 계속 일어났다. 1641년에는 메디나 시도니아 공을 앞세워 안달루시아를 독립국으로 만들려는 음모가 발각되었다. 1647년부터 이듬해에 걸쳐서는 나폴리, 시칠리아에서 중세 반대 소란이 발생하여 프랑스 왕이 이를 도왔지만 진압되었다. 1648년에는 아라곤에서 이하르 공(duque consorte Hijar)의 음모가 발각되었고 나아가 1647년에서 1652년에 걸쳐 스페인 남부의 도시나 농촌에서 소요나 식량 폭동이 계속 발생했다.

카탈루냐 반란을 종식시킨 뒤에도 스페인은 프랑스와 단독으로 전쟁을 계속했으나 열세를 만회할 수 없어 1659년 피레네조약에서 화평을 위한 굴욕적 요구를 수용하게 되었다. 카탈루냐 공국이 피레네산맥 북쪽에 갖고 있던 영역(현재의 로세욘이나 세르다냐)을 프랑스에 할양하고 왕녀 마리아 테레사를 루이 14세와 혼인시킬 것을 수락했던 것이다. 40년 뒤에 일어날 합스부르크가로부터

부르봉가로의 왕조 교체의 밑그림이 여기서 만들어졌다. 스페인의 우위는 완전히 무너지고 '프랑스의 시대'가 시작되었다.

피폐해진 경제

17세기 유럽은 냉해와 때때로 유행한 흑사병이 겹쳐 인구 위기의 시대가 되었다. 스페인의 경우 8백만 이상의 인구가 100년 사이에 약 7백만 명으로 감소했다고 한다. 내륙부는 특히 심각하여 카스티야의 인구는 1591년의 약 530만 명에서 1683년에는 약 480만 명으로 감소했다고 되어 있다. 하지만 인구동태는 지역에 따라 차이가 많았는데 옥수수 재배가 도입된 북부 연안 지역은 큰 폭의 증가세를 보였다.

또한 17세기에 들어서면 만성적인 재정난에 허덕이던 왕권이 은에 동을 섞은 악화, 비욘billon화를 대량으로 발행하기 시작했기 때문에 심한 인플레이션이 발생하여 민중의 생활을 직격했다. 그래도 이자 지불이 힘들어진 왕권은 1607년과 1647년에 국고 지불정지 선언을 반복했다.

1580년대부터 스페인의 농업 생산은 감소 추세로 들어가고 있었는데 17세기에는 국내의 인구 감소에 더하여 인디아스에서의 자급이 진행되었기 때문에 농산물에 대한 수요가 크게 줄어들었다. 네덜란드와의 품질, 가격경쟁에서 패하여 쇠퇴하기 시작하고 있던 세고비아나 쿠엔카의 모직물 공업도 왕년의 모습을 잃게 되었다. 16세기 말에 2만 5천 명이었던 세고비아 시의 인구는 16세기 중엽에는 1만 명에 그치게 되었다.

게다가 인디아스에서 스페인 본국으로 유입되는 은의 양도 1630년대부터 급격하게 줄어들었다. 이는 인디아스에서의 은 산출량의 감소 때문이라는 기존의 설명보다는 본국의 항구로 운반되지 않고 유럽 나라들로 유출되는 양이 늘었기 때문이다. 17세기 중반에는 스페인 합스부르크가 왕실 재정의 중심이던 카스티야왕국이 더 이상 제국의 부담을 감당할 수 없어진 것은 분명했다.

3. 합스부르크 왕조 스페인의 동요와 종언

패권의 상실

 피레네조약 체결 후에도 프랑스의 야망은 멈추지 않았다. 루이 14세는 영토 확장 정책을 추진하여 스페인 군주국으로부터 영토를 빼앗을 기회를 엿보고 있었다. 스페인은 플랑드르의 귀속을 둘러싼 '유산 귀속 전쟁'(1667~1668년)으로 플랑드르의 12개 도시(샤를루아, 리르 등)를 프랑스에 빼앗겼고, 프랑스와 네덜란드 사이의 '네덜란드전쟁'(1672~1678년)에서는 플랑드르 방위를 위해 네덜란드 편에 서서 참전했지만 네이메헌Nijmegen강화로 프랑슈 꽁테[1]를 프랑스에 할양하게 되었다.

 프랑스의 이러한 팽창정책은 유럽 제국의 경계심을 불러일으켜 '아우크스부르크동맹전쟁'(1668~1697년)이 일어났다. 동맹 측에 선 스페인에서는 카탈루냐가 전장이 되었고 바르셀로나는 프랑스군에 점령당했다. 그러나 영국이나 네덜란드는 프랑스와의 전쟁에서 우위를 점했다. 1697년에 레이스베이크 조약이 체결되어 프랑스 왕 루이

---

1) Franche-Comté. 프랑스 동부, 스위스 국경에 위치한 지역권

14세는 1678년의 네이메헌강화로 이후에 스페인으로부터 빼앗은 영토를 반환하였다. 이 반환에는 부르봉 왕가의 앙주 공 필리프(펠리페 4세의 딸 마리아 테레사와 루이 14세의 손자)를 카를로스 2세의 후계자로 만들기 위해 스페인 궁정 내에 친부르봉파를 늘리려는 의도가 깔려 있었다.

스페인과 오스트리아의 합스부르크가 사이에는 근친결혼이 반복되었다. 펠리페 4세와 두 번째 부인 마리아나(마리아 안나)도 큰아버지와 조카 사이였다. 1665년 그 아들 카를로스(2세)가 세 살로 즉위했지만 선천적으로 병약하여 국정은 유력 총신들에게 맡겨졌다. 유년기는 어머니 황후 마리아나가 섭정이 되었지만 정치를 좌지우지한 것은 오스트리아에서 데려온 자신의 고해 사제인 예수회 신부 니트하르트(니타르드)였다. 니트하르트의 실각 후에는 하급 귀족으로 나폴리 출신 발렌수엘라가 국정을 맡았지만 카스티야의 유력 귀족들이 이에 반발했다. 1676년에는 펠리페 4세의 서자 후안 호세가 실권을 잡았으나 3년 후에 급사했다.

그 후에는 메디나셀리 공, 오로페사 백 같은 카스티야의 유력 귀족이 국정을 맡았으나 국왕 카를로스 2세가 후사 없이 서거할 가능성이 높아져 스페인 군주국의 왕위 계승

문제는 유럽 열강 사이에 중요한 관심사로 떠올랐다. 17세기의 거듭된 전쟁의 결과 스페인은 수많은 영토를 잃기는 했지만 여전히 광대한 '제국'(인디아스 등 해외 영토에 더하여 스페인령 네덜란드, 나폴리, 밀라노, 사르데냐 등의 유럽 영토)을 유지하고 있었다. 후보자를 내는 프랑스와 오스트리아뿐 아니라 영국이나 네덜란드도 계승 문제에 개입했다.

열강이 각각의 이해관계에 따라 제국 영토의 분할까지도 획책하는 가운데 궁정에서는 포르토카레로 추기경 등 친부르봉파의 영향력이 강해졌다. 이 궁정 내의 당파는 프랑스 부르봉가의 앙주 공 필리프가 왕위를 계승함으로써 프랑스의 위광을 의지하면서도 스페인 군주국의 영토 보전이 가능할 것으로 생각하였다. 여기서 지금까지의 왕조적 이해를 대신하여 영토 보전이라는 국가적 이해를 내세웠다는 점에 주목하고 싶다. 시대는 왕조 국가에서 새로운 '주권국가'의 확립을 향하고 있었다.

1700년 10월 카를로스 2세는 포르토카레로 등의 의향에 따라 스페인 왕위를 필리프에게 물려준다는 유언장에 서명하고 한 달 뒤에 세상을 떠났다. 또 한 명의 후보, 오스트리아 합스부르크가의 카를 대공은 이 사태를 묵인할 수 없었다. 이렇게 13년에 걸친 스페인왕위계승 전쟁

(1701~1714년)이 시작되었던 것이다.

경제 회복의 조짐

17세기 후반에는 국정의 혼란이 계속되는 한편 경제 회복의 조짐도 보였다. 카스티야에서는 1680년에 비온화 50%의 평가절하를 단행했고 1686년에는 은화의 20% 평가절하를 실시하고 새로운 경화硬貨를 주조했다. 이들 조치는 일시적으로 경제에 심각한 타격을 주었으나 화폐의 신용이 회복되어 경제활동의 활성화로 이어졌다.

카스티야만큼의 심각한 인플레이션을 겪지 않았던 반도 주변 여러 지역은 1660년대부터 확실한 회복을 보였다. 특히 카탈루냐에서는 포도 재배가 활발해져 북유럽으로의 브랜디 수출을 중심으로 수공업이 확대되었고, 바르셀로나 상인들은 도시와 농촌의 부를 유기적으로 연결시키는 분산적 직물 제조를 본격화시켰다. 이 시대는 지역에 대한 마드리드 궁정의 간섭이 약해져 '새로운 지방 특권 존중(네오포라리스모)의 시대'로 불린다. 그러나 그

것은 왕권이 약해서이지 지방의 여러 특권(푸에로스[2])을 의식적으로 옹호했기 때문은 아니었다. 여하튼 동시대의 카탈루냐의 역사가 펠리우 데 라 페냐는 카를로스 2세를 '스페인의 가장 좋은 왕'으로 칭송하고 있다.

그러나 유럽 제국에 비해 스페인 경제가 뒤처진 것은 분명했다. 17세기 말에는 인디아스 교역의 독점 항구였던 카디스에서 인디아스로 수출된 상품의 약 4할은 프랑스 제품이 점하고 있고 스페인 제품은 불과 5%였다. '태양이 지지 않는 제국'과 '가톨릭 군주국'이라는 중압은, 스페인 경제에 인디아스로부터의 수요에 응하는 것도 인디아스의 부를 본국의 발전에 이용하는 것도 허락지 않았던 것이다.

---

[2] Fueros, 스페인의 중세에서 19세기에 걸쳐 관습이나 습관에서 유래한 사회적 관행이 법적 가치를 갖게 된 규범으로, 보통 국왕 등의 통치자가 그 영역을 지배할 때 주민들에게 인정해준 특권을 의미한다.

4. 황금의 세기의 문화

대항종교개혁 속의 종교성

16세기 중엽부터 종파 체제화가 강화되는 가운데 가톨릭교회의 종교 의례가 일반인들의 생활에도 침투했다. 스페인 대항종교개혁의 요체가 된 교의, 그중에서도 '무원죄의 수태' 교의(마리아는 태어나면서부터 원죄의 사함을 받았다는 것)가 가장 중시되어, 이 교의를 옹호하는 서약이 여러 직위의 임명식 의식이 되었다.

17세기의 경제적·사회적 불안 속에서 '자비로운 성모'인 마리아에 대한 신앙심이 고조되어 안달루시아 등지에서는 '축복하시옵소서, 순결하신 마리아님께'라는 말에 대해 "(마리아님)은 죄 없이 잉태되셨습니다."라고 대답하는 것이 사람들의 인사가 되었다고 기록되어 있다. 세비야에 살던 화가 무리요는 도시귀족이나 수도원의 주문을 받아 '무원죄의 잉태' 그림을 다수 그렸다.

'비아티쿰'(성체성사聖體聖事, 임종한 자에게 베푸는 도유식塗油式)도 이 시기부터 중시되었다. 이 성체를 지닌 사제가 길을 지날 때에 사람들은 땅에 무릎을 꿇고 가슴을 치며

5-1. 카를로스 2세가 비아티쿰 일행에 마차를 건네주다
(로멘 데 호호의 동판화, 1685년)

성체의 통과를 기다리는 관행이 정착되었다. 한편, 중세 이래 합스부르크가의 비아티쿰 숭배의 전통으로, 성체를 받든 사제에게는 국왕이 몸소 그 마차를 내어주는 것이 관례가 되어 크게 선전되었다. 이는 합스부르크가 국왕의 독실한 신앙과 왕조적 전통의 정통성을 현시하는 효과를 가졌다.

트리엔트공의회(전 강의 참조)를 거쳐 성인으로 열성되는 기준이 엄격해져, 17세기에 성인이 된 인물은 25명이었다. 그 가운데 13명은 스페인인이고 그중에는 아빌라의 성 테레사, 성 이그나티우스 로욜라나 성 프란시스코 하비에르가 포함되어 있다. 이런 조치들은 프로테스탄트로부터 성인 숭배는 불필요하다는 비난을 받았기 때문에 취해진 것이다.

그러나 민중들 사이에는 성모마리아 숭배에 더하여 이미 열성된 성인들에 대한 숭배가 뿌리 깊게 존속되었다. 홍수나 가뭄, 메뚜기의 습격, 우박, 기근이나 역병이 돌면 액을 막기 위해 성모상이나 성인상을 내건 종교 행렬이 자주 열렸다, 예를 들면 흑사병에는 성 세바스티아누스(세바스티안)가, 메뚜기 습격에는 성 아우구스티누스(어거스틴)가 신에 대한 '영험 있는' 성인으로 크게 의지했다.

세르반테스의 세계

16세기 후반에서 17세기 중반까지는 스페인의 '황금시대'로 불린다. 이 시기에 문학이나 미술 등 문화가 크게 융성했기 때문이다. 흥미로운 것은 '태양이 지지 않는 제국'의 절정기보다도 제국의 쇠퇴 조짐이 현저해진 시기에 후세에 남겨진 작품이 탄생했다는 것이다.

시 분야에서는 곤고라나 케베도가, 연극에서는 로페 데 베가나 칼데론 데 라 바르카가 걸출하다. 로페는 역사를 소재로 '명예'(오노르)를 중심 테마로 한 많은 걸작을 써서 극장에서 호평을 얻었다. 소설에서는 스페인적인 장르로서 작자 미상의 『라사리요 데 토르메스의 생애』(1554년)를 대표로 하는 피카레스크 소설[3]이 등장하여 제국의 번영에서 소외된 사람들의 비도덕적이지만 씩씩한 삶의 모습이 그려졌다.

1571년의 레판토해전에도 참전한 세르반테스는 만년에 저술한 『돈키호테』(전편 1605년, 후편 1615년)로 일약 유명해졌다. 기사도 이야기를 너무 많이 읽어 현실과 가상의 구별을 할 수 없게 된 기사의 모험 행동을 그리면서 인간 심리를 깊이 통찰한 작품으로 세계적인 명성을 얻고 있음은 말할 것도 없다.

그러나 세르반테스의 작품도 당시의 스페인의 사회적 가치 규범으로부터 자유로웠다고는 할 수 없다. 스페인의 근세 사회는 '카스트적 신분제 사회'로 불려지듯이 영주적 생활과 출생의 순결함과 고귀함을 요구하고 있었고, 무엇보다도 대대로 기독교도인 것이 필수였다. 세르반테스의 이 작품에는 개종자에 대한 불신이나 가톨릭적 정통성에 대한 집착이 곳곳에 보인다. 돈키호테의 시종 산초 판사는 '섬의 영주'가 될 것을 동경하고 있었는데 무

---

3) Picaresque novel. 16, 17세기 스페인을 중심으로 유행한 소설 형식으로 악인소설 또는 피카레스크 로망으로 불린다.

엇보다도 "영적으로 보면 조상 대대로 오랜 기독교도의 지방분을 네 손가락만큼 갖고 있다."며 자신을 자랑하고 있었다.

궁정화가 벨라스케스

황금의 세기는 엘 그레코El Greco, 벨라스케스Velázquez, 리베라Ribera, 무리요 Murillo, 수르바란Zurbarán[4] 같은 화가들 덕에 정점에 달했다. 프라도 미술관을 비롯하여 스페인의 미술관들이 전 세계의 주목을 끄는 것은 무엇보다도 이들 화가의 컬렉션이 풍부해서이다. 그들의 활약은 왕후 귀족, 도시귀족, 교회, 수도원의 후원이 있어 가능했다.

스페인에서는 화가가 예술가로서 사회적 지위를 누리게 된 것은 이탈리아에 비해 매우 늦었다. 황금 세기의 시대에 화가라는 직업은 '수작업'(오피시오 메카니코)에 종사하는 기술자 위치에 있어 귀족 신분의 고귀함과는 거리가 먼 것이었다. 참고로 화가가 자신의 그림에 서명하는

---
4) Francisco de Zurbarán(1598~1664). 스페인 회화의 황금시대로 불리는 17세기 전반에 활동한 화가로 종교화와 정물화에 뛰어났다.

5-2. 벨라스케스 '시녀들(라스 메니나스)' (1656년, 프라도 미술관)

것은 당시로서는 있을 수 없었다.

　궁정화가의 대표 격인 벨라스케스는 '시녀들'(라스 메니나스, 1656년 제작)이라는 대작의 왼쪽에 가슴에 산티아고 기사단의 십자 문장을 단 자신을 그려 넣었다. 이 십자 문장은 벨라스케스 사후에 제자들이 그려 넣었을 것으로 보는데, 고귀함을 뽐내는 기사단 지위는 1658년에 국왕 펠리페 4세로부터 부여받은 것이었다. 이 기사단 지위를 부여받은 이유는 '궁정화가'여서가 아니라 왕실 배실장配室長이라는 궁정 장식의 직무 때문이었다. '시녀들' 그림에서 벨라스케스는 붓을 잡는 한편, 오른쪽 허리에는 왕실 배실장을 상징하는 열쇠 주머니를 늘어뜨리고 있다. 벨라스케스는 스페인 군주국의 '명성'을 되돌리기 위해 부엔레티로궁의 '제 왕국의 방' 등 수많은 건물에 왕권을 장식하느라 분투했던 것이다.

벨라스케스에게 기사단 지위를 부여하는 자격 심사에서 증인들은 그가 "천한 수작업에 종사한 적이 없고… 화가를(보수를 얻기 위한) 업으로 한 적도 없으며 오로지 국왕 폐하의 취향과 요망에 맞추어 그림을 제작하였다."라고 말하고 있다. 화가가 고귀한 예술가로 인정받는 것은 스페인에서는 아직 훗날의 일이었다. 화가가 예술가 대접을 받기까지는 '손으로 하는 일'로 귀족 신분이 상실되지는 않는다고 언명한 1783년 칙령을 기다려야 했다.

그런데 20세기 중엽에 A. 카스트로는 황금 세기에 활약한 지식인과 예술가들 중에 콘베르소, 즉 유대교로부터의 개종자의 가계 인물이 많이 포함되어 있음을 지적하며 전통적 국민사학의 금기에 도전했다. 예를 들면 아빌라의 성 테레사도 그중 한 명으로 되어 있다. 벨레스케스도 부계 쪽에 그 개연성이 높다. 하지만 사상적·예술적 특징을 혈통과 관련지어 논하는 것은 신중할 필요가 있을 것이다.

제 6강

가톨릭적 계몽에서 구체제의 위기로
18세기~19세기

고야, '카를로스 4세의 계몽'(1800년, 프라도 미술관)

1701	스페인왕위계승 전쟁(~1714)
1704	영국, 지브롤터 점령
1705	영국과 카탈루냐, 제노바 조약 체결
1707	펠리페 5세, 알만사 전투에서 승리 발렌시아와 아라곤에 신조직(누에바 프란타) 왕령 공포
1713	위트레흐트조약 체결
1714	펠리페 5세 군대, 바르셀로나 침공
1716	카탈루냐에 신조직 왕령 공포
1717	스페인 해군의 사르데냐 점령
1718	사국동맹 전쟁(~1720)
1746	펠리페 5세 사망, 페르난도 6세 즉위
1756	영·프의 칠년전쟁(~1763)
1759	페르난도 6세 사망, 카를로스 3세 즉위
1766	에스킬라체 폭동
1767	스페인과 인디아스로부터 예수회 신부 추방 올라비데, 신정주 지역 개척 사업에 착수
1788	카를로스 3세 사망, 카를로스 4세 즉위
1792	고도이, 재상에 취임
1793	프랑스와 국민공회 전쟁(~1795)
1796	프랑스와 동맹하여 영국과 개전(~1797)
1801	스페인, 포르투갈을 공격(오렌지 전쟁)
1804	영국과 전쟁 개시(~1807)
1805	프랑스·스페인 연합함대, 트라팔가르해전에서 영국군에 대패
1807	퐁텐블로 조약, 나폴레옹과 고도이는 포르투갈 분할을 약속함

1. 스페인왕위계승전쟁과 신조직 왕령

국제 전쟁으로서의 스페인왕위계승전쟁

 루이 14세의 손자 필리프는 1701년 2월 펠리페 5세로 마드리드에 입성하였다. 국제 정세를 경시한 루이 14세는 야망을 노골적으로 드러내며, 경우에 따라서는 펠리페가 프랑스 왕을 겸할 수도 있다고 말했을 뿐 아니라 펠리페의 이름으로 스페인령 네덜란드에 군대를 주둔시켰다. 프랑스와 스페인의 통합을 우려한 영국과 네덜란드는 오스트리아 합스부르크가에 접근하여 같은 해 9월에 오스트리아와 반부르봉의 '대동맹'을 결성했고 다음 해 5월에는 프랑스와 스페인에 선전을 포고했다.

 이미 1701년에 시작된 스페인왕위계승전쟁은 전통적인 왕위 계승 전쟁을 넘어 유럽 제국을 끌어들인 세계 전쟁이 되고 있었다. 근대국가로 발전해 가는 기반인 식민지와 통상·경제 권익의 쟁탈전이 되었기 때문이다. 덧붙여 영국과 프랑스의 식민지 쟁탈전은 앤여왕전쟁(1702~1713년)이라 불린다.

 국제 전쟁으로서의 전황은 카를 대공(신성 로마 황제 레오

폴트 1세의 차남)의 스페인 왕위 계승을 지지하는 대동맹 측의 우위로 전개되었다. 1708년에는 지중해의 사르데냐, 시칠리아, 메노르카를 점령했고, 플랑드르에서도 전투를 유리하게 이끌며 프랑스 영토를 침공하여 릴 지방을 빼앗았다. 국내의 흉작으로도 힘들었던 루이 14세는 화친 쪽으로 기울었으나 대동맹이 제시하는 큰 요구를 수용할 수 없었다.

1711년 4월 신성 로마 황제이던 형 요제프 1세의 서거로 카를 대공(스페인 국왕 카를로스 3세로 선언하고 있었던)이 황제(카를 6세)에 오르게 되면서 상황은 일변했다. 영국의 최대 관심사는 유럽의 세력균형과 해외 권익의 확대이므로, 16세기의 카를 5세 시대처럼 오스트리아와 스페인에 걸친 합스부르크 대제국의 출현을 용인할 수 없었다. 결국 1713년의 위트레흐트조약, 다음 해의 라슈타트 조약으로 화평이 실현되었다.

결과 펠리페 5세는 스페인 국왕으로서 열강의 승인을 얻기는 했으나 프랑스 왕이 될 권리는 완전히 박탈당했다. 시칠리아는 사보이가로, 스페인령 네덜란드·나폴리·밀라노·사르데냐는 오스트리아로 할양되었다. 최대 수혜국은 영국이었다. 전쟁 중에 점령한 지브롤터와 메노르카를 얻었고 인디아스로의 노예 공급권 등을 획득했다. 스페인에 의한 대서양 교역 독점 체제는 크게 흔들리게 되었다.

내전으로서의 스페인 계승 전쟁

시간을 조금 앞으로 돌려보자. 1701년 5월에 카스티야 왕국 의회를 개최하여 국왕 선서를 하는 등 펠리페 5세는 아라곤, 카탈루냐, 나폴리, 밀라노 등을 역방(歷訪)하며 스페인 군주국을 구성하는 나라들로부터 스페인, 부르봉 왕조에 대한 충성을 얻으려 하였다. 1640년의 반란도 있어 반프랑스 감정이 뿌리 깊은 카탈루냐에 대해서는 공국 의회에서 '지방 제 특권'(푸에로스)을 존중할 것을 서약하고 공국에 인디아스와의 교역 특권을 부여했다.

이러한 회유정책에도 불구하고 카탈루냐가 카를 대공의 지지로 돌아서는 것을 막을 수는 없었다. 영국과 네덜란드 등의 지원을 받은 카를 대공은 1704년 5월에 리스본에 상륙하여 포르투갈로부터의 공세를 강화시켰다. 앞에서 언급했듯이, 같은 해 8월에는 영국이 지브롤터를

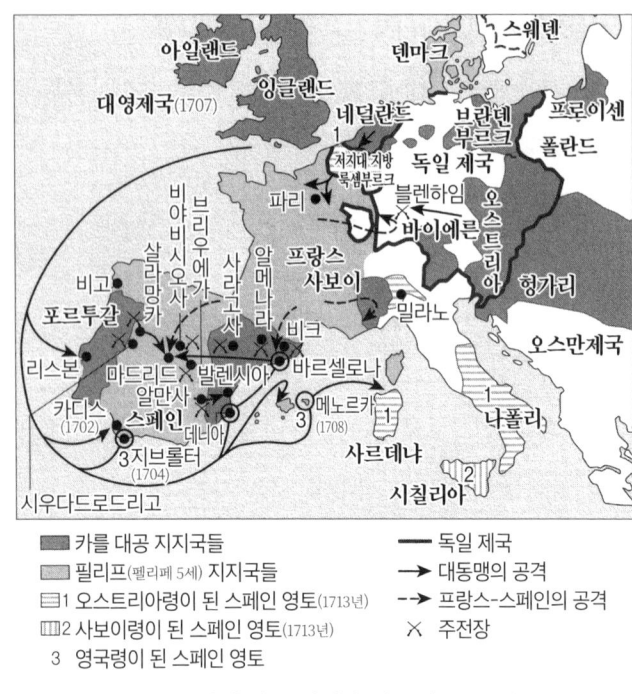

6-1. 스페인 계승 전쟁과 위트레흐트조약

빼앗았다. 다음 해 10월 카를 대공이 바르셀로나에 상륙하자 카탈루냐 공국은 카를을 카를로스 3세로 승인했다. 앞선 제노바 협정(1705년 6월)으로 영국 정부가 반부르봉인 카탈루냐의 여러 특권 신분에 대해 '독자의 법과 특권'의 유지를 보장하고 있었기 때문이다. 아라곤왕국과 발렌시아 왕국도 카탈루냐 공국의 결단을 따라 카를 지지로 돌아섰다.

　스페인 군주국은 이렇게 둘로 분열되어 마드리드와 바르셀로나에 각각 궁정이 세워졌다. 그러나 펠리페 5세는 루이 14세가 파견한 장 오리 등을 기용하여 재정과 군사 부분을 재건하고 국내 전황을 유리하게 전개시켰다. 1707년 4월 알만사 전투에서 승리한 펠리페는 6월까지 아라곤과 발렌시아의 지배를 회복하고 카탈루냐로 진격했다. 1711년에는 바르셀로나와 주변부만이 저항의 거점이 되었다.

　바르셀로나의 저항은 첫째로 펠리페가 '정복권'을 방패로 발렌시아와 아라곤 지역의 여러 특권을 폐지한 조치에 대한 반발에서이고, 두 번째로는 영국은 카탈루냐의 '독자적 법과 특권'을 지켜줄 것이라는 기대 때문이었다. 그러나 위트레흐트조약이 체결되자 대동맹군은 이베리아반도에서 철수하였고 1714년 9월11일 바르셀로나는 펠리페의 군문軍門에 항복했다.

　이 '9월 11일'은 이후의 카탈루냐 국민사학에서 '카탈루냐 네이션의 마지막 날'로 평가되고 있다(현재는 카탈루냐주의 축제일). 그러나 스페인 계승 전쟁에서 폐지된 것은 특권 신분 지배의 기반이던 정치적 제도들(카탈루냐 의회 상설 대부, 바르셀로나 백인회의 등)이다. 그 독자적인 사회경제적 관행이나 언어, 문화의 스페인 네이션으로의 동화는 좋든 나쁘든 이후의 과제였다.

신조직 왕령 공포와 왕국 개혁

장 오리 등 프랑스 관료의 왕권 강화 정책은 기존의 '복합 군주정'에 비판적이던 스페인 관료들의 지지를 얻었다. 그중에서도 마카나스는 군주국이 재건한 중앙집권적 행정의 확립과 국왕 교권주의(후술)에 입각한 대교회 정책이 필요하다고 주장하며 지방 제 특권을 폐지하는 쪽으로 힘을 기울여, 1713년에는 국가 통치의 중핵적 자문기관으로 재편된 카스티야 고문회의의 검찰관으로 취임했다.

발렌시아, 아라곤에 이어 카탈루냐에도 '정복권'이 적용되어 아라곤 연합 왕국의 모든 나라들의 지방 특권은 무효화되고 신조직(누에바 플란타) 왕령에 기초한 제도적 개편이 이루어졌다. 위트레흐트조약으로 스페인 이외의 유럽 영토를 잃은 스페인 군주국은 기존의 '복합 군주정'과 결별하고, 스페인과 인디아스로 영토가 한정된 국가로서 카스티야의 법 제도를 따르는 형태로 정치적·법적 일원화를 지향해 나갔다. 그러므로 앞으로는 '스페인왕국'으로 표기하고자 한다.

중앙행정에 관해서는 여러 고문회의 중 카스티야 고문회의만을 왕국 전체에 관련된 고문회의로 남기는 한편, 1714년부터 국왕 보좌 비서직의 충실을 꾀하고 1721년에는 육군, 해군·인디아스, 외무, 법무, 재무의 다섯 부처로 이루어지는 사실상의 장관 제도로 발전시켰다. 지방통치는 프랑스 같은 지방장관 제도 도입을 시도했지만 정착하기까지 우여곡절을 겪었다. 도시 행정은 카스티야의 대관代官 제도와 도시 참사회 제도를 아라곤 연합 왕국에도 도입하여 지방 통치 기구의 일원화를 추진했다.

나아가 아라곤 연합 왕국 나라들에는 부왕 직을 대신하여 방면군 사령관 직과, 그가 주재하는 지방고등법원을 설치하여 군사적 성격이 강한 사법행정제도를 마련했다. 사법의 일원화와 함께 재판에서는 카스티야어 사용이 의무화되었다. 이에 더하여 새로운 세제가 도입되어 이들 제국으로부터의 국고 수입이 비약적으로 증가되었다. 그러나 신조직 왕령의 시행으로 이들 국가들은 새로운 발전의 기회를 잡을 수도 있게 되었다. 제도적 일원화가 진행되어 개별 국내 관세가 폐지됨으로써 주변 여러 지역의 상공업 부르주아들이 스페인 국내와 인디아스, 양 시장에 참가하는 것이 쉬워졌기 때문이다.

유럽 영토의 할양으로 대외적 부담이 덜어진 스페인은 왕국 조직의 재편 강화에 노력을 기울일 수 있었다. 군대에 관해서는 상비군 정비, 연대連隊 제도의 도입에 더해 불완전하나마 징병제를 시작했다. 인디아스의 유지를 위해 해군의 근대화와 해군력의 강화도 진행되어 해군학교의 설립, 조선소의 설치 등이 추진되었다.

이탈리아 영토의 회복

1714년 펠리페 5세는 두 번째 왕비로 파르마의 이사벨 데 파르네시오(엘리사베타 파르네세)를 맞이하게 되면서 대외 관계는 크게 흔들리게 되었다. 이사벨은 정력적으로 정치에 개입하여 기존의 프랑스 부르봉가의 영향력을 크게 줄이고 이탈리아 영토의 실지 회복을 꾀했기 때문이다. 이탈리아인 성직자 알베로니를 등용하여 1717년에 스페인 해군으로 하여금 사르데냐를, 다음 해에는 시칠

6-2. 장 랑크, '펠리페 5세의 가족' (1723년, 프라도 미술관)

리아를 점령시켰다. 위트레흐트 체제를 유지하려는 영국·프랑스·네덜란드·오스트리아는 사국동맹을 결성하여 이에 대항하였고 프랑스는 바스크를 침공했다. 스페인이 수세에 몰리게 되면서 알베로니는 실각했고 1720년 헤이그 조약이 체결되어 스페인은 점령지를 반환했다. 또한 1725년에는 네덜란드 출신인 리페르다 남작이 등용되었다. 그는 숙적인 오스트리아의 카를 6세에게 접근하여 사태의 호전을 꾀했으나 영국과 프랑스의 압력으로 다음 해 실각했다.

실지 회복의 야망은 폴란드 계승 전쟁(1733~1735년)과 오스트리아 계승 전쟁(1740~1748년)의 결과로 실현되었다.

이들 전쟁에서 스페인은 각각 '가족 협정'을 맺고 프랑스 측에 서서 참전하면서 이사벨의 두 아들이 이탈리아 제국을 상속할 것을 열강에게 약속한 것이다. 장남 카를로스는 나폴리 왕(카를로 7세)이 되었고 차남 펠리페는 파르마 공(필리포)이 되었다.

그러나 프랑스에 기대를 걸긴 했지만 스페인은 영국의 지브롤터나 메노르카의 점령, 그리고 대서양 교역에 대한 우려를 막을 수는 없었다. 1748년에 펠리페 5세가 서거하고 아들 페르난도 6세가 즉위하자 국제정치에서는 중립 외교를 관철하고 국내 개혁에 노력을 기울이게 되었다. 유력한 두 명의 대신, 엔세나다와 카르바할이 각각 친프랑스파와 친영국파였던 점이 대외 정치에 균형을 가져왔다. 엔세나다는 해군 개혁을 추진하여 스페인 해군은 유럽에서 손꼽힐 정도가 되었다.

2. 가톨릭적 계몽과 부르봉 개혁

칠년전쟁과 에스킬라체 폭동

페르난도 6세가 1759년에 서거하자 나폴리 왕인 이복동생 카를로스가 스페인 국왕으로 즉위했다(카를로스 3세). 나폴리 왕위의 겸직은 금지되었으므로 그 왕위는 아들이 이어받았다(페르디난도 4세). 나폴리에서 통치 경험을 쌓은 카를로스였지만 두 사건을 만나면서 스페인왕국이 광범한 개혁이 필요함을 인식하게 되었다.

하나는 칠년전쟁(1756~1763년)에 참전하여 패배한 것이었다. 이 전쟁은 영국과 프랑스의 식민지 쟁탈전이었는데 영국은 온두라스를 점령하는 등 스페인이 갖고 있던 해외 영토까지 위협하고 있었다. 1761년에 프랑스와 '가족 협정'을 맺고 영국에 도전했으나 결과는 1763년의 파리조약에서 플로리다를 할양하는 등 영국에 더 많은 양보를 할 수밖에 없게 되었다. 스페인은 해군력 증강뿐 아니라 허약한 식민지 통치 제도를 손보고 본국과 식민지의 새로운 교역 관계를 구축할 과제가 생겼다.

또 하나는 1766년에 에스킬라체Esquilache 폭동으로

6-3. 고야 작품으로 알려진 '에스킬라체 폭동(1766년경, 개인 소장)

불리는 전국적 폭동들이 일어난 것이다. 카를로스의 나폴리 시대부터 측근이던 에스킬라체는 1765년에 경제적 자유화를 추진하기 위해 곡물의 최고거래가격 설정을 폐지했다. 이는 시장에서의 투기와 곡물 가격 폭등을 유발했고, 이듬해 3월에 치안 유지를 위해 수도에서 복장 단속령을 포고하자 민중의 분노는 더욱 고조되었다. 3월부터 5월에 걸쳐 마드리드를 비롯하여 100개 이상의 도시와 시골에서 민중 소요와 폭동이 발생했다. 그 결과 에스킬라체는 파면되었으며, 국내 시장경제의 미발달과 농업 생산 부족, 식량 공급의 불비를 초래한 지자체 행정의 결함도 드러났다.

이에 카를로스 3세는 1760년대부터 1780년대에 걸쳐 '위로부터의 개혁'에 착수하기로 했다. 이른바 '계몽적 개혁'으로 캄포마네스, 플로리다블랑카, 올라비데, 호베야 노스 같은 계몽 개혁파 관료들이 활약하는 시대로 접어 들었다.

가톨릭적 계몽

 계몽적 개혁이 '계몽사상'에 뿌리를 두고 있음을 말할 것도 없다. 그렇지만 전통적 권위에 대항하고 인간 이성에 바탕을 두고 사회 제 분야의 개혁을 외쳤다 해도 계몽사상은 나라마다 다른 특징을 보였다. 가톨릭 군주국으로서의 전통을 가진 스페인의 경우, 프랑스 계몽사상과 같은 반가톨릭적일 수는 없는 '가톨릭적 계몽'이라 불리는 것이었다. 다만 이는 그때까지의 국가와 가톨릭교회의 관계를 수긍하는 것은 아니었다,

 그 이념은 가톨릭 신앙에서 바로크적 종교성이라 불리는 외견적인 장엄함이나 미신의 감수(민중 종교와의 타협)를 배제하고, 16세기 인문주의자 에라스뮈스의 주장처럼 정신적 귀의를 중시하는 데 있었다. 이는 당시의 얀세니즘(원래는 17세기 네덜란드 신학자 얀센이 주창한 사상으로 인간의 자유

의지의 무력함을 강조하여 예수회와 대립하였고, 교황청은 얀세니즘을 1653년에 이단으로 정했으나 18세기에 교황의 권위로부터의 자유의 주장과 결합되어 광범위하게 퍼지면서 위트레흐트의 독립과 가톨릭교회의 동향, 1786년의 토스카나의 피스토이아 종교회의로 이어졌다)과 통하는 것이었다.

스페인에서 국왕과 교회는 '왕좌'와 '제단'으로 비유되는데, '왕좌'는 이러한 종교적 순화를 수행하는 '제단'의 최대 보호자가 되어야 한다는 의미였다. 로마교황청이 아닌 국왕이야말로 스페인 교회 쇄신의 주체가 되는 이상, 국왕 교권주의(레갈리스모. 왕권의 국내 교회에 대한 통제를 강화시키려는 주장으로 고위 성직자 임명권이 중심이 된다. 교황청의 영향을 약화시키려 한다는 의미에서는 국가교회주의와 겹친다)를 전면에 내세우게 되었고 이는 세속 차원에서는 국왕의 절대성의 주장과 궤를 같이하였다.

18세기 초에 마카나스는 프랑스의 움직임에 따라 국가교회주의(갈리카니즘. 국내 교회에 대한 교황의 간섭을 배제하려는 주장)를 주장했지만 이단 심문소에 의해 철회당했다. 그러나 스페인 왕권은 에스킬라체 폭동으로 인한 국내적 동요를 이용하여 1767년에는 예수회 신부의 추방을 단행하였다. 그때까지 민중이 왕권을 직접적으로 위협한 적이 없었던 스페인으로서는 이 민중 폭동이 특정 단체의 선동으로 일어났다는 음모설을 내세울 필요가 있었던 것이다.

예수회 신부의 추방은 왕권 입장에서는 한층 중요한 의미를 지닌 것이었다. 16세기에 스페인 사제 로욜라가 창립한 예수회는 교황의 인가를 받아 종교개혁 대항의 기수가 되어 해외 포교 활동에 주력했다. 한편 귀족 자제의 교육에도 힘을 써 전통적인 특권 신분층과 결합하여 사회적으로 큰 영향력을 행사하며 국왕 대대로 예수회 사제가 국왕의 고해 신부를 역임했다. 18세기 후반에는 국내 개혁론이 대두했을 때 예수회는 교황권 지상주의(울트라몬타니즘)를 견지함과 동시에, 개연론(프로바빌리즘. 인간의 윤리적 생활에서 어디까지나 죄의 위험을 피하며 최대한의 자유를 확보하려 하는) 입장에서 자유의지를 옹호하고 있었고 개중에는 폭군 방벌론(모나르코마키. 국왕의 절대권력을 인정하지 않고 나쁜 군주는 타도할 수 있다)을 주장하는 자도 있었다. 국왕 교권주의와 계몽절대주의에 선 카를로스 3세, 그리고 국왕의 비호 아래 전통적 신분층의 제 특권을 제한하여 제반 개혁을 실현하려는 개혁파 관료들은 이 단체의 존재를 용인할 수 없었던 것이다. 예수회 신부 추방은 많은 재속

성직자나 수도회로부터 '교회 건전화' 방책으로 환영받았다.

계몽개혁파의 제반 개혁

개혁은 경제·사회 전반에 걸쳐 착수되었으나 A. 엘로르사Elorza가 '신분제 사회의 합리적 재편'이라 지적했듯이 구체제의 질서 구조를 무너뜨리는 것은 아니었다. 다만 뒤처진 스페인 사회가 안고 있던 제반 모순을 노정시켰다는 의미에서 이어지는 자유주의 개혁에 미친 영향은 컸다고 할 수 있다.

농업 생산이 부족하고 농촌 주민의 빈곤이 심해지는 가운데 '국가의 신경'에 다름아닌 자립적 자영농민의 육성은 계몽개혁파의 최대 과제였다. 이에 지자체 소유 경작지의 소농에의 우선 분배나 지주의 직영 이외의 이유로 차지 농민을 추방할 수 없도록 하는 등의 조치가 취해졌다. 또한 '농지법' 제정으로 귀족의 한사限嗣상속제도, 교회 수도원의 양도불가 재산 설정, 메스타(이동 목축업자 조합)의 목초지영대이용권牧草地永代利用權 등의 제반 특권의 삭감과 안정적 소작 계약을 통한 농민층에 대한 토지 대여를 실현하려 했다.

계몽개혁파가 착수한 사업 가운데 시에라모레나의 개척 사업은 특히 흥미롭다. 남부 시에라모레나 일대에는 카디스로 가는 왕도가 있었지만, 황무지가 늘어나고 산적이 발호하고 있었다. 1767년에 신정주지역특별법新定住地域特別法을 제정하여 주로 독일어권 지역(남독일, 스위스, 알자스 등)에서 약 7,200명의 가톨릭교도 농민을 이주시켜 15개 마을을 건설했다. 정주 촌락을 늘려 지역의 치안을 개선하려는 의도에 더하여, 이 사업은 총감독관 올라비데가 말했듯이, '계몽의 사상'을 사람들에게 알려 이 촌락 모델을 따라하려는 움직임을 만들기 위함이었다. 여기에는 한사상속재산이나 양도불가재산을 설정할 수 없었고 교구가 있는 교회 이외의 종교 시설도 금지되었다. 입식자들은 일정 경지를 받아 농경과 가축 사육을 병행하는 소농 경영을 영위하여야 했다. 신정주지역특별법은 자유주의 개혁이 추진되면서 폐지되어(1835년) 점차 농민 사이에 빈부의 차가 발생하게 되었지만, 시에라모레나 신정주지역의 시가지(마을) 라 카롤리나의 바둑판 모양의 정연한 거리는 지금도 여전히 계몽개혁파의 이념을 이어

6-4. 라 카롤리나 시가(하엔 도)

가고 있다.

그리고 18세기 말에는 경제적 자유주의와 사유재산의 불가침을 주창하는 주장이 고조되면서 '농지법' 제정의 시도는 좌절되었다. 호베야노스가 저술한『농지법에 관한 보고』(1794년에 작성, 다음 해 출판)는 전통적 제반 특권에 대한 비판과 동시에 소농민 보호를 위한 국가 개입 정책을 부정하는 것이었다. 한사상속이나 양도불가 제 특권은 점차 삭감의 대상이 되어 19세기 전반의 자유주의 개혁으로 폐지되기에 이른다. 그러나 신·구 지주들에 의한 토지 집적이나 자립적 소농민의 몰락도 진행되었다.

수공업 분야에서는 18세기 전반에 특권을 부여받은 사치품 제조 공장이 많이 설립되었으나 채산이 맞지는 않았다. 에스킬라체 폭동을 거쳐 국가의 상공업 진흥에 깊이 관여하게 된 캄포마네스Pedro Campomanes는 『민중적 공업론』(1774년)을 저술하여 일반품 제조업의 진흥을 제창하였고, 길드의 독점권을 비판하여 농촌 가내공업의 활성화를 도모했다. 단 길드 폐지는 자유주의 개혁의 과제로 남겨졌다. 또한 근세 카스티야 사회에는 벨라스케스의 화가로서의 평가와 관련해서 언급했듯이(제5강 참조) '수작업'에 대한 천시 감정이 뿌리 깊게 존재하고 있었다. 이에 수공업 진흥을 바라던 왕권은 1783년의 칙령으로 모든 수공업 활동은 '명예로운' 것이라 천명하고, 수공업자의 지자체 관직 취임을 금한 지자체 규약을 무효화시켰다. 그러나 왕령으로 구체제의 사회적 가치관을 당장 불식시키기는 어려운 일이었다.

경제활동을 촉진하기 위해 설치된 것이 '조국의 친구 경제협회'였다. 1760년대부터 80년대에 걸쳐 전국에서 약 90%의 협회가 만들어져 개명적 지방 귀족, 성직자 들이 민중에 대한 산업 기술 보급에 노력했다. 그러나 '위로부터의' 장려에는 한계가 있었고 오히려 상공업 발전이 번성했던 카디스, 빌바오, 바르셀로나 등지에는 이들 협회가 뿌리내리지 못했다.

과학기술 진흥을 위해서는 교육개혁이 필수적이었다. 군사기술이나 항해술, 공학 등의 전문학교가 각지에 설립되었고 예수회 사제 추방을 계기로 대학 개혁도 시도되었다. 세비야 도시 장관이기도 했던 올라비데Olavide는 1769년에 세비야대학 교육개혁안을 작성하여 전국의 대학 개혁의 모델로 삼으려 했다. 수구적 특권층의 아성이었던 인사원(대학료大學寮)의 해체도 점차 추진되어 1798년에 드디어 최종적으로 해체되었다.

18세기에 인구는 약 7백만에서 1천만 명으로 증가했지만 간헐적인 식량 위기나 기근에 시달리면서 도시부로의 빈곤층이나 부랑자의 유입이 치안을 위협하는 사회문제가 되었다. 에스킬라체 폭동 후에 곧바로 마드리드에 설치된 산 페르난도 구빈원은 계몽파가 이 문제에 대처하기 위한 모델이었다. 구체제의 교회는 그 수입의 상당 부분을 교회에 모인 빈민들에게 빵을 배부하는 등에 충당하고 있었으나 이러한 자선 행위는 빈민을 나태한 상태로 방치하여 '유효성'에 반하는 것이라 비난받고 있었다. 구빈원은 부랑자를 수용하여 노동할 수 있는 자는 작업장에서 강제적으로 일을 시키도록 되어 있었다. 그러나 국가의 구빈사업이 교회의 자선을 대신하게 된 것은 19

세기가 되어서였다.

'자유무역'의 촉진

 인디아스는 법적으로는 1837년 헌법에 이르기까지 스페인 군주국을 구성하는 '해외 제 지방'으로 자리매김되어 있었다. 그러나 유럽 열강의 아메리카 진출을 앞두고 그 통치 제도를 강화하고 본국의 이익에 맞게 교역 관계를 재편하는 것이 계몽개혁파의 지상명제가 되었다.
 부패한 현지 행정을 재건하기 위해 지방장관 제도가 도입되었고 그 직에 크리오요(인디아스 출생의 백인)이 아닌 본국인을 임명하였다. 그러나 본국에의 종속을 강화하는 일련의 중앙집권적 개혁은 크리오요를 비롯한 인디아스 주민의 반발을 초래하여 투팍 아마루의 반란(1780년, 페루) 등을 불러일으켰다.
 1776년의 북아메리카의 식민지 독립은 인디아스의 현지 지배층에 독립의 꿈을 품게 하는 계기가 되었다. 인디아스의 유지가 점차 힘들어지는 가운데 파리 주재 대사였던 아란다 백은 인디아스를 본국을 순순히 따르는 세

왕국으로 분할할 것을 제안했다. 그러나 이러한 왕조적 유대로 광대한 영토가 결합되는 '복합 군주정'은 시대착오적 구상이었다.

인디아스의 교역은 본국의 세비야(17세기 말부터는 카디스도)와 인디아스의 몇몇 독점 항구 사이에서 이루어지고 있었다. 18세기 전반에 카라카스 항해 기푸스코아[1] 회사 등 특권적 무역회사가 설립되었지만, 무역의 활성화를 위해서는 많은 회사들이 널리 진입할 기회를 줄 필요가 있었다. 이에 1765년 카를로스 3세 정부는 '자유무역' 규칙을 발표한 데 이어 1778년 왕령을 거쳐 스페인의 13개 항구와 인디아스의 22개 항구 간의 직접 거래가 실현되었다. 스페인의 대서양 무역은 비약적으로 확대되어 1778년과 1782~96년의 평균을 비교하면 수출액은 4배, 수입액은 10배의 증가를 보였다. 그러나 1796년 스페인은 영국과의 경쟁에 돌입하여 영국 함대에 항로를 차단당하면서 본국과 인디아스 관계는 사실상 끊어지게 된다.

이 '자유무역'의 최대 수혜지는 카탈루냐였다. 와인이나 브랜디 수출이 크게 늘어 포도 재배가 확대되었다. 동시에 면 염색 원단 제조업이 미국 수출을 중심으로 급성

---

[1] 스페인 바스크 지역의 현(縣) 지명으로 중심 도시는 도노스티아-산세바스티안이다.

장했다. 또한 영국 방적기가 도입되어 카탈루냐 면공업은 근대적 발전을 이루어 갔다.

3. 프랑스혁명과 스페인 구체제의 위기

프랑스혁명의 영향

 1788년 카를로스 3세가 서거하고 아들 카를로스 4세가 즉위했다. 플로리다블랑카Floridablanca가 재상(국무대신)의 지위에 머물러 계몽적 제반 개혁이 속행될 전망이었다. 그러나 다음 해에 옆 나라 프랑스에서 혁명이 발발하며 상황은 일변했다. 혁명의 진행을 보며 블랑카는 혁명의 전파를 막기 위한 '방역선'을 치고 혁명적 출판물 단속을 위한 이단 심문소 검문을 강화했다. 한때는 3개의 정부 계열 신문 이외의 신문 발행이 금지되고 체류 외국인에 대한 감시도 강화되었다.

 그러나 국내에서는 곡물 가격이 상승하여 1789년에 바르셀로나에서 식량 폭동이 일어났고 1791년에는 발렌시아에서도 불온한 움직임이 커져 갔다. 플로리다블랑카는 프랑스에 대해 적대적 개입 정책을 취했으나 아무런 성과도 얻지 못했다. 참다못한 카를로스 4세는 1792년 2월에 플로리다블랑카를 해임하고 아란다 백Conde de Aranda을 후임에 앉혔다.

이전에 파리 주재 대사를 오래 역임했던 아란다는 프랑스에 유화정책을 취하며 카를로스 3세의 인척인 루이 16세의 복권을 꾀했으나 프랑스에서는 1792년 8월에 왕권이 정지되고 다음 해에는 국민공회가 성립하여 왕권 폐지와 공화정 수립이 선언되었다. 사태에 대처하지 못한 아란다는 11월에 파면되었다,

카를로스 4세가 후임 재상으로 임명한 사람은 25세의 마누엘 고도이Manuel de Godoy였다. 일개 근위병에서 이례적인 승진을 거쳐 재상에 발탁된 것은 항간에서는 왕비 마리아 루이사가 고도이와 연인 관계였고 무능한 국왕이 이를 묵인하고 있었기 때문이라는 말들을 했다. 전통적 국민사학도 오랫동안 이를 그대로 믿어 고도이를 심하게 경멸해 왔다. 그러나 이러한 고도이의 상은 근년에 와서 달라지고 있다. 왕비의 총애를 받고 있었던 것은 사실이나 사법관들을 기반으로 한 플로리다블랑카와

귀족들의 지지를 얻은 아란다 등 두 명을 파면한 국왕은, 국내외의 문제에 대처하기 위해 기존의 궁정 당파에 좌우되지 않는 새로운 인물을 필요로 했던 것이다.

고도이의 재상 전제주의

고도이는 1792년 말부터 1808년 봄까지 재임했다. 1798년 3월~1800년 12월, 이 기간을 빼고 국왕 부부의 신뢰를 얻어 절대적인 권력을 누렸는데 이는 '재상 전제주의'라 불렸다. 국가 존망의 위기 속에서 강권적인 '위로부터의 개혁'을 단행하고, 수구적 특권층의 전통적 권익을 위협하거나 '가톨릭적 계몽'의 윤리를 벗어난 연인 관계를 유지하거나 거듭되는 전쟁으로 민중의 원성을 사기도 했기 때문에 매우 나쁜 평가를 받았지만, 구체제의 붕괴를 막기 위해 엄청나게 노력한 인물이었다.

그리고 고도이는 카를로스 4세의 소원대로 루이 16세의 목숨을 구하려 획책하였으나 1793년 1월 루이는 국민공회에 의해 처형되었다. 같은 해 3월부터 프랑스와 스페인은 전쟁 상태로 들어갔으나 프랑스 국민군을 적으로 하는 이 국민공회와의 전쟁은 스페인에 매우 불리했다. 프랑스에서 공포정치가 종지부를 찍자 고도이는 화평으로 돌아서 1795년 7월에 바젤강화를 체결했다. 또한 주전장이 되었던 카탈루냐에서는 이를 '대전쟁'이라 부르며 '국왕과 신을 믿지 않는 침략자'에 대한 열렬한 저항의식이 민중 사이에 생겨났다.

총재정부로 이행한 프랑스가 공통의 적인 영국에 대한 군사동맹을 제안하자 고도이는 이에 동조하여 1796년 8월에 산일데폰소(상일데퐁소) 조약을 맺었다. 그 결과 스페인은 영·프의 전쟁에 바로 휘말리며 프랑스로 종속이 심화되었다. 1797년 영국 해군에 막혀 스페인과 인디아스 교역은 매우 힘들어졌고 같은 해 12월에는 인디아스에 대해 중립국과의 교역을 허가했다. 인디아스의 경제적 자립에 박차가 가해졌음은 말할 것도 없다.

프랑스와 영국과의 전쟁 상태가 계속되면서 국가 재정은 극도로 피폐해졌다. 국채(바레스 레아레스) 발행 등으로는 난국을 타파할 수 없다고 생각한 고도이는 호베야노스Jovellanos 등 계몽적 개혁파를 적극적으로 등용하여 대담한 국내 개혁을 추진하고자 하였다. 그러나 프랑스 총재정부와 거리를 두려 했던 점이 재상으로서의 고도이의 입지를 어렵게 했다. 가톨릭 윤리관을 고집하는 호벨라노스들의 반발이 이에 더해졌다. 카를로스 4세는 고도이를 정권의 중추에서 밀어내고 친프랑스적인 우르키요를 재상에 앉히기로 결단했다.

그러나 우르키요는 국왕 교권주의에서 더 나아가 국가교회주의 입장을 취하여 1799년 9월에는 스페인 주교 임명에 로마교황청은 개입할 수 없다고 선언했다. 교회와의 관계가 더욱 악화될 것을 우려한 카를로스 4세는 1800년 12월에 우르키요를 해임하고 온건한 세바요스를 재상으로 임명했다. 이는 총재정부에서 통령정부로 바꾸고 제1통령이 된 나폴레옹의 의향을 반영한 것이었다. 왜냐 하면 고도이는 나폴레옹의 신뢰를 얻고 있었고 대장군이라는 직함이면서 실질적인 재상으로 복권을 이뤄 냈기 때문이었다. 이후 스페인 대외 정책은 나폴레옹을 따르게 되었다.

정치적 자유주의로 이어지는 움직임에는 강하게 대처했지만 마비 상태의 국가 재정을 구하기 위해 고도이는 구체제의 특권 등, 제 신분이 가진 막대한 재산에 손을 대지 않을 수 없었다. 우르키요에 의한 자선종교단체의 토지 재산 매각과 그 수입의 국채상환기금 충당 정책을 계승하고 1805년에 교황청의 허가를 얻어 교회 재산의 일부 매각에 착수했다. 이 '고도이의 영대소유재산 해방'으로 1798~1808년까지 10년간 교회 관련 재산의 약 6분의 1이 매각되어 국고 수입으로 들어갔다.

또한 고도이는 실용적 지식의 보급과 구습 타파에 힘을 쏟았다. 1805년에는 페스탈로치 사관학교를 창립하는 등 새로운 교육 보급을 지원했다. 화가 고야(1746~1828)는 이 시기 고도이의 비호하에 전통 사회가 품고 있는 무지몽매함을 비판한 풍자화를 다수 그려냈다. 고도이의 연인 페피타의 나체상 '옷 벗은 마하'를 그린 것도 고야였다.

나폴레옹 따르기

고도이는 영국의 동맹국인 포르투갈을 견제하라는 나폴레옹의 요구에 따라 1801년 5월 포르투갈을 공격했다(오렌지 전쟁). 다음 달에는 바다호스 조약이 체결되어 포르투갈은 영국군에 항구를 제공하지 않을 것을 약속했다. 그 후 1802년의 영·프의 아미앵화약으로 잠시 평화가 찾

6-5. 마누엘 고도이의 초상
(고야 작, 1801년. 산 페르난도 왕립미술아카데미)

아왔으나 다음 해에는 전쟁이 재개되어 스페인은 나폴레옹의 야망에 휩쓸려 갔다. 1805년 10월 프랑스-스페인 합동함대는 카디스 남동 트라팔가르곶 앞바다에서 영국 함대에 괴멸되었다(트라팔가르해전). 스페인은 18세기 중반에 재건한 함대를 잃고 인디아스와의 연락은 두절되었다.

그 후 고도이는 나폴레옹에서 벗어나려 했으나 1806년 10월의 예나전쟁에서 프랑스군이 승리하자 다시 복종의 길을 선택했다. 나폴레옹은 영국에 대항하기 위해 '대륙봉쇄'를 강화하고 장애가 되는 포르투갈을 제압하려 했고 그를 위해서는 프랑스군을 육로로 진군시킬 필요가 있었다. 1807년 10월에 고도이와 비밀리에 맺은 퐁텐블로 조약에서는 프랑스군의 스페인 영토 통과를 허락하고 정복 후의 포르투갈은 3분할하여 그 하나를 고도이에게 할양한다고 되어 있었다. 이 결과 10만 명 이상의 프랑스 군사가 스페인 국내 요충지에 주둔하는 상황이 발생했다.

고도이의 전제로 전통적 권익을 위협당한 특권 신분층은 카를로스 4세의 아들 페르난도 아래로 결집하여 정부의 전복을 도모하였다(엘 에스코리알의 음모). 이즈음에는 계속되는 전쟁에 고통받던 민중 사이에서도 반고도이 감정이 격해지고 있었다. 1808년 3월 17일 페르난도파 귀족들의 선동으로 국왕 부부가 체재하는 아랑후에스 Aranjuez 별궁으로 인파가 들이닥치자 카를로스 4세는 고도이의 경질과 자신의 퇴위를 받아들였다.

3월24일 페르난도 7세는 민중의 광란적 환호 속에 수도로 입성했다. 그러나 부왕 카를로스 4세는 퇴위 선언을 철회하고 나폴레옹의 지지를 받으려 획책했다. 페르난도 입장에서도 나폴레옹의 인정은 필수적이었다. 그러나 왕후·귀족 사이의 분쟁을 차가운 시선으로 보고 있던 나폴레옹은 이미 자신의 형 조제프를 괴뢰 왕으로 추대하여 스페인을 위성국으로 만들 계획을 세우고 있었다.

제 7강
혁명과 반혁명의 시대
19세기 전반~1870년대

고야 판화집 『전쟁의 참화』(1810~1815년)에서, 제39번 '훌륭한 전리품! 시체를 상대로'

1808	스페인 독립 전쟁(~1814)
1812	카디스 의회, 1812년 헌법을 공포
1814	페르난도 7세, 스페인으로 귀국하여 카디스 헌법 파기
1820	'자유주의의 3년간'(~1823)
1823	페르난도 7세, 절대주의로 복귀, '불길한 10년간'(~1833)
1833	페르난도 7세 사망, 이사벨 2세 즉위, 섭정 마리아 크리스티나(~1840)
	제1차 카를리스타스 전쟁(~1839)
	지방행정 개혁, 전국을 49주으로 구분
1836	멘디사발Mendizabal, 영대소유재산해방령을 공포
1837	1837년 헌법 공포
1844	치안경찰 창설
1845	온건파의 1845년 헌법 공포
1846	제2차 카를리스타스 전쟁(~1849)
1848	바르셀로나와 마탈로 간 첫 철도 개통
1851	로마교황청과 정교 협약 체결
1854	'진보파의 2년간'(~1856)
1855	마두스의 영대소유재산 해방 일반법
1859	모로코와의 아프리카 전쟁(~1860)
1868	9월 혁명 발발, 이사벨 2세가 프랑스로 망명
	쿠바에서 10년 전쟁(~1878)
1869	1869년 헌법 공포
1870	아마데오 1세 즉위
1872	제3차 카를리스타스 전쟁(~1876)
1873	아마데오 1세, 왕위 방기, 제1차 공화정 성립
	칸토날리스타 봉기
	1873년 헌법 초안 책정
	파비아 장군의 쿠데타, 셀라노가 대통령에 취임
1874	마르티네스 캄포스 장군의 쿠데타, 알폰소 12세의 왕정복고 선언

1. 나폴레옹의 침략과 스페인 독립 전쟁

보나파르트 왕조의 성립

나폴레옹은 왕관을 다투는 아버지 카를로스 4세, 아들 페르난도 7세를 프랑스 영내 바욘으로 불러들여 수완 좋게 모두 왕관을 포기하게 하고 1808년 6월에 자신의 형 조제프를 호세 1세로 명명하여 스페인 국왕으로 즉위시켰다. 이어 바욘에 스페인인 명사회의를 소집하여 새로운 보나파르트 왕조를 승인시키고 바욘 헌법을 공포시켰다.

스페인의 전통적 국민사학에서는 호세 1세를 '찬탈왕'으로 보고 왕조 계보에 포함시키지 않고 바욘 헌법도 헌법사에서는 제외되어 있지만, 1808년부터 1813년에 걸쳐 영토의 대부분을 지배하고 있던 것은 호세 1세 정부였고 요렌테, 카바루스, 우르키요 등 계몽 개혁파가 신체제에 국가 개혁과 근대화를 기대했던 것도 사실이다. 바욘 헌법은 가톨릭 국교화를 견지하면서도 나폴레옹의 황제 대관 시의 선언(1804년)에 따라 봉건적 제 권리의 폐지에 더해 어느 정도의 국민의 권리를 인정하고 있었다. 저항 지역인 카디스에서 만들어진 1812년 헌법(후술)은 스페인 최초의 근대 헌법으로 보는데 바욘 헌법과의 유사성 및 그 영향을 무시할 수 없다.

호세 1세는 근대화를 바라는 친프랑스파를 등용하여 정치적 지배 확립에 노력하고 봉건적 제 권리의 폐지, 이단 심문소의 철폐, 수도원의 일부 폐쇄 등의 자유주의 개혁을 단행했으나 '쳐들어온 왕' '술독에 빠진 호세'라는 악평을 씻을 수 없었다. 나폴레옹이 1810년 2월에 에브로 강 이북을 실질적으로 프랑스에 병합한다는 폭거를 자행해도 호세는 반대할 방도가 없었다.

호세는 수많은 교회와 수도원을 부수고 광장으로 만드는 등 마드리드의 도시 정비에 공헌하였으나 1812년 7월 아라필레스 전투에서 영국군이 승리하자 마드리드를 방기했다. 더욱더 전황이 악화되자 1813년 6월 프랑스 국경으로 도망갔고 그와 함께 친프랑스파로 불리는 1만 2천 명이 보복을 우려하여 조국을 떠났다.

5월 2일 사건

 국민사학에서는 1808년 5월 2일에 마드리드에서 일어나 민중 봉기를 반프랑스 저항운동의 기점으로 보지만, 이미 4월경부터 레온이나 부르고스 같은 도시에서는 프랑스군 주둔과 그에 협력하는 지방 당국자들을 공격하는 폭동이 일어나고 있었다. 이해는 특히 흉작과 기근으로 민중들이 고통받고 있어 난폭한 프랑스군의 존재는 견디기 힘든 것이었다.

 5월 2일 아침 마드리드에 남아 있던 왕자 프란시스코 데 파울라(카를로스 4세의 막내아들) 등이 프랑스로 이주하는 것을 막기 위해 수많은 군중이 궁정 앞에 모이면서 프랑스 병사들과 충돌이 발생했고 몬테레온 포대의 일부 군인도 동조하여 반프랑스 폭동이 되었다. 그러나 압도적인 프랑스군에 진압되어 다음 날까지 수백 명의 주민이 총살형에 처해졌다. 이 광경은 고야의 그림 '5월 2일'과 '5월 3일'에 절절하게 묘사되어 있지만 실제로는 정부 기관, 도시 당국, 교회, 이단 심문소는 모두 이 봉기를 비난했고 상층 시민들은 사태가 진정되길 조용히 지켜보고 있었던 것이다.

사건 후에 마드리드 근교 모스톨레스 마을에서 전국 각지로 '국왕과 조국을 위해 죽으리'라고 외친 호소는 큰 반향을 불러일으켰다. 프랑스에 억류되어 있는 페르난도 7세를 '추대된 왕'으로 보는 애국파의 저항운동은 이 사건을 국민적·애국적 봉기로 칭송하게 된다.

그러나 페르난도에게는 절대주의적 왕정으로의 복귀, 계몽적 개혁의 재착수, 자유주의적 왕정의 확립 등 다양한 기대가 모여져 결국 애국파 사이에 대립이 발생하는 것은 피하기 어려웠다. 통상 1814년까지의 투쟁 과정을 '독립 전쟁'으로 총괄하는데 이 명칭은 19세기 중엽의 낭만주의 역사학이 부여한 것이다. 당시의 스페인인들은 '(반)나폴레옹전쟁', '(반)프랑스인 전쟁'으로 부르고 있었다. 무엇보다도 민중 입장에서는 일상생활을 유린하는 외부자에 대한 저항 투쟁이었다.

게릴라전

각지의 저항 조직은 지구평의회, 지방평의회, 나아가 아랑후에스의 중앙평의회로 조직되어 갔다. 그러나 조직화 과정에서 전통적 계층들의 비중이 커져 구체제의 개혁이나 민중의 움직임과는 동떨어진 존재가 되어 가고 있었다.

1808년 7월에 프랑스군이 바일렌 전투에서 패한 뒤 같은 해 11월에 나폴레옹이 몸소 스페인으로 건너와 군사 체제를 재편하자 중앙평의회는 효과적인 저항을 하지 못하고 세비야로 피난했다. 사라고사나 지로나도 함락되어 1809년 초부터 11년 말까지 약 3년간은 스페인 국토의 대부분을 프랑스 세력이 군사적으로 제압하고 있었다.

그러나 광대한 점령 지역에 유효한 정치적 지배를 확립하기는 어려웠다. 나폴레옹을 반기독교도, 악마의 아들이라 비난하는 하급 성직자들에 고무되어 각지에서 민중의 분노는 더욱 끓어올랐다. 게다가 민중적 저항과 결합하여 게릴라 부대의 활동이 활발해졌다. 전쟁을 의미하는 스페인어 '게라'에 축소 어미가 붙은 게릴라라는 전투 방법은 스페인 독립 전쟁에서 널리 전개되었다. 정규군이 무너진 뒤 도망친 병사, 하급 성직자, 농민들로 조직된 게릴라는 중요 지역의 수비와 수송에서 프랑스군을 괴롭혔다. 프랑스군은 게릴라 대책으로 전 병력의 약 5

7-1. 고야, '1808년 5월 2일'(1814년, 프라도 미술관)

분의 4를 할당해야 할 정도였다.

게릴라군은 정규병과 같은 처우를 하지 않고 붙잡히면 반란군으로 처형되었다. 게릴라군도 과격한 보복으로 나왔기 때문에 이 전쟁에서는 종종 잔학 행위가 반복되었다. 고야의 판화집 『전쟁의 참화』에 그 부분이 생생하게 묘사되어 있다.

1812년 여름 이후 영국군은 포르투갈로부터의 공격을 강화했다. 한편 러시아원정에 실패한 나폴레옹은 프랑스군 전체의 재편을 위해 스페인에 주류하는 군대를 대폭 삭감하지 않을 수 없었다. 영국, 포르투갈, 스페인 연합군은 아라필레스Arapiles 전투(1812년 7월), 비토리

7-2. 고야, '1808년 5월 3일'(1814년, 프라도 미술관)

아Vitoria 전투(1813년 6월), 산 마르시알Saint-marcial전투(1813년 8월)에서 승리를 거듭했다. 1813년 12월 나폴레옹은 페르난도 7세와 발랑세Valençay 조약을 맺어 페르난도를 국왕으로 승인하고 전쟁 전의 스페인 영토의 보전을 보장했다. 1814년 봄, 남은 카탈루냐 점령지에서도 프랑스군이 철수했다.

2. 카디스 헌법에서 1813년 헌법으로

카디스 헌법과 '남반구, 북반구의 스페인'

 1810년에 들어 앞서 언급한 프랑스군의 공세를 앞두고 중앙평의회는 세비야에서 카디스로 옮기며 해산했다. 그때 같은 해 9월에 왕국 의회 개최를 결정한 바 있었다. 이에 기초하여 스페인왕국 각지(스페인 본국과 해외 제 지방)의 대의원들이 선출되었으나 프랑스군 지배 지역이나 인디아스, 즉 스페인령 아메리카로부터 카디스로의 파견이 어려웠기 때문에 당시 카디스에 있던 각 지역 출신자들로부터 의원 대행이 선출되었다.

 선출 의원의 3분의 1을 성직자, 5분의 1을 변호사가 차지한 이 의회는 신흥 시민에 의한 혁명의회는 결코 아니었다. 그러나 구체제의 폐해를 없애려는 자유주의자들이 헤게모니를 잡은 것은 틀림없다. 1810년 9월에 개최된 의회는 출판의 자유, 고문의 폐지, 영주재판권의 폐지 등을 결의했다.

 그리고 시작된 헌법 제정을 위한 심의에는 영토와 종교의 문제가 이 스페인 최초의 근대 헌법에 특이한 그림자를 드리우고 있다. 바욘 헌법처럼 1812년 3월 공포된 헌법(카디스 헌법)은 해외 제 지방에도 대표 선출을 인정하지만 인구가 훨씬 많은 스페인령 아메리카에는 평등한 대표권을 인정하려 하지 않았다. "스페인 국민(공동체)은 양 반구의 모든 스페인인의 집합이다."(제1조)라고 선언하면서도 여성이나 가내 사용인에 더하여 흑인 노예뿐 아니라 '혈통적으로 아프리카 출신인' 카스타로 불리는 사람들과 가톨릭 신앙에 귀의하지 않은 인디오는 정치적 권리를 행사하는 시민에서 배제되어 있었다. 결과적으로 유권자 수에 비례하는 의원 수는 크게 감소하여 '양 반구의 모든 스페인인'의 대표권의 평등은 형식적인 것이 되었다. 이 조치에 대해 크리오요 등의 반발이 거세져 스페인령 아메리카 독립 움직임이 강해지게 되었다.

국민주권이나 삼권분립을 주창한 카디스 헌법 가운데 가장 비근대적인 부분은 '스페인 국민의 종교'를 가톨릭으로 한정하고 "다른 어떠한 종교의 행사도 금한다."(제12조)는 점이다. 자유주의자들이 성직자들과 타협했다는 이해가 일반적이지만 스페인 고유의 '가톨릭적 계몽'의 흐름을 계승하고 있다고 보는 것이 타당할 듯하다. 이 시기 이단 심문적 불관용을 비판하는 소리는 컸지만 신앙의 자유 주장은 블랑코 화이트 Joseph Blanco White 등 극히 일부의 지식인들에 한정되어 있었다.

그러나 카디스 헌법은 여러 한계를 보이면서도 구체제의 최대 폐해였던 국왕 권력의 자의성, 그리고 신분적 제특권을 크게 제한하려 한 점은 분명하고, 19세기 스페인 자유주의자들의 희망의 등불로 빛나면서 유럽 국가들이나 라틴아메리카 나라들의 헌법에도 영향을 주었다.

절대주의 복귀와 '자유주의'의 3년간

예전에 마르크스가 말했듯이 카디스 의회는 '행동 없는 이념', 민중은 '이념 없는 행동'으로 달리고 있었다. 1814년 5월 '국왕 만세'를 환호하는 민중들 앞에서 페르난도 7세는 카디스 헌법이 "1791년 프랑스 헌법의 혁명적이고 민주적인 제 원칙을 모방하였다."라며 파기하고, 스페인을 전쟁 전의 상태로 되돌리려 했다.

그러나 농민층의 영주적 제반 공조(영주권에 유래하는 지대나 부역 노동)나 교회 십일조 납입 거부 움직임은 전후에도 이어지고 있었고, 6년간의 전쟁으로 경제는 완전히 피폐한 상태였다. 라틴아메리카의 독립운동이 더욱 거세지는 가운데 구체제의 틀을 유지한 채 경제와 재정을 재건하는 것은 불가능했다. 정부의 다섯 개의 장관 자리는 자주 교체되어 1814~1820년 사이에 28명이 바뀌었다. 마르틴 가라이에 의한 과세 기반 확대의 신중한 시도도 궁중 측근의 반대로 좌절되었다.

합법적 반대의 길이 막힌 자유주의자들은 음모론으로 정부 타도를 획책했다. 이에 호응하여 라시, 포를리에르 등 자유주의 장교에 의한 쿠데타 선언(프로눈시아미엔토)이 반복되었다. 1820년 1월에 카디스에서 일어난 리에고에 의한 쿠데타 선언은 각지에서 동조자들을 모아 3월에 페르난도 7세는 카디스 헌법의 부활을 인정하기에 이르렀다.

이 자유주의 개혁기(자유주의의 3년간)에 카디스 의회에서는 법령 제정에 그쳤던 여러 정책들이 실행에 옮겨졌다. 영주재판권의 폐지, 한사 상속 제도의 폐지 등에 더하여 이단 심문제의 폐지, 결사의 자유 승인, 일부 수도원의 폐지, 행정 기구의 개편 등의 조치가 취해졌고 전국 민병대가 조직되었다.

그러나 자유주의자들은 정권을 맡아 비교적 온건한 개

혁을 지향하는 '1812년 헌법파'와 이를 미온적이라 보는 젊은 세대의 '열광파'로 분열되었다. 그리고 후자가 중심이 되어 각지에서 애국협회로 칭하는 혁명 클럽이 탄생하여 정부 비판을 계속했다.

한편 절대왕정의 부활을 지향하는 국왕파도 활발하게 움직였다. 그중에서도 사도파(성 야고보를 딴 명칭)는 격하게 정부를 공격했다. 절대주의자는 봉건적 제 권리의 폐기와 함께 입회권[1] 등 전통적인 관습도 빼앗겨 새로운 금납에 의한 조세 부담에 허덕이던 농민층의 지지를 받았다.

나폴레옹 실각 후의 빈 반동체제(1815년~) 아래에서 열강은 스페인의 혁명 진행과 인근 국가들로의 파급을 우려하여 군사 간섭을 결단했다. 이 의향을 받아든 복고 왕정하의 프랑스는 스페인을 침공하여 '자유주의의 3년간'은 묻히게 되었다. 그리고 프랑스군은 1808년의 쓰라린 경험을 바탕으로 식량 조달에는 스페인 상인을 등용하는 등 신중한 행동을 취했다. 자유주의 개혁의 수혜를 받지 못한 농촌부 민중은 거의 반발하지 않았고 두드러진 저항은 도시부의 전국 민병대에 한정되었다.

---

1) 산림 등 공유지에서 공유자들이 땔감이나 식물 채취, 가축 방목 등을 할 수 있는 권한.

스페인령 아메리카의 독립

1808년에 나폴레옹의 스페인 지배가 전해지자 본국과 같이 스페인령 아메리카 각지에서 보나파르트 왕조를 부정하는 지방평의회가 설치되었다. 그러나 위에서 언급한 1810년에 개최된 카디스 의회는 대서양을 넘어 영향을 행사할 수는 없었다. 라플라타 부왕령에서는 산 마르틴이 부에노스아이레스에서 아르헨티나공화국을 선언했다. 누에바 그라나다 부왕령에서는 볼리바르가 활발하게 운동을 전개했고, 멕시코에서는 이달고와 모렐로스가 운동을 지도했다.

1814년에 절대주의로 복귀한 페르난도 7세는 스페인령 아메리카와의 합의를 모색하기는커녕 본국에서 군대를 파견하여 멕시코와 누에바 그라나다를 일단 평정했다. 그러나 광대한 남미 각지에 대한 군사적 제압은 어려워 아르헨티나에는 거의 개입할 수 없었다.

크리오요, 메스티소 그리고 인디오의 대립도 내포되어 각지의 해방운동은 복잡한 과정을 거치게 되었다. 독립운동은 1820년에서 1823년에 걸쳐 본국에서 자유주의 혁명이 성공했을 때 크게 고조되었다. 허약한 본국 정부는 어떤 해결책도 낼 수 없었다. 1824년 아야쿠초 전투(페루)에서 스페인군이 대패하자 스페인령 아메리카의 독립은 결정적이 되었고(이후 이 지역은 라틴아메리카로 쓰겠다) 스페인에는 쿠바, 푸에르토리코, 필리핀, 괌만이 해외 영토로 남게 되었다.

해외 영토의 상실은 스페인 경제에 심각한 타격을 입혔다. 카탈루냐의 면공업이나 수출용 농업은 큰 위기에 빠졌고, 1821년의 멕시코 독립으로 은의 수입이 끊겼기 때문에 유럽 제국과의 무역 적자도 보전할 수 없게 되었다. 디플레이션이 계속되어 1812년을 100으로 하는 물가지수는 1820년에는 50으로, 1833년에는 35까지 하락했다.

자유주의 국가 체제의 성립

페르난도 7세는 1823년 10월부터 다시금 절대주의로의 복귀를 단행하여('피했어야 할 10년간') 군사위원회는 자유주의에 협력한 자들을 심하게 탄압하고 정화위원회는 반체제적인 국가 관리들을 파면했다. 이단 심문소의 부활은 연기되었으나 신앙위원회가 이단적 언동을 단속했다.

라틴아메리카가 독립을 달성하고 스페인 경제가 무너지는 가운데 체제 안정을 위해서는 국왕 자신이 스스로 '위로부터의 개혁'을 시작하지 않을 수 없게 되었다. 로베스 바에스테로스 등을 중심으로 점진적인 행정·재정 개혁이 단행되었다. 1828년에는 처음으로 국가 예산이 책정되어 부분적이나마 새로운 조세제도가 도입되었다.

전통과 특권을 옹호하고 이단 심문소의 부활을 지향하는 사도파는 카탈루냐에서 '피해자의 난'을 일으켰지만 국왕군에 진압되었다. 그 후에도 절대주의자들은 구체제를 고집하며 왕의 동생 카를로스 마리아 이시도르에게 기대를 걸었다.

1829년에 페르난도는 네 번째 처 마리아 크리스티나와 결혼했는데 딸의 탄생 가능성을 생각하여 부르봉왕조 성립 시에 폐지되었던 여성 왕위 계승권을 부활시켰다. 다음 해 10월 나중에 이사벨 2세가 되는 공주가 탄생했다.

카를로스의 왕위 청구를 피하기 위해 국왕 부부는 자유주의 세력을 아군으로 끌어들일 것을 결심하고 망명 자유주의자들에 대한 은사를 결정했다. 1833년 9월 페르난도가 서거하자 마리아 크리스티나를 섭정으로 하여 딸

이사벨이 즉위했다. 그러나 카를로스는 스스로 카를로스 5세로 칭하며 즉위 선언을 하여 스페인은 제1차 카를리스타 전쟁(1833~1839년)으로 돌입했다.

카를리스타(카를로스 지지파)는 바스크, 나바라, 카탈루냐와 발렌시아의 산간지대를 지배 영역으로 하였다. 1833년 11월 전국을 49주로 나누는 정령 공포로 시작된 중앙집권화와 입법통일화는 지방특별법을 누리는 바스크, 나바라 주민층을 널리 전통적 제 특권 옹호로 규합시켰다. 전통적 관행을 유지하고 교회의 영향력이 강한 농촌 지역에서는 카를리스타가 내건 '신, 조국, 국왕, 심판자'라는 슬로건이 농민층을 결집시켰다.

북부 지역에서 기반을 굳힌 카를리스타는 1835년에는 다른 지역으로 전쟁을 확대했다. 그러나 마드리드 정부는 영·프의 지원을 받음과 동시에 영대소유재산 해방 조치로 국고 수입을 늘리고 병력을 증강시켜 공세로 나왔다. 1839년 베르가라 협정이 맺어져 지방특별법 유지를 조건으로 카를리스타의 대부분이 저항을 멈추었다. 그러나 카를리스타 잔당은 그 후에도 두 번에 걸쳐 무장봉기를 일으켰다(1846~1849년, 1872~1876년).

자유주의 온건파로 구성된 정부는 1834년에 '왕국 조직법'을 공포하여 양원제 의회를 도입했지만 상원은 국왕이 임명하고 하원은 고액 납세자를 유권자로 하는 극단적인 제한선거였다(유권자는 인구의 0.15%에 불과). 자유주의 진보파는 온건파 정권에 대해 자유주의 정책의 철저한 실시를 요구하며 활동을 전개하여 1835년에는 멘디사발 정권이 수립되었다. 멘디사발은 영대소유재산해방령(교회 재산의 국유화와 매각) 등 근대화의 제반 조치에 착수했다.

다음 해에 마리아 크리스티나가 개혁 후퇴로 돌아서자 각지에서 반정부운동이 활발해져 결국 진보파로의 정권 이양과 카디스 헌법의 부활이 이루어졌다. 법적·제도적 의미에서는 1836년부터 다음 해에 걸친 진보파 정권하에서 구체제의 최종적 폐기가 실현되었다. 메스타[2]의 폐지, 한사 상속 제도의 폐지, 영업의 자유, 교회 십일조의 폐지, 영주제의 폐지 등이다.

1837년에는 온건파와 진보파의 상호 타협으로 신헌법이 제정되었다. 카디스 헌법에 비해 국왕의 권한을 강화시켰으나 이른바 국민국가의 헌법이 되었다. 왜냐 하면

---

[2] Mesta. 스페인의 중세 및 근세의 특권적 목양업자 조합. 스페인의 이동 목축은 레콩키스타의 진전으로 대규모화되어 알폰소 10세의 허가로 카스티야 전체에 메스타가 성립되었다. 메스타는 귀족, 교회, 기사단 등의 양 소유자들로 조직되어 왕실로부터 양떼의 이동로 보장, 공유지 이용 등의 특권을 받고 왕실에 거액의 재정적 원조를 함으로써 절대주의의 경제적 기초를 구성하여 '왕국의 지주'로 불렸다. 스페인 제국이 약체화되고 가격혁명으로 양모 시장이 축소되면서 특권을 제한받다 1836년에 폐지되었다.

라틴아메리카를 잃은 당시의 스페인에는 한정된 국민(공동체) 규정으로 충분했던 것이다. 카디스 헌법에 따라 헌법 제정 의회에 참가를 인정받고 있던 쿠바의 대의원은 신헌법 제정과 동시에 의장에서 추방되었고 해외 여러 지역은 '식민지'로 규정되었다.

3. 과두적 자유주의 국가 체제

온건파 정권의 수립

카디스 헌법은 보통선거를 처음으로 도입했다고 하지만 3단계의 간접선거여서 유권자의 소리를 반영하기는 어려웠다. 1837년 헌법에서는 제한선거이지만 직접선거가 되어 적어도 유권자(인구의 2.2%)가 직접 대표를 선출할 수 있었다. 이후 재산(납세액)에 의한 제한을 어디까지 둘지를 둘러싸고 온건파와 급진파가 다투었고 이에 제한의 철폐와 보통선거를 요구하는 민주파까지 이 논쟁에 가담했다.

카디스 헌법의 종교적 불관용에서 1837년 헌법은 가톨릭 국교화 견지로 바뀌었지만 다른 신앙을 어디까지 허용할 것인가가 쟁점이 되었다. 신교의 자유 명기는 1869년 헌법이 최초이다. 그러나 국가와 종교의 관계는 20세기까지 계속 논쟁이 되었다.

1837년 헌법이 성립되어도 입헌군주정의 안정으로는 이어지지 않았다. 섭정 마리아 크리스티나는 카를리스타의 위협이 사라지자 보수적 자세를 노골화하였고 온건파는 이에 동조했다. 에스파르테로 장군은 진보파에 접근하여 수상 자리에 앉았고 1840년에는 섭정이 파리로 망명했다. 그러나 에스파르테로의 자유무역주의와 친영국적 정책은 카탈루탸 면공업의 이해에 반하여 격렬한 반발을 초래했다. 그 강권적 시책 때문에 정권은 1843년에 붕괴했다.

다시 정권을 잡은 온건파는 1844년에 치안경찰을 창설하는 등 국내 치안 대책을 강화하고 1845년에는 '정리론파[3] 자유주의'에 기초하여 국가 권한을 크게 강화시킨

---

3) 프랑스 복고 왕정기의 정치 그룹으로 순리파, 정리파 등으로 불린다. 우익의 과격 왕당파에 대항하여 나온 입헌 왕당파 가운데 중도정치의 철학을 내세운 이론가들을 가리킨다. 왕권신수설에 선 전제군주제와 루소적 데모크라시를 모두 거부하며 제한선거제에 기초한 온건한 입헌왕제를 주장하지만 국왕에 정치에 대한 적극적 역할을 인정한다는 점이 영국품의 입헌군주제 주장과도 구별된다.

1845년 헌법을 성립시켰다. 유권자수는 다시 극단적으로 제한되어(인구의 0.8%) 진보파의 기반이었던 전국민병대도 해산되었다.

온건파는 오랫동안 긴장 관계에 있던 교회와의 관계를 개선했다. 1851년 로마교황청과 정교 협약을 맺고 가톨릭 국교화가 재확인되었다. 이미 실시된 영대소유재산 해방령에 의한 교회 재산 매각이 승인되는 한편, 교회 유지비와 성직자의 봉급은 국가가 부담하게 되었다. 그리고 1857년의 공교육법으로 교회에 의한 초등교육 관리가 보장되어 보수적 국가 체제와 가톨릭교회의 동맹이 완성되었다.

'진보파의 2년간'

1850년대에 들어서면 정권의 부패가 현저해졌다. 철도법 제정과 부설 이권을 둘러싼 오직 사건에 대한 고발도 있어 정국이 혼미해졌다. 1853년에 사르토리우스 내각이 1845년 헌법 개정으로 집행부 권한을 더욱 강화시키려 하자 진보파와 상당 부분의 온건파가 반정부운동을 전개했다. 여왕 이사벨 2세는 노년의 진보파 군인 에스파르테로에게 정권을 맡겨 사태를 수습하려 했다.

1854년부터 56년까지를 '진보파의 2년간'으로 부르듯이 진보파가 주장해 왔던 것들이 실시되고 1837년 헌법도 잠정적으로 부활되었다. 1856년 헌법 초안은 공포는 되지 않았지만 입헌군주정, 전국민병대의 재설치, 자치체 수장의 직접선거 등에 더하여 '가톨릭에 반하는 공적 제사'는 거행하지 않는다는 조건으로 신교의 자유가 명시된 것이었다.

최대의 자유주의 정책은 경제장관 마두스가 추진한 영대소유재산 해방이었다. 영대소유재산해방일반법(1855년)은 매각하지 않은 교회 땅에 더하여 자치체 소유지 등도 국유화, 매각의 대상으로 정했다. 자치체 소유지 매각(세속영대소유재산 해방)은 처음엔 고용 농민들에게 토지 획득의 기대를 품게 하였으나 토지 세분화를 하지 않는 경매 방식이어서 취득자는 옛 지주나 신흥 시민들에 한정되었다. 전체적으로 진보파의 2년간은 민중의 생활을 개선시킨 것도, 그 요구를 고려했던 것도 아니었다.

이 무렵 보통선거를 요구하는 민주파가 새로운 정치세력으로 탄생하였고 역시 시작 단계의 노동운동이 이에 동조했다. 1855년 7월에는 최초의 총파업이 바르셀로나에서 일어났고 스페인 남부 농촌 지역에서는 자치체 소유지 매각에 반대하는 과격한 저항운동이 전개되었다.

도시와 농촌의 소요에 단호하게 대처하려는 육군대신 오도넬 때문에 에스파르테로는 사임하고 이사벨 2세는 오도넬에게 내각 구성을 명했다. 오도넬은 저항운동을 탄압하고 1845년 헌법의 부활과 전국민병대의 해산을 실현했다.

온건파의 위기

이사벨 2세는 정치를 1854년 상태로 되돌리기 위해 보다 보수적인 나르바에스 등 온건파 정권에 기대를 걸었으나 모두 단명에 그쳤다. 다음으로 온건파 좌파와 진보파 우파를 규합한 자유주의 연합을 이끄는 오도넬이 1858년에 다시 정권을 잡아 1863년까지 장기 정권을 이어갔다.

이 장기적 안정은 철도 붐으로 대표되는 경제 발전이 있었던 것과 또 하나는 대외 전쟁으로 국민의 관심을 국외로 돌릴 수 있어 달성되었다. 인도차이나 출병(1858~1863년), 멕시코 간섭(1862년) 등에 더하여 모로코 출병(1859~1860년)이 있었다.

인도차이나 출병에서는 코친차이나(베트남 남부)에서의 프랑스인 스페인인 선교사 살해에 대한 보복으로 프랑스의 나폴레옹 3세에 가담하여 군대를 파견했지만, 프랑스의 인도차이나 권익 확대를 돕기만 하고 끝이 났다. 멕시코 간섭에서는 멕시코 정부의 채무 이행을 독촉하기 위해 나폴레옹 3세가 영국과 스페인을 설득하여 출병했지만 멕시코군의 저항을 만나 영국과 스페인군은 바로 철수하였고 프랑스군도 1865년에 철병했다.

이들 사건 중 모로코 출병은 스페인 국민의 열광을 불러일으켰다. 스페인은 북아프리카 연안부에서의 패권을 유지하기 위해 세우타(1415년 포르투갈이 점령하였다가 1580년에 스페인령이 되었다)와 멜리야(1497년에 점령), 그 외 몇 개의 바위섬을 요충지로서 점령하고 있었다(참고로 이들은 현재도 스페인의 '아프리카 영토'이다). 현지 베르베르인에 의한 세우타 시설 공격이 발생하자 오도넬 내각은 대대적인 모로코 파병을 결정했다. 거창하게 '아프리카 전쟁'으로 명명된 이 전쟁에서 스페인은 세우타의 영역 확대와 모로코 남

7-3. 아프리카 전쟁의 한 장면 '테투안 전투'
(1860년 2월 4일, 19세기의 판화, 낭만주의 박물관)

부 이프니의 병합에 성공했을 뿐이지만 알라르콘Alarcón의 『아프리카 전쟁의 증언 일기』(1859년)에 기록된 군인의 무용 전기에 사람들은 흥분했다.

'명성'을 얻고자 했던 대외 정책이 매력을 잃어가면서 온건파가 공세로 나와 1863년에서 1868년에 걸쳐서는 주로 온건파 정권이 이어지며 더욱 강권적인 수법이 강해졌다.

그러나 철도에 대한 투자가 수익을 올리지 못하면서 금융 위기가 발생하고 아메리카 합중국의 남북전쟁으로 원면 수입이 끊기자 카탈루냐 면공업이 심각한 위기에 빠져 경제 상황은 다시 악화되었다. 1866년부터 1868년에 걸친 흉작과 식량 위기는 민중의 불만을 일거에 고조시켰다. 이 같은 상황하에서 진보파와 민주파는 1866년에 벨기에의 오스텐더에서 협정을 맺고 이사벨 2세의 왕정 타도에 나섰다. 1867년에 오도넬이 서거하자 세라노 장군 아래 자유주의 연합도 공동 투쟁에 가담했다.

영대소유재산 해산과 공업화의 진전

1836년의 멘디사발, 1855년의 마두스 등의 시책으로 1836년부터 1900년까지 적어도 국토의 약 7분의 1에 해당하는 교회 토지와 자치체 토지가 영대소유재산 해산의 대상이 되었다고 추계된다. 이미 언급했듯이 토지 매각은 좌파 자유주의자들이 주창한 소농민에의 분여가 아닌 국가 재정의 관점에서 경매 방식으로 시행되어 원 지주나 신흥 시민, 부농이 매수인이 되었다. 안달루시아에서는 대토지 소유 제도가 한층 확대되었다.

그러나 토지 시장의 확대는 농업 부분을 자극하여 19세기의 인구 증가(1797년의 1,150만 명에서 1900년의 1,860만 명)에 걸맞은 농업 생산의 확대를 보였다. 1800년을 100으로 한 밀 생산은 1830년에는 117이었지만 1860년에는 157에 달했다.

길드 폐지나 영업의 자유가 실현되어 근대 공업의 발전도 보였다. 석탄과 철광석을 산출하는 북부에서는 근대적 용광로가 도입되어 제철업이 성장했다. 직물업이 발전했던 카탈루냐에서는 영국제 기계 도입으로 면공업 생산이 비약적으로 증가하고 섬유공업 전반이 발전했다. 1856년에 스페인의 섬유공업에서 이 지역이 점하는 비율은 3분의 2에 달하고 있다. 그러나 소규모 경영이 일반적이었고 국제적 경쟁력은 부족했다. 이 지방은 '스페인의 공장'이라는 이름을 자랑했지만 중앙정부에 보호주의 정책을 요구하지 않을 수 없었다.

철도는 1866년에 총연장 약 5천 킬로미터에 달했다. 철도 붐은 자금 조달을 위해 은행 제도의 근대화를 촉진했지만 국내 산업의 후방 연관 효과는 미미했다. 자금면에서도, 철도 자재의 조달 측면에서도 여러 외국에 크게 의존하고 있었기 때문이다. 19세기 중엽부터 아연, 동, 철 같은 광산물의 개발이 진전되었지만 그 광업권도 외국 기업에 양도되었다. 유럽의 자본주의는 스페인 경제를 종속적 지위로 두면서 더욱 발전해 갔다.

국민 의식의 형성과 국민사학

1835년에 정치가이자 작가인 알칼라 갈리아노는 자유주의 국가의 과제를 "스페인 국민을 하나의 국민으로 만드는 것이다. 지금은 그렇지 못하고 지금까지도 그러지 않았다."고 솔직히 말했는데 '복합 군주정'이 오랫동안 이어진 스페인에서는 국민 의식의 형성이 매우 어려웠다.

다른 유럽 나라들처럼 스페인에서도 학교교육이나 군대와 같은 장치의 정비가 시도되었으나 모두 국민적인 것이 되지 못했다. 1857년에 당시 장관의 이름을 딴 모야노 공교육법이 제정되었으나 재정적 뒷받침이 부실하여 학교교육이 확대되지 못하고 1900년이 되어도 취학 아동은 40%에 지나지 않았다. 교육 언어는 스페인어(카스티야어)로 제한되었으나 지역 고유의 언어를 가진 카탈루냐, 바스크, 갈리시아에서는 국가 공용어의 강제에 대한 반발로 고유 언어 복권 운동이 일어나 지역 내셔널리즘으로 발전했다(제8강 참조).

군대를 살펴보면 1837년에 징병제도(킨타스, 지구별로 추첨으로 일정 수를 징병)가 정비되었으나 면제금을 내거나 대리인을 세우는 방식으로 부자들은 징병을 피하고 있었다,

6년에서 8년에 이르는 병역 부담은 '빈민의 피의 세금'으로 불리며 민중의 원성을 샀다.

게다가 스페인이 국민 통합의 수단으로 가톨릭교회와의 동맹을 견지한 것은 농촌부를 중심으로 한 전통적 스페인의 통합화에 기여하기는 했으나, 국가에 대한 반발과 결합한 반교권주의를 불러일으키게 되었다. 스페인에서 정교분리와 세속화 문제는 20세기 후반까지 계속되었다.

역사학으로 눈을 돌려보면 복합 군주정하의 각국의 역사를 넘어선 총체적 스페인사의 서술이 19세기로 들어서기까지 거의 없었던 것은 중세에 형성된 여러 지역의 독자성이 짙게 남아 있었다는 증거이다. 그러나 스페인 독립 전쟁과 카디스 의회의 움직임을 거쳐 적어도 엘리트층 사이에서 스페인 국민이라는 의식이 생겨난 것은 분명하다.

획기가 된 것은 M. 라푸엔테의 『스페인 전사』(전30권, 1850~1867년)로, 특히 프랑수아 기조Guizot의 역사 서술의 영향을 받으며 침략에 대한 독립 정신을 스페인 역사를 관통하는 기둥으로 보고 로마 지배에 대한 선주민의 저항, 중세 레콩키스타의 '국토회복', 나폴레옹에 대한 '독립 전쟁'을 크게 부각시켰다. 그리고 라푸엔테도 그 정회원인 왕립역사아카데미는 여러 실증주의적 성과를 올리며 라푸엔테의 작업을 이어받아 스페인 국민을 하나로 우러르는 '국민사학'을 발전시켜 갔다.

그러나 이러한 전통적 국민사학의 흐름을 이어받으면서도 가톨릭 신앙을 국가의 진수로 보는 반자유주의적 역사학이 드디어 메넨데스 이 펠라요 등에 의해 제창되었고(제8강 참조) 이는 20세기에 프랑코 체제 시기의 '내셔널 가톨리시즘'으로 이어지게 된다.

이 시기에 이후에 지역 내셔널리즘에 이론적 토대를 제공하게 될 연구, 즉 스페인 전체가 아닌 지역 고유의 역사를 부각시키는 역사 연구가 카탈루냐, 바스크, 갈리시아에서 등장한 것도 주목할 만하다. 특히 카탈루냐에서는 V. 발라게르Balaguer나 A. 브파르이 등이 활약하여 스페인 국민사학에 대항하는 이른바 '카탈루냐 국민사학'의 토양이 만들어져 이후에 솔데빌라Soldevila의 『카탈루냐사』(전3권, 1934~1935년)로 결실을 맺었다.

4. 제1공화정의 탄생과 붕괴

1868년 9월 혁명

1868년 9월 카디스에서 진보파인 프림Juan Prim 장군을 중심으로 쿠데타가 선언되었고 각지에 혁명평의회가 결성되었다. 정부군이 알콜레아Alcolea에서 패배하자 이사벨 2세는 프랑스로 망명했다. 이리하여 9월 혁명은 성공하고 '혁명의 6년간'이 시작되었다.

자유주의 연합, 진보파, 민주파로 구성된 '9월 연합'의 임시정부는 다음 해 6월에 신헌법을 공포하고 국민주권에 기초한 입헌군주정, 남성 보통선거, 양원제 의회, 개인의 제반 권리를 인정하였고 가톨릭을 국교로 정하고 신교의 자유도 보장했다. 1869년 헌법은 동시대 유럽 중에서도 매우 진보적인 민주적 헌법이었다.

그러나 신 국왕의 선출은 유럽 국가들의 이해도 얽혀 난항을 거듭했다. 프랑스와 프로이센의 이해 대립에 휘말리지 않으면서 게다가 부르봉가와 가까운 인척 관계가 아닌 후보는 제한적이었다. 겨우 이탈리아 사보이가의 아마데오가 선출되어 1870년 말에 스페인에 도착했으나 그 직전에 후견인이 될 프림이 암살되었다. 아마데오 Amadeo 1세는 정치적 방패를 잃었고 국내의 정치·사회적 대립이 심각해지면서 1873년 2월에 왕위를 버리고 퇴위했다.

민주적 입헌정치가 어려워진 첫 번째 원인은 그때까지 정치에서 배제되어 있던 도시 농촌의 민중이 소비세나 징병제의 폐지, 실업 대책의 실시, 임금 인상, 토지 분할 등을 한꺼번에 요구하며 운동을 일으켰기 때문이고 두 번째는 왕정 자체를 부정하는 공화파가 도시부를 중심으로 과격한 운동을 시작했기 때문이었다. 스페인 공화파는 연방주의적 경향이 강했는데 그 안에는 지역주의적 요소도 내포되어 있어, 특히 카탈루냐에서 지지를 얻었다. 그중에는 급진화되어 제1인터내셔널(1864년에 마르크스 등에 의해 결성된 국제노동자협회)의 이념에 동조하는 그룹도 생겨났다. 그리고 세 번째 원인은 이사벨 2세의 아들 알폰소 아래에서 부르봉왕조의 부활을 바라는 온건파는 민주적 의회정치와는 거리를 두었고, 신교의 자유에 반발하는 교회도 또한 알폰소 지지로 돌아섰기 때문이었다.

게다가 식민지 쿠바에서의 스페인으로부터의 독립전쟁, 이른바 10년 전쟁(1872~1876년)과 스페인 북부에서 절대주의자들이 다시 일으킨 카를리스타 전쟁(제3차, 1872~1876년)이 정치 불안의 요인으로 작용했다.

제1공화정의 성립과 붕괴

국왕의 부재 속에 상하 양원은 합동 의회를 개최하여 1873년 2월 11일 찬성 258, 반대 32의 큰 차로 공화국 수립을 선언하고, 연방공화파인 피게라스Figueras가 초대 대통령으로 취임했다. 5월에 헌법 제정 의회 선거가 실시되어 연방공화파가 압승했지만 기권율이 60%를 넘었다. 이미 반정부 세력은 의회정치에서 멀어지고 있었다.

6월 8일에 열린 헌법 제정 의회는 스페인이 '연방공화정'임을 선언하고 마르갈Francisco Pi y Margall이 대통령에 선출되었다. 신헌법 제정을 서둘러 7월 17일에 초안이 의회에 제출되었지만 다음 날에 대통령이 사임하여 헌법 심의는 중단되었다. 칸토날리스모cantonalismo(각지에서 독립자치구를 형성하여 그들의 상호계약을 기초로 스페인 연방을 구축하려는 운동)가 지중해 주변 도시에서 확대되었고 활동가 칸토날리스모를 진압하기 위해서는 군대의 협력이 필요했기 때문이었다. 보수파는 이러한 밑으로부터의 연방 국가 수립 움직임을 파리코뮌(1871년)의 재현으로 보고 경계했다.

대통령에는 살메론Nicolás Salmerón y Alonso, 이어서 카스텔라르Emilio Castelar y Ripoll가 선출되었지만 군대에 대한 의존과 중앙집권화는 피할 수 없었다. 칸토날리스모 운동은 제압되었지만 정부에 대한 반발이 커져 1874년 1월, 의회에서 카스텔라르는 불신임되어 사임했다. 정부가 다시 좌경화되는 것을 경계한 파비아 장군은 쿠데타를 일으켜 의회를 폐쇄했고 이에 사실상 제1공화정은 붕괴했다.

그 후 급진파인 세라노Serrano 장군이 대통령으로 취임하여 1869년 체제로 돌아갈 것을 선언했지만, 1874년 12월에 마르티네스 델 캄포스 장군이 쿠데타를 일으켜 알폰소(12세)의 왕정복고를 선언했다. 카노바스 델 카스티요Antonio Cánovas del Castillo의 획책으로 알폰소는 이미 샌드허스트(영국 왕립육군사관학교)에서 성명을 내고 사회질서를 지키는 보수적 가톨릭적 왕정으로 스페인을 돌리겠다고 서약하고 있었다.

'혁명의 6년간'의 달성

1873년의 헌법 초안에는 19세기 후반에서 20세기의 혼란을 겪은 뒤 현행 헌법(1978년)에서 실현되는 요소가 적지 않게 들어가 있었다. 쿠바와 푸에르토리코, 양 식민지도 포함하여 17개의 연방주가 승인되어 스페인은 중앙집권을 배제한 연방제 국가가 될 것을 규정하고 있었다. 기본적 인권을 모든 실정법에 앞선 '자연권'으로 인정하고 국가와 종교의 분리를 분명히 규정했다.

이 무렵 카탈루냐에서는 지역 언어, 문화의 복권 운동이 확대되기 시작했는데 공화정 붕괴로 연방주의의 가능성이 사라지자 알미라이 등은 이 마르갈과 결별하고 카탈루냐주의를 전면에 내세우게 되었다.

한편 제1인터내셔널 스페인 지방 연합은 1871년에 의회에서 비합법화되었으나 아나키즘의 영향을 받은 정치 운동은 비타협적 연방주의와 칸토날리스모의 봉기에 가담해 갔다. 각지의 봉기는 진압되었고 사회주의자 F. 가리도가 말한 것 같은 '인터내셔널을 탄생시킨 원인'을 뿌리째 뽑아야 한다는 주장은 지워져 버렸다. 이렇게 지역 내셔널리즘이나 반자본주의를 특징으로 하는 새로운 정치결사와 노동조합은 왕정복고 체제의 흐름 속에서 부활하여 새로운 전개를 보이게 된다.

제 8 강

왕정복고 체제에서 스페인 내전까지

1870년~1930년대

스페인 내전, 폭격 후의 게르니카 마을(1937년)

1875	알폰소 12세, 마드리드 입성
1876	1876년 헌법 공포
1879	PSOE(사회노동당) 결성
1885	알폰소 2세 사망, 마리아 크리스티나 왕비가 섭정
1886	알폰소 13세, 탄생과 동시에 즉위 노예제 폐지
1888	UGT(노동자총동맹) 결성
1890	남성 보통선거 제정
1895	PNV(바스크 내셔널리스트 당) 결성
1897	카노바스, 아나키스트에 암살당함
1898	미서전쟁에서 미국에 패배, 파리강화조약
1901	카탈루냐에서 리가(지역주의 연맹) 결성
1909	'비극의 일주일'
1910	CNT(전국노동연합) 결성
1914	망크무니다트(카탈루냐 4주 연합체) 발족
1917	군방위평위회 설치 UGT의 총파업, 정부는 계엄령 시행
1918	안달루시아에서 '볼셰비키의 3년간'(~1920)
1921	모로코의 아누알에서 군사 패배 PCE(스페인공산당) 창립
1923	프리모 데 리베라 독재(~1930)
1931	지방의회선거, 대도시를 중심으로 공화파가 압승 알폰소 13세 망명 제2공화정 성립, 1931년 헌법 공포
1932	카탈루냐 자치헌장 성립
1933	총선거에서 우파 CEDA(스페인독립 우익연합)와 급진당이 승리
1934	'10월 혁명'
1936	인민전선이 총선거에서 승리 스페인 내전(~1939)
1937	독일 공군, 게르니카 폭격
1938	프랑코, 노동헌장을 공포
1939	프랑코, 내전 종결 선언

1. 왕정복고 체제의 성립과 동요

양당제에 의한 정권 교대

1875년 1월 영국에서 스페인으로 돌아온 알폰소 12세는 카노바스Cánovas에게 왕정복고 체제의 구축을 맡겼다. 전통적 왕정의 부인과 정교분리가 초래한 혼란으로부터 스페인을 구하고자 한 카노바스의 이념은 1876년 헌법에 응축되어 있다.

이 헌법은 1845년 헌법과 1869년에 헌법의 기본 요소를 절충하였다고 말해진다. 국왕의 불가침성을 강조하고 헌법 정지권을 포함하여 국왕에 큰 권한을 부여하는 한편으로, 의회(양원제)는 국왕과 주권을 분유分有하며 하원 의원은 선거로 선출한다고 되어 있었다. 처음엔 제한선거였으나 1890년에는 남성 보통선거제가 되었다. 나아가 언론, 집회, 결사 등의 권리도 인정하고 1851년의 정교 협약의 유효성을 재확인하면서도 공적인 종교 활동은 금하는 조건으로 가톨릭 이외의 신교의 자유도 보장했다.

카노바스는 왕정복고 체제를 떠받치는 정당으로 보수당을 결성했다. 공공질서의 유지를 우선하면서도 보수당에 대항하여 자유주의를 신봉하는 세력은 사가스타[1] 아래 자유당을 결성했다. 카노바스가 구상하고 사가스타가 동조한 것은 영국을 모방한 온건한 입헌군주정이었다. 그를 위해서는 보수당과 자유당이 의회에서 압도적 다수를 점하는 양대 정당을 수립할 필요가 있었다. 그러나 1876년에 제3차 카를리스타 전쟁을 종결시키기는 했으나, 반자유주의로 전통과 가톨릭 신앙을 옹호하는 보수 교조주의자(인테그리스타)가 보수적 민중에 큰 영향력을 갖고 있었다. 다른 한편으로 '혁명의 10년간'에 좌절을 맛보고 분열되어 있던 공화주의자들도 세력을 만회하고 있었다. 게다가 후술하듯이 지역 내셔널리즘도 전개 양상을 보이고 있었다.

이에 보수당과 자유당은 합의를 바탕으로 정권을 교대하며 발족된 신정권이 총선거를 실시하여 의회에서 절대다수를 확보하는 구조를 만들어갔다. 이는 카시케 cacique로 불리는 지방 유력자들을 활용한 투표 행동의 통제와 선거 결과의 대규모 왜곡이었다. 이 '카시키스모

---

[1] Práxedes Mateo Sagasta(1825~1903) 토목학을 전공하여 토목국장을 역임하다 1854년에 진보파 봉기를 지도하여 코르테스 의원에 당선되어 정치가로 두각을 나타냈다. 1856년의 온건파 정권 시기에는 정부 비판을 전개하였고 1866년의 쿠데타에 가담하였다 실패 후 프랑스로 망명했다. 1868년 9월혁명 이후에는 여러 장관, 수상을 역임하며 보수 경향을 강화시켰다. 왕정복고 체제에서는 카노바스와 함께 정권을 이끌었고 1885년 이후는 자유당을 이끌며 몇 차례 수상을 역임했다.

caciquismo'에 지지를 받은 양대 정당제는 1910년대에 들어가기까지 안정적으로 유지되어 위의 남성 보통선거 외에 노예제의 최종적 폐지(1886년), 결사법(1887년), 부녀자의 노동 제한법(1900년) 등 스페인의 사회 개혁과 근대화에 일정 부분 공헌했다. 전반적으로 왕정복고기의 정당정치에 대해 부정적인 평가가 많았으나 안정적인 의회정치가 가져온 성과에도 주목할 필요가 있겠다. 다만 카시키스모가 횡행하였고 반체제파가 충분히 의석을 획득할 길을 막은 것은 선거제도 그 자체에 대한 민중의 불신을 증폭시켰다. 왕정복고기의 투표율이 20%를 밑돈 것이다.

그런데 19세기 말에는 카탈루냐가 섬유공업으로 번영을 누리는 한편 베서머 로[2] 등의 도입으로 바스크가 제철업의 중심이 되었다. 이에 더하여 금속 가공업이나 기계제조업, 조선업이 성장하였고 바르셀로나뿐 아니라 마드리드, 바스크, 아스투리아스 등이 공업지역으로 부상했다. 1879년에 PDOE(사회노동당)가 결성되었고 1888년에는 이 정당을 모체로 하는 UGT(노동자총동맹)가 결성됐지만 그 영향력은 마드리드와 스페인 북부에 한정되어

---

2) 베서머 법은 녹은 선철에서 강을 대량생산하는 세계 최초의 저가의 제법으로 발명가 헨리 베서머가 1855년에 특허를 취득하였다.

있었다. 한편 바르셀로나와 일용노동자들이 많았던 안달루시아에서는 정당정치를 거부하는 아나키즘이 침투했다. 이는 폭력 행동을 지향하는 그룹(1897년에 카노바스 수상을 암살)과 아나르코생디칼리슴으로 대별된다. 후자는 1910년에 CNT(전국노동연합)로 결집하여 스페인 내전 때까지 노동운동에 큰 영향을 미쳤다.

1898년의 패배

식민지 정책을 살펴보면 1878년의 산혼 화약pact of Zanjon으로 10년 전쟁을 종결시키기는 했으나 쿠바 지배층의 자치 요구에 신속히 응하지는 않았다. 그러나 19세기 말 쿠바 경제는 미국에 대한 의존도가 압도적으로 심화되어 1894년에는 쿠바산 설탕의 약 9할이 미국으로 수출되었다.

1890년대 중반에 쿠바 독립파의 반란이 빈발하여 스페인은 군대를 계속적으로 파견하는데 그 재정적 부담은 견디기 어려운 것이 되었다. 미국은 쿠바섬을 사겠다고 스페인에 제안했으나 '스페인 제국'의 마지막 보루인 쿠바를 쉽게 방기하는 것은 위신을 중시하는 군대의 동향을 우려하는 정부로서는 불가능한 일이었다.

1898년 2월 아바나 항에서 군함 메인 호 폭파 사건을 계기로 미국은 스페인에 선전을 포고했다(미서전쟁). 미국 함대는 스페인 함대를 차례차례 폭파하였으며, 스페인군은 참패했다. 같은 해 12월 파리강화조약이 체결되어 쿠바는 독립하고 푸에르토리코, 필리핀, 괌은 미국으로 할양되었다. 옛 시절의 '스페인 제국'은 명실상부 사라졌다.

다만 이 결과가 스페인 본국 경제에 심각한 위기를 초래한 것은 아니었다. 양당제로 정치는 안정되었고 전쟁 패배로 식민지로부터의 자본 환류가 일어나 본국 경제에 막대한 투자가 이루어졌기 때문이다.

그러나 지식인들은 이를 '재앙'(데사스트레)으로 받아들였다. 우나무노Miguel de Unamuno, 바예 인클란[3] 같은, '98년 세대'로서 알려진 문학가와 사상가들은 스페인의 후진성에 대해 비관적인 통찰을 보였다. 한편 스페인 정치의 재생과 근대화의 필요를 주장하는 '재생주의' 운동

---

3) Ramón María del Valle-Inclán(1866~1936년). 스페인의 극작가, 소설가로 갈리시아 출신. 산티아고 콤포스텔라대학에서 수학 후 멕시코에서 체재하다 쿠바와 갈리시아를 거쳐 마드리드에서 활동했다. 특히 1902년부터 1905년에 걸쳐 발표한 4부작 『소나타』가 유명하다.

이 등장하였다. 그중에서도 J. 코스타는 카시키스모를 통렬히 비판하며 '철의 외과의'에 의한 개혁 단행을 기대했다. 그러나 이는 카시키스모 타파와 정치적 쇄신을 요구하는 움직임뿐 아니라 정당정치 그 자체를 부정하는 움직임, 특히 정치에 대한 군의 개입에도 근거를 부여하게 된다.

'이스파니다'의 창조

19세기 초에 독립한 라틴아메리카 나라들은 이전의 종주국 스페인 입장에서는 머나먼 존재가 되어 있었다. 1892년의 '아메리카 발견 400주년'은 국민적 반향을 거의 일으키지 못했다. 그러나 미서전쟁에서의 스페인 패배로 라틴아메리카에서의 미국 팽창주의의 위협도 현실화되었다. 그 결과 앵글로색슨에 대비된 '스페인 민족의 문화적·정신적 유대를 주장하는 사조가 나타났다. 이 시점에서 라사는 인종적 개념이 아닌 언어적·문화적 공동체 개념이라는 점에 주의할 필요가 있다. 1910년에는 10월 12일(콜럼버스의 아메리카 도착일)을 '라사의 날'로 기념하여 현창하는 움직임이 스페인과 아메리카 나라들에서 강해져, 1918년에 스페인에서는 이날을 '국경일'로 하는 법안이 국회를 통과했다.

한편 인종 개념으로서의 라사와의 혼동을 피하며 스페인=라틴아메리카의 언어=문화공동체(언어에 기초한 이스파노아메리카 공동체)를 나타내는 새로운 용어로서 사상가 우나무노가 '이스파니다'(히스파니티)를 주창하여 널리 받아들여지게 되었다.

그러나 1920년대부터 비스카라 같은 보수 사상가들이 주창한 '이스파니다'는 '절대적으로 기독교적인 것', 즉 가톨릭 신앙을 공동체의 결정적 요소로 보고 있었다. 이를 계승하여 마에스투Maeztu는 『이스파니다의 옹호』(1934년)을 집필하여 후술하는 제2공화정에서의 정교분리 정책을 규탄했다. 비스카라에서 마에스투로 이어지는 흐름을 더욱 이어받은 것이 프랑코 체제의 '내셔널 가톨리시즘'이다.

그리고 나중의 일이지만 1958년에 '라사의 날'은 '이스파니다의 날'로 이름이 바뀌었고, 포스트 프랑코 시기인 1981년에 다시 '이스파니다의 날'이 국경일로 정해져 현재에 이르고 있다.

지역 내셔널리즘의 전개

19세기를 통해 사법, 행정, 학교교육 등에서 스페인어(카스티야어) 사용이 의무화되면서 지역 고유의 언어와 문화를 옹호하려는 운동이 활발해졌다. 국가 공용어의 거부까지는 가지 않았지만, 이 고유 언어의 복권을 주안으로 한 지역 내셔널리즘은 카탈루냐에서는 라나셴사, 갈리시아에서는 레슈르디멘토라는 문예부흥 운동을 기반으로 확대해 갔다.

특히 카탈루냐에서는 연방 공화주의에 실망한 V. 알미라이 등이 정치적 주장, 즉 자치권 획득에 초점을 맞춘 운동을 일으켰다. 알미라이의 진보주의적 경향에 반발하면서 자치권 획득을 지향하는 보수적 세력들은 1891년에 카탈루냐주의 연합을 결성하고 만레자 강령(1892년)에서 카탈루냐어의 지역 공용어화와 1833년 주州 제도의 도입으로 구분된 지역(원래 카탈루냐 공국령 지역)의 일체적 자치권 획득을 주창했다. 상공업 부르주아의 지지를 얻어 이 지역 내셔널리즘은 1901년의 리가 레지오날리스타(지역주의연맹, 이하 리가로 부름) 결성으로 이어졌고, 프라트 다 라 리바, 캄보 등이 이끄는 리가는 양당제에 환멸을 느낀 제 계층의 지지를 모아 지역 정치의 주도권을 잡기에 이르렀다. 그러나 1909년 모로코에서의 전쟁에 반대하여 일어난 총파업을 계기로 바르셀로나에서는 '비극의 일주일'로 불리는 폭동이 일어나 군대에 의해 진압되었다. 그리고 이 폭동은 체제와 유착하는 가톨릭교회에 대한 반발, 즉 반교권주의(안티클레리칼리즘)의 표명이 되어 시내의 40여 개의 수도원, 교회가 불타 없어졌다. 이러한 사회적 소요를 우려한 리가는 이후 우경화하게 되었다.

갈리시아에서는 농촌부 주민 사이에 갈리시아어와 문화적 전통이 강했는데, 산업화와 도시 형성이 늦어진 이 지역에서는 소수 지식인의 움직임이 대중적 정치운동으로 발전하기까지는 시간이 필요했다. 그 운동은 왕정복고 말기가 되어서야 전개되었다.

바스크에서는 1895년, 아라나가 PNV(바스크내셔널리스트당)를 창설하고 지방 특권, 종교의 옹호와 같은 전통적 슬로건과 함께 고유 언어인 바스크어보다도 '바스크 인종'의 견지라는 민족주의적 주장을 내걸었다. 19세기 말의 급속한 공업화와 타 지역 노동자의 대량 이입에 대한 반발이 그 배후에 있었다고 말해진다. 아라나 사후에는 독립이 아닌 자치를 요구하는 온건파가 점차 세력을 넓혔다.

라몬 노세달 등 극단적 보수주의 정당(1906년 결성)을 지지하는 사람들은 적었지만, 지역 내셔널리즘에 대한 반발에 더하여 노동운동의 전개 및 사회의 세속화 진전에 위기의식을 가진 스페인의 전통적 보수층은, 스페인의 위대함은 가톨릭 신앙에 있다는 국가 내셔널리즘에 공명해 갔다. 여기에는 메넨데스 이 펠라요Marcelino Menéndez y Pelayo의 『스페인 이단자의 역사』(전3권, 1880~1882년)가 사상적 역사적 논거를 제시하고 있다. 펠라요에 의하면 국가의 진수는 '복음 전도의 스페인'에 있다는 것이었다. 가톨릭 국민과 스페인 제국의 위대함의 일체화 의식은 '내셔널 가톨리시즘'으로서 정교분리나 신교의 자유를 내건 운동과 완전히 대립하게 된다.

총격銃擊의 시대

1914년에 제1차 대전이 발발하자 스페인은 교전국들의 한쪽에 가담하는 것을 피하고 중립을 유지했다. 국내 여론은 분열되어 국왕 알폰소 13세(1902년에 친정을 개시)를 포함하여 보수층은 동맹국 지지파가, 공화주의자들은 협상국 지지파가 많았지만 노동자 단체는 참전 반대를 주장했다. 전시 수요 덕에 스페인 경제는 크게 성장했으나 인플레와 생활 물자 부족 때문에 민중의 생활수준은 저하되었다.

1917년 UGT가 총파업을 시작했지만 정부는 헌법을 정지하고 계엄령을 발동하여 이를 탄압했다. 대전 종결로 경제 상황이 악화된 1919년에는 CNT가 카탈루냐에서 총파업을 조직하여 한때 바르셀로나의 도시 생활이 마비되었지만 이도 오래가지는 못했다.

1917년에는 '군방위평의회'를 결성한 사관들이 처우 개선을 요구하며 정권을 흔들었다. 그리고 헌법 정지에 반발하는 국회의원들은 바르셀로나에서 의원 회의를 개최했지만 정부는 귀를 기울이지 않았다. 양당제 지배에 기초한 의회정치는 급속히 구심력을 잃고 권위주의적 통치를 요구하는 소리가 높아졌다.

이후 노동쟁의는 더욱 첨예화되어 아나키스트들이 폭력적 직접행동을 호소하자 기업가들은 고용주 연합을 조직하여 청부업자들을 고용하여 대항했다. 바르셀로나에서는 1917년부터 1923년에 걸쳐 비참한 보복 행위가 계속되어 200명을 넘는 사망자를 내면서 '총격의 시대'로 불렸다. 그중에는 다트 수상, 노동조합 지도자 세기, 노동법 변호사 라일레의 암살도 있었다.

한편 안달루시아에서는 '볼셰비키의 3년간'(1918~1920년)으로 불리듯이 러시아혁명에 자극을 받고 아나키스트의 선동을 받아 일용 농민들이 토지의 분배를 요구하는 격한 운동을 전개했다. 이런 상황에도 불구하고 양대 정당은 각각 당파 분열이 심하여 1918년부터 1923년에 걸쳐 조각된 12개의 정부는 모두 단명으로 끝났고 1919년부터 1922년까지 헌법이 정지되는 비상사태가 이어졌다.

혼미한 정국에 한층 더 충격을 준 것은 모로코 문제였다. 19세기 말에 유럽 열강의 아프리카 진출에 따라 스페인은 현재의 모로코와 모리타니아(모리타니) 사이의 지역을 스페인령 사하라로 하는 한편, 세우타와 멜리랴를 거점으로 하여 모로코 북부 리프Rif 지방에서의 권익을 확대하고, 1920년에는 남아 있는 대부분의 모로코 지역을 프랑스 보호령으로 만든 프랑스와 분할 조약을 맺어 리프 지방을 스페인 보호령으로 하고 있었다. 그러나 특히 광산 개발을 둘러싸고 현지 베르베르인의 반발을 초래하여 제1차 리프 전쟁(1893~1894년), 제2차 리프 전쟁(1909~1910년), 제3차 리프 전쟁(1920~1927년)이 일어나 그때마다 본국에서 군대를 파견하여 현지인 반란을 진압했다.

1921년 7월 전략적 착오로 스페인군은 아누알Annual에서 아브드 엘 크림이 이끄는 베르베르인 부대에 대패를 맛보고 1만 명 이상의 희생자를 냈다. 이 사건에 여론이 비등하며 패배의 책임을 요구하는 소리가 높아졌다. 국회에서는 조사위원회가 만들어져 '피카소 조사서'가 작성되었고 모로코 군사 활동을 지지한 국왕 알폰소 13세에 대한 비판도 커졌다. 이 보고서의 국회 토론이 예정된 날의 며칠 전인 1923년 9월 13일 카탈루냐 방면군 사령관 프리모 데 리베라Miguel Primo de Rivera가 쿠데타를 일으켰다. 국왕은 이를 시인하여 프리모에게 군사정부를 수립시켰다.

2. 프리모 데 리베라의 독재

독재 체제에 대한 환영과 반대

부패한 정당정치에 실망하고 있던 지식인들 가운데에는 프리모 데 리베라가 '철의 외과의'로서 구폐에 맞서 대담하게 메스를 댈 것을 기대하는 자도 있었다. 철학자 오르테가 이 가세트Jose Ortega y Gasset(1883~1955년)도 그중 한 사람으로 "군인 정권은 바로 낡은 정치를 종결시키는 것이 과업이다."라며 처음에 사태를 긍정적으로 받아들였다. '총격'이 이어지는 사회불안 가운데 리가[4]로 결집한 카탈루냐 보수층도 프리모에 의한 질서 회복을 기대했다. 군사정부는 1925년 9월에는 알호세이마만 상륙작전을 감행하여 베르베르인 부대의 저항에 독가스를 투하하며 반격했다. 이렇게 모로코 문제를 진정시킨 것도 군인 집정을 널리 환영하게 만든 요인이 되었다. 같은 해 12월 프리모는 문민 집정으로 통치 형태를 바꾸어 독재 체제의 장기화를 꾀하였다.

---

4) 19세기 말부터 1920년대에 걸쳐 카탈루냐 지역주의의 주류를 이끈 정당, Lliga(연합의 뜻)

프리모 독재 체제는 양대 정당의 해체와 카시키스모 타도에 그치지 않고 CNT의 노동운동이나 카탈루냐주의의 급진적 단체를 국가의 일체성을 흔드는 것이라며 심하게 탄압했다. 그러나 카탈루냐의 언어와 문화를 배제하려는 자세에 대해서는 이미 1924년 3월에 우나무노나 오르테가 이 가세트를 포함한 115명의 지식인들이 '성명'을 내어 문화 정책의 수정을 촉구했다. 그러나 독재 정권 측은 귀를 기울이지 않았고 25년에는 망크무니다트(카탈루냐 4개 주 연합체, 1914년에 인가받았다)를 폐지하고 카탈루냐어의 공적 사용이나 민족무용 사르다나sardana의 금지와 같은 행정 조치를 단행했다. 탄압적 자세에 실망한 지식인들은 공화주의 정당들과의 연대를 모색하여 1925년 2월 11일(제1공화정 수립일)에 '공화연맹'에 합류했다.

코포라티즘 국가의 시도

프리모는 1924년에 독재의 새로운 지지기반을 위해 1922년부터 정권을 장악하고 있던 이탈리아 파시스트당을 모델로 UP(애국동맹)를 창설했지만 확고한 정당으로 육성하지는 못했다. 문민정부로 이행한 후에는 사회적·정치적 코포라티즘(협동체주의)에 기초하여 국가 구상을 개편하기 위해 27년에 국민자문회의를 창설했다. 그 구성원은 직능단체의 대표나 행정기관의 공무원, 각종 경제, 문화 단체의 대표로 구성되어 보통선거의 원리는 부정되어 있었다. 이 회의는 29년 7월에 코포라티즘적 원칙의 국가기본법 초안을 만들었으나 이미 UP 세력도 분열되어 정치·경제 위기가 심화되는 가운데 이를 국민투표에 부치는 것은 불가능했다.

정치체제 구축이 불충분했음에도 불구하고 프리모 독재 체제가 1929년 말까지 버틸 수 있었던 것은 1920년대의 국제적 호경기의 수혜를 받은 덕이 컸다. 급진적 노동운동은 강권적으로 억압하는 한편, 온건적 사회주의자를 포섭하려고 노력하여 한때는 사회주의자 라르고 카바예로Largo Caballero도 정부에 협력했다. 그리고 독재 정부는 공업 발전을 중시하여 국가개입주의에 기초한 보호주의적 경제정책을 실시했다. 도로, 철도, 지하철 등의 대규모 공공사업을 추진하고 CAMPSA(석유독점회사) 등의 국영기업에 독점적 경영을 하게 했다. 1929년에는 세비야에서 이베로아메리카 박람회를, 또 바르셀로나에서도 국제박람회를 개최하여 스페인 근대화의 성과를 과시했다.

그러나 이들 정책으로 인한 지출이 대폭 증가하면서 다액의 국채를 발행하여 1924년에 비해 1929년에는 그야말로 7배에 달해 있었다. 같은 해에 독재하에서의 재정적자와 강도 높은 인플레이션의 결과 통화위기가 발생하여 재정 파탄이 현재화되었다. 경제계는 통화 절하를 요구하였지만 프리모 정부는 페세타의 신용을 독재의 위신과 관련지어 무리한 금융, 재정 정책을 계속 실시했다. 협력적이었던 경제계도 프리모 정부로부터 이반하기 시작했다. 그리고 독재 시기에는 국가 경제를 중시하는 경제적 내셔널리즘을 추진했기 때문에 1929년 10월에 일어난 세계공황이 스페인 경제에 끼친 영향은 상대적으로 가벼워 독재의 붕괴와의 관련성은 약했다.

왕정의 붕괴로

프리모는 군 내부의 아프리카파(모로코 식민지에서의 활약)와 본토파(1917년에 위에서 언급한 방위평의회를 결성)의 대립을 해결하지 못했고 승진제도의 개편으로 포병대, 공병대의 불만도 고조되었다. 다시 파업이 격화하여 반체제파의 활동이 활발해졌지만 프리모는 더 이상 군의 지지를 받지 못하여 1930년 1월에 사임했다.

알폰소 13세는 베렝게르Dámaso Berenguer y 장군에게 내각 구성을 명하고 1876년 헌법을 부활시켜 프리모의 쿠데타 이전 상태로 정치를 되돌리려 하였으나 이 '부드러운 독재'가 반체제파를 만족시킬 수는 없었다. 7년간에 걸쳐 프리모 독재를 지지한 국왕에게 사태 해결은 불가능했다. 공화동맹에 결집해 있던 공화주의 세력은 1929년에 분열해 있었지만 1930년 8월 공화주의자, 좌파 카탈루냐주의자, 사회주의자 등이 산세바스티안 협정을 맺고 대동단결에 성공하여 혁명위원회가 만들어졌다.

1931년 2월에는 오르테가 이 가세트 등의 지식인들이 '공화국에 봉사하는 그룹'의 설립을 선언했다. 베렝게르를 대신하여 수상이 된 아스나르 제독은 같은 해 4월 12일에 지자체 의회 선거를 실시했지만 대부분의 도시부에서는 공화파 후보가 승리했다.

마드리드나 바르셀로나를 중심으로 한 대도시에서는 환희에 찬 민중이 가두를 점령하며 공화정을 요구했다.

국왕 알폰소 13세는 퇴위를 결단하고 '국민이야말로 스페인의 운명을 정하는 유일의 주인이다'라고 인정한 뒤 스페인을 떠났다.

3. 제2공화정

제2공화정의 탄생

1931년 4월14일 각지에서 공화정 선언이 나왔고 마드리드에서는 혁명위원회가 알칼라사모라Alcalá-Zamora[5]를 수반으로 하는 제2공화국 임시정부를 조직했다. 임시정부에는 중도파에서 좌파까지 폭넓은 세력이 결집하여 신헌법의 제정과 본격적인 개혁을 지향했다. 같은 날에 바르셀로나에서는 카탈루냐 정치에 주도권을 잡은 ERC(카탈루냐 공화주의 좌파)의 마시아가 '이베리아연방 가운데

---

5) Niceto Alcalá Zamora(1877~1949). 스페인의 정치가로 그라나다와 마드리드대학에서 법학 전공. 1899년 국무성에 들어가 1905년 국회의원에 당선되어 산업부 장관, 국방부 장관을 역임 후 프리모 데 리베라 독재에 반대하여 공화주의 보수자유파의 리더로 왕정체제에 반대했다. 1931년 12월부터 1936년 4월까지 공화국 대통령, 중도온건파의 영수로 활동하였다. 그해 7월 내전 발발로 부에노스아이레스로 갔다가 그곳에서 사망하였다.

의 카탈루냐공화국' 수립을 선언했지만 임시정부와의 협의 끝에, 4개 주의 구분 폐지와 카탈루냐 자치 정부 설치로 타협하여 자치헌장 제정이 약속되었다. 그러나 임시정부는 바로 도시 민중의 반교권주의적 폭동에 직면하게 되었다. 전국에서 100개 이상의 수도원 등의 종교 시설이 불태워졌고 정부의 소극적 대응에 우파 보수파의 반감은 커져 갔다.

같은 해 6월에 헌법 제정을 위한 의회 선거가 실시되어 공화주의자와 사회주의자가 과반수를 차지했다. 제2공화국은 '지식인의 공화국'으로 칭해지듯이 아사냐Manuel Azaña Día, 페르난도 데 로스 리오스Fernando de los Ríos 등 당시의 대표적인 학자와 문화 인사들이 정부 요인이 되어, 우파와 보수파에게도 일정 부분 배려한 새로운 국가 만들기가 아닌, 스페인 근대화와 세속화를 이념으로 하는 '위로부터의 정책'에 착수했다. 이념이 선행하는 공화주의의 열광에 대해 전통적인 가톨릭 민중의 반발은 예상된 것이었다.

같은 해 12월에 국회에서 가결된 신헌법은 매우 민주적이고 진보적인 성격을 띤 것으로, 스페인은 '모든 계층의 노동자의 공화국'으로 정의되어 인민의 의지가 강조

8-1. 제2공화정의 비유화(1931년 발행 포스터) '라 니냐 보니타(귀여운 딸)'가 공화국 국기(삼색기)와 저울(정의의 상징)을 들고 있다.

되었다. 일원제 의회, 남녀 보통선거, 책임내각제 등이 도입되었는데 카탈루냐 등을 염두에 두고 '자치 지역'의 설치를 가능하도록 했다.

신헌법에는 완전한 정교분리에 더하여 '반국가적'인 수도회의 해산, 재산 몰수 등이 명시되었다. 더욱이 "문화는 본질적으로 국가의 영역이다"라고 규정되어 공교육은 국가가 담당하게 되었다. 이혼, 비교회혼非敎會婚의 승인, 학교교육 세속화 방침은 가톨릭교회와 그 영향하에 있던 민중들에게는 받아들이기 힘든 것이었다. "스페인은 가톨릭이 아니게 되었다."고 자찬하는 아사냐 등 좌파 공화주의자들은 전통적 심성을 배려하여 개혁을 추진하려는 정치가 자질이 부족했다.

아사냐 정권의 실패

공화주의 우파인 알칼라사모라가 초대 대통령이 되어 정권은 아사냐의 손에 맡겨졌다. 공화주의 좌파와 사회노동당과의 연립내각으로 공화주의 좌파는 이에 참가하지 않았다. 1933년에 아사냐가 사임하기까지는 '개혁의 2년간'으로 불리듯이 그의 주도로 여러 개혁이 단행되었으나 우파의 반발과 좌파의 실망이 커진 시대였다.

공화주의자들은 교육개혁을 중시했다. 비종교적인 교육을 촉진하기 위해 1932년까지 1만 개의 초등학교가 세워졌지만 필요한 2만 7천 곳까지는 아직 갈 길이 멀었다. 바로 착수한 남녀공학이나 종교교육의 배제는 교회나 보수층의 반발을 초래했다. 공립학교에서는 교실에서 십자가를 떼어낸 것에 반발하여 학생들이 십자가를 만들어 등교하는 학교도 있었다.

군제 개혁에 대해서는 비정상적인 숫자의 사관 수를 줄이기 위해 '사관 퇴직법'을 정했지만 퇴직하는 사관은 적었다. 아프리카파 군인을 중심으로 군의 전통에 대한 개입이라고 반발하는 소리가 높았다. 1932년 8월의 산후르호José Sanjurjo 장군의 쿠데타(슬로건은 지역분리주의나 반가톨릭에 대한 항의)는 실패하였지만 군대 내에서는 공화정에 대한 반대 분위기가 널리 퍼져 있었다.

우파 쿠데타에 위기감을 품은 아사냐는 뒤에 나올 농지 문제에 더하여 카탈루냐 문제의 해결을 서둘러 공화주의자와 사회주의자의 정권 지지를 확고히 하려 했다. 1932년 9월에 '카탈루냐 자치헌장'이 국회에서 가결되어 마시아가 초대 자치 정부 수반에 취임했다.

노사 관계는 노동 장관 라르고 카바예로를 중심으로 노동자 보호 입법이 줄이어 제정되었고 '노사혼합위원회법'이 만들어졌다. 한편, 고용주 단체는 '전국경제동맹'을 결성하여 노동자 측의 공세에 저항했다.

사회주의자들은 농지개혁에 힘을 쏟았다. 1930년의 전 취업 인구의 46%는 농림·어업 종사자가 점하고 있었고 농업 노동자만도 17%에 달했다. 특히 스페인 남부에서는 농지의 반 이상이 소수의 대토지 소유자가 갖고 있었고, 농업 노동자는 1년의 대부분을 실업 문제로 고통받고 있었던 것이다.

1932년 9월에 대소유지를 수용하여 농업 노동자에게 분배하려 한 '농지개혁법'이 성립되었다. 그러나 예산 부족과 토지 소유자들의 반발로 그 실효성이 옅어져 1933년 말까지 수혜자는 약 4,300명에 지나지 않았다. 아사냐 정권은 대토지 소유자들의 반발뿐 아니라 개혁을 기대한 농민층의 실망까지 얻게 되었다.

아나키스트들은 농민들의 직접행동을 선동하여 소요가 빈발했다. 1933년 1월에 카디스 도의 카사스 비에하스 마을에서는 무정부 공산주의를 주장하는 농민들이 치안경찰 막사를 공격했다. 이 봉기는 치안경찰(전통적으로 농촌의 치안을 담당하였다)과 돌격경찰(공화국에 대한 충성과 치안 유지를 위해 창설), 양자에 의해 진압되어 22명의 농민이 살해되었다. 이를 계기로 사회주의자들이 급진화되었고 처음엔 공화국을 지지하던 노동자들도 정부를 강하게 비판했다. 1933년 9월 치안 악화의 책임을 지는 형태로 아사냐는 사임했다.

좌우로의 정치 분극화

1933년 11월에 총선거가 실시되었다. 아사냐 정권하에서 진행되어 온 반가톨릭 개혁에 대항하여 가톨릭 조직은 열성적인 선거 캠페인을 벌였다. 결과는 우파연합 조직 CEDA(스페인독립우익연합)의 승리였다. CEDA가 제1당(115석), 중도인 급진당이 제2당(102석)이 되었고 PSOE는 제3당(64석)이 되어 의석이 반감되었다. 또한 파시스트 정당 팔랑헤가 2석, 좌파인 공산당이 1석을 획득한 것은 좌우로의 분극화 조짐을 보여주는 것이었다.

프리모 데 리베라의 아들 호세 안토니오가 결성한 팔랑헤는 1934년에는 JONS(국민 생디칼리스트 공격단)과 합병하여 더욱 세력을 불려나갔다. 그리고 팔랑헤는 1937년 4월에 결성되는 '신팔랑헤'의 중추가 된다(후술).

같은 해 12월 CEDA의 도움으로 급진당의 레르가 내각을 구성하여 교육의 세속화나 농지개혁의 재검토, 종교예산의 부활 등 그때까지의 개혁 정책을 수정했다. 이 시기부터 1936년 2월까지를 '암흑의 2년간'으로 부르는 것은 급진적 개혁을 추진하려 했던 '아사냐의 2년간'을 과대평가하는 데 대한 반박이다. 적어도 급진당 내각은 의회정치의 틀 안에서 중도 노선을 유지하려 하고 있었다.

정권을 떠난 좌파는 급진화하여 우파의 집합인 CEDA를 파시스트 정당으로 간주하고 공격했다. 1934년 10월 레르의 신내각에 CEDA 멤버 세 명이 입각하자 PSOE는 정부에 대한 반란을 지령했다. 마드리드, 바르셀로나 등지에서 노동자 봉기가 일어났지만 단시간에 진압되었다. 예외적으로 아스투리아스에서 광산 노동자들의 조직적 저항으로 '코뮌'이 형성되었지만 약 2주 안에 군대에 의해 진압되었다. 카탈루냐에서는 자치 정부 수반 쿤파니스가 '스페인공화국 내 카탈루냐국'을 선언했지만 체포 투옥되었고 자치권은 1936년까지 정지되었다.

이리하여 3만 명 이상의 체포자를 낸 '10월 혁명'은 의회정치를 흔들고 중도정치의 길을 막는 결과가 되었다. 더구나 수뢰 사건으로 급진당 세력이 쇠퇴하자 정권 내에서의 CEDA의 발언력이 압도적이 되었다. 좌우 양파의 주장은 과격해지고 가두에서의 대립도 계속되었다.

인민전선의 승리와 쿠데타

1936년 2월 스페인 정치가 좌우 양극으로 분열하는 가운데 총선거가 치러졌다. 미리 좌파 세력들(PSOE, 공산당, 중도좌파의 공화파 등)은 '인민전선협정'을 체결하고 있었다. 이탈리아에 이어 독일에서도 나치 정권(1933년~)이 성립되어 있었던 1930년대 중반, 파시즘 위협에 대한 대항이 유럽 각국의 좌익 세력의 공통 목표가 되어 있었다. 이 선거 협정에는 개혁 법안들의 재적용, 카탈루냐 자치권의 부활 등에 더하여 '10월 혁명' 정치범의 석방이 포함되어 있어 아나키스트들도 기권하지 않았다. 72%의 투표율에 득표수에서는 인민전선 측 470만, 중도 52만, 우파 450만 표로 좌파와 우파의 차는 근소했던 점에 주의를 기울일 필요가 있겠다. 그러나 선거 연합에 유리한 선거 제도(대선거구 제한 연기連記제) 때문에 의석수에서는 473석 중 263석으로 인민전선이 과반수를 얻었다.

다시 아사냐가 내각을 꾸리고 라디오 연설에서 평화와 정의의 재구축을 바란다고 국민에게 호소했지만 의회 정치의 안정은 더 이상 불가능했다. 4월에 알칼라사모라 대통령이 해임되고 5월에는 아사냐가 대통령으로 선출되었으나 새 수상 임명에도 어려움을 겪었다.

이사이 치안 악화가 심각해지고 좌파 세력은 파업이나 농촌부에서의 토지 점령을 반복하였고 우파 세력도 폭력으로 이에 응하였다. 이해 1월부터 7월 사이에 4백 명이나 되는 정치가들이 암살되었다. 과격한 젊은이들의 지지를 받고 있던 팔랑헤는 비합법화되었고 당수인 호세 안토니오는 체포, 투옥되었다.

정부는 쿠데타 억지를 위해 우파의 유력 군인들을 지방으로 좌천시키고 있었는데 군부 내의 우파 세력은 쿠데타 계획을 비밀리에 진행시켰다. 7월 13일 우파의 거물 정치가 칼보소텔로José Calvo-Sotelo가 암살된 것을 계기로 7월 17일 모로코의 스페인보호령에서 반란이 시작되어 그다음 달에는 스페인 전역으로 확대되었다.

4. 스페인 내전

내전과 국외로부터의 지원

반란군은 각지의 부대가 일제히 봉기하여 공화국 정부가 와해될 것으로 생각하고 있었으나 공화국 지지로 돌아선 군인들도 많았다. 내전 발발 시에 병력 수에서는 공화국 진영이 13만여 명, 반란군은 17만 명이었다고 한다. 또한 수상이 된 히랄José Giral Pereir이 좌파와 노동자 조직의 요청에 응하여 무기 제공을 결단하였고 이렇게 조직된 정치 민병대가 각지의 군사반란에 저항했다. 반란군의 의도가 빗나가면서 7월말까지 수중에 넣은 지역은 전국의 3분의 1로 전쟁의 장기화가 예상되었다.

시민들이 무기를 갖고 파시즘에 저항하는 이미지에서 '스페인 시민전쟁'이라는 용어를 자주 쓰거나, 무기를 든 아나르코생디칼리스트가 사회혁명을 일거에 추진하려 한 점에서 '스페인 혁명'이라는 용어가 쓰이기도 했지만, 전쟁 그 자체는 공화국 진영과 신국가 수립을 획책한 반란군 진영과의 비참한 '내전'(게라 시빌Guerra Civil)이었다.

1939년 3월까지 내전 중에 50만 명에 가까운 희생자(전

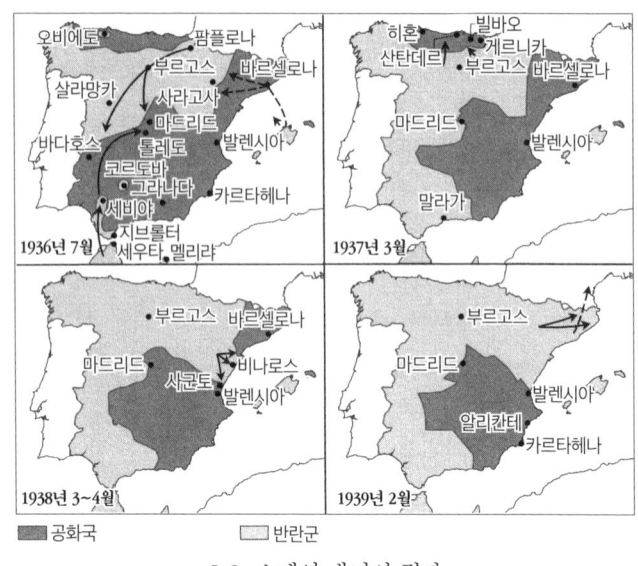

8-2. 스페인 내전의 경과

투, 탄압, 후방의 고난)가 나왔다고 추계되는데, 양 진영 모두 지배 지역 내에서의 반대파에 대한 탄압이 처참했다는 점도 기억해야 할 것이다. 내전 초기에는 '파세오'(산보)로 불리는 자의적 체포와 교외에서의 총살 행위가 횡행했다. 시인 가르시아 로르카García Lorca가 그라나다에서 치안경찰에 의해 살해당한 것은 너무나도 유명하며, 우파 시인 이노호사는 아나키스트 민병대에 의해 말라가에서 총살당했다. 마드리드나 바르셀로나에서도 비합법 형무소(체카)에서의 정치범 고문이 이루어져 '사카'(끌고 다님) 후에 처형이 이루어지고 있었다. 쿠데타에 대한 반발과 오랜 원한 때문이라 해도 6,800명 이상의 성직자들이 테러에 희생된 것은 반란군 진영에 '성전'의 명분을 부여하게 되었다. 내전 종결 후에도 이어진 파세오나 사카를 포함한 반란군 진영에 의한 조직적·체계적 탄압을 면죄할 수는 없으나, 공화국 진영에서의 무기를 든 민병대에 의한 폭행도 '내전'의 실상이었다.

내전이 반란군 진영에 유리하게 전개된 것은 분쟁이 국제 전쟁으로 커질 것을 우려한 영국과 프랑스가 불간섭 정책을 내걸어 유럽 27개국에서 불간섭위원회가 성립되었지만, 무기 금수 협정에 반대하여 독일과 이탈리아가 공공연하게 반란군을 지원한 것이 가장 큰 원인이었다. 공화국 정부는 합법 정부임에도 불구하고 '불간섭이라는 촌극' 때문에 외국으로부터 무기를 수입할 수 없었다. 독일의 대외 팽창을 경계하는 소련만이 대규모 원조를 실시했다. 이는 스페인은행이 보유하는 금과 바꾸는 것이었다. 소련의 관여는 공화국 진영 내부에서의 공산당의 주도권 확립을 유리하게 이끌었다.

공화국 진영에는 코민테른(1919년에 모스크바에서 창설된 국제 공산주의 조직)의 호소에 응하여 반파시즘 전쟁에 공명하는 사람들이 국제 여단의 의용병으로 들어왔다. 그중에는 헤밍웨이, 말로, 오웰 등도 포함되어 있었다. 약 4만 명이라는 의용병 중 3분의 1 가까이가 스페인 전장에서 목숨을 잃었다고 되어 있다. 마드리드 공방전을 비롯하여 그 영웅적 행위는 공화국의 정통성을 전 세계에 알리는 데 공헌했으나 전황이 악화된 1938년 말에 국제 여단은 해산되었다. 이후에 스페인 정부는 2007년의 '역사적 기억법'(제10강 참조)에 기초하여 옛 의용병들에게 스페인의 여권을 부여하여 그 영예를 칭송하고 있다.

내전의 전개

단번에 공화국을 와해시키는 것에 실패한 반란군은 수도 마드리드 탈취를 목적으로 1936년 10월에 공습을 포함한 총공격을 가했으나 실패했다. '놈들을 지나가게 하지 말라'라는 표어가 공화국 측에서 나온 것이 이때였다. 전쟁의 장기화가 확실해지자 공화국 정부는 발렌시아로 옮겨 갔고 마드리드는 방위평의회 통제하에 두어졌다.

반란군은 진공 목표를 북부 공업지대로 바꾸어 1937년

8-3. 피카소, '게르니카'(부분, 1937년, 소피아 왕비 예술센터)

3월에 바스크 공격을 개시했다. 4월 26일 독일의 콘도르 군단이 자행한 바스크의 마을 게르니카에 자행한 무차별폭격은 사람들을 전율케 했다. 게르니카에 있는 참나무 아래에서 역대 영주가 지방 특권 존중을 서약한 것 때문에 이 마을은 바스크의 성도로 여겨져 왔다. 피카소(1881~1973년)가 그 분노를 그림 '게르니카'로 표현한 것은 너무나도 유명하다. 8-3은 그 부분이지만 아들의 시체를 껴안은 여성은 실로 게르니카 폭격의 피해자를 그린 것이다.

덧붙여, 뉴욕 근대미술관에 보관되어 있던 '게르니카'는 스페인 민주화 이후인 1981년 9월에 반환되었다.

1937년 10월 말에는 북부를 완전히 장악한 반란군에 대항하기 위해 네그린Juan Negrín 정부(같은 해 5월에 정권 수립)는 12월에 동부 도시 테루엘을 공격하여 반전 공세를 펼쳤다. 이 시가전에 승리했지만 1938년 2월에는 다시 반란군에 테루엘을 빼앗겼다. 그리고 4월 반란군은 지중해에 도달했고 마드리드 이외에 남은 공화국 지역은 발렌시아와 바르셀로나로 양분되어 공화국 정부는 10월에 바르셀로나로 이전했다. 반란파 측에서는 1936년 10월에 프랑코가 전권을 장악하여 11월에 독일과 이탈리아가 반란파 정부를 승인하였고, 다음 해 11월에는 영국이 반란파 정부와 통상 관계를 맺었다. 같은 달 일본도 반란파 정부를 승인했다.

1938년 5월에 네그린은 '13조의 원칙'을 발표하여 민주적인 선거와 공화국의 존속을 내걸었지만 반란파 정부는 이를 무시했다. 네그린 정부는 같은 해 7월 마지막 공세를 에브로강 공략에 걸었으나 7만 명의 전사자를 내고 실패했다. 12월 반란군에 의한 카탈루냐 총공격이 개시되어 1939년 1월 바르셀로나가 함락되었다. 2월에는 영·프도 프랑코 정권을 승인하고 대통령 아사냐는 망명처인 프랑스에서 사임했다. 3월 28일 반란군은 마드리드로 입성하였고, 4월 1일 프랑코는 '붉은 군대'를 없애고 "전쟁은 끝났다."고 선언했다.

공화군 진영과 사회혁명

내전이 발발하자 공화국 정부의 통제를 벗어난 아나르코생디칼리스트들은 공장의 자주관리를 진행하고 농촌부에서의 집산화를 시행했다. 물론 일부에서는 무정부 공산주의적인 '코뮌'이 성립되었지만 이는 전시하의 유토피아였다. 사회혁명을 한꺼번에 추진하려는 움직임은 중산층 시민이나 소농민들에게는 큰 위협이 되었다.

아나키스트의 혁명 이념이 반란군과의 전쟁 승리를 위해 사회질서 재건을 우선하는 노선과 대립하는 것은 불가피했다. 1937년 5월 카탈루냐에서는 '내전 중의 내전'이라 불리는 바르셀로나 5월 사건이 일어났다. 공산당, 사회노동당 우파, 그리고 공화주의 정당들과 혁명 실현을 우선하는 POUM(반스탈린 공산당), CNT, 사회노동당 좌파와의 대립은 이미 첨예화하고 있었는데, 이 무력 충돌로 5백 명 가까운 사망자가 나왔다. 결과 POUM은 비합법화되어 농업이나 공장의 집산화는 중단되었다.

1937년 5월에는 친소파인 네그린이 내각을 구성했으나 사회노동당 좌파도 아나키스트도 입각하지 않았다. 네그린은 프리토를 국방 장관에 임명하여 공산당 이외의 지지를 얻어 전쟁을 유리하게 이끌려 했으나 불가능했다. 1938년 5월 네그린은 자신이 국방 장관을 겸임하며 전쟁 승리는 어려워도 타협적인 평화 실현의 길을 모색하고자 했다. 그러나 같은 해 9월 영·프가 뮌헨회담에서 독일에 대한 융화정책의 계속을 결정하면서 스페인 공화국의 국제적 고립은 분명해졌다.

당시는 공산당만이 전쟁 계속을 주장하고 있어 공화국 진영의 패배는 불가피했다. 마드리드에서는 공산당을 배제한 카사도 장군의 방위평의회가 반란군 측에 의한 보복없는 전쟁 종결을 지향했지만 1939년 3월 말에 무조건항복을 받아들였다. 프랑코는 이미 1939년 2월에 '정치책임법'을 공포하는데, 1934년 10월 이후에 공화국 지지로 정치에 관여한 모든 사람을 소추할 의향을 갖고 있었다.

8-4. 반란군 측의 포스터(1937년).
반란을 '십자가'로 우러르고 있다.

내전 발발 직후에는 교회 방화 등으로 많은 문화재들이 소실되었다. 이에 대해 공화국 정부는 '예술작품보호평의회'를 설립하여 문화재 보호에 힘을 쏟았다. 마드리드에 대한 무차별 공격이 맹렬해지자 파괴를 우려하여 프라도미술관의 주요 작품(벨라스케스 '시녀들'을 포함)을 포장하여 발렌시아로 옮기고 마지막에는 제네바로 보냈다. 내전 종결 후에 작품들은 프랑코 정권에 반환되어 프라도미술관으로 돌아왔지만 이 사실은 오랫동안 은폐되어 왔다.

반란군 진영의 신국가 건설

 반란 발발 시에는 몇 명의 유력자들이 경쟁하고 있었지만 불의의 죽음을 맞는 것 등으로 프랑코 장군이 반란군을 지휘하는 체제를 정비하기에 이르렀다. 프랑코는 1936년 9월에 육·해·공 3군의 총사령관이 되었고 10월에는 국가원수가 되어 반란군 진영의 전권을 장악했다. 그리고 1937년 4월에는 우파 세력들을 규합하여 단일 정당 '전통주의와 JONS의 스페인 팔랑헤'(이하 '신팔랑헤'로 씀)를 창설하고 신팔랑헤 당수도 겸임했다. 이 신팔랑헤에는 파시스트에서 카를리스타까지 다양한 세력이 참여했는데 공화국 정부 타도와 '신국가' 건설로 일치하고 있었다. 이에 개인으로서의 프랑코를 정점으로 한 권력의 일원화, 즉 독재 체제가 실현되었다.

 1938년 3월에 '노동헌장'이 제정되었는데 이는 기본적으로 무솔리니가 1927년에 제정한 '노동헌장'을 모방한 것이었다. '신국가'는 코포라티즘적 조직으로 편성한다고 주창하는 한편 '가톨릭적 전통', 즉 내셔널 가톨리시즘을 국가의 기본 방침으로 삼았다.

 반란군 정부는 공화국 시대에 행해진 비가톨릭화 정책

을 180도 전환했다. 스페인 가톨릭교회는 1937년 1월의 주교단 교서에서 무신론, 공산주의로부터 조국을 구하는 '십자군'으로서 반란군에 대한 전면적 지원을 표명하고 사람들의 재가톨릭화를 도모했다. 1939년 4월 로마교황 비오 12세는 '가톨릭의 승리'로서 프랑코의 전쟁 종결 선언을 축복했고, 이에 응하여 프랑코는 '종교·조국·기독교 문명의 적'을 물리쳤음을 다시 한 번 자랑했다.

제 9 강

프랑코 독재 체제
1939년~1975년

'전몰자의 계곡 십자가 교회'와 위에 솟아 있는 거대한 십자가

1939	정치책임법 제정
1940	조합통일법 제정, 노사 일체의 '수직 조합'으로 통합
	프리메이슨·공산주의 탄압법 제정
1942	코르테스(국회) 설치법 제정
1943	국민헌장 공포
	국민투표법 공포
1946	UN총회에서 스페인 배척 결의(~1950)
1947	국가원수계승법 공포
1948	공산당, 무장투쟁 방기를 결정
1953	바티칸과 정교협약 조인
	미국으로의 기지 대여 개시
1955	UN 가입
1957	오푸스 데이에 테크노크라트 입각
	프랑코, 모로코 독립을 승인
1958	국민운동원칙법 제정
	IMF(국제통화기금)에 가맹
1959	'전몰자의 계곡 십자가교회' 낙성
	ETA(바스크와 자유) 결성
1962	'유럽운동' 뮌헨대회에 반체제파 세력이 참가
1964	경제사회 발전계획(제1차: ~1967, 제2차: 1968~1971, 제3차: 1972~75)
1967	국가조직법 공포
1968	ETA의 테러활동으로 첫 사망자 나옴
1969	프랑코, 후안 카를로스 왕자를 국가원수 후계자로 지명
1973	국가원수와 수상을 분리, 국가원수 프랑코, 수상 카레로 블랑코
	카레로 블랑코 수상 ETA에 의해 폭살당함
1974	아리아스 나바로 내각 발족
1975	테러리스트 단속법 제정
	프랑코 사망, 후안 카를로스 1세 즉위

1. 프랑코 독재 체제의 성립

내전 승리자에 의한 억압

3년간에 걸친 내전으로 스페인 사회는 분열되고 피폐해졌다. 그러나 프랑코 정권은 곧바로 승자의 정치체제 구축에 진력했고 패자는 억압의 대상으로만 간주되었다. 내전 중의 정치책임을 추급追及하는 정치책임법(1939년), 프리메이슨·공산주의 탄압법(1940년) 등의 대상이 되어 5만 명이 넘는 사람들이 전후 5년 사이에 정치범으로 처형되었다고 추계된다. 또한 공화국에 가담한 사람들에 대한 탄압, 차별은 오랫동안 이어졌다. 공무원이나 초등학교 교원의 해고, 숙청에 그치지 않고 본때를 보여주기 위해 대중 앞에서의 폭행 등이 자행되었다. 내전 중과 전후의 처참한 억압상의 증언은 21세기가 되어서야 공공연하게 목소리를 낼 수 있게 되었다.(2007년에 '역사적 기억법'의 성립. 제10강 참조)

'신국가'를 건설하기 위해 우선 "총통은 신과 역사에만 책임을 진다."(1939년, 단일 정당 신팔랑헤당 규약)고 선언하여 독재자로서의 프랑코의 지위를 확립했다. 프랑코

9-1. 내전 후 첫 '승리의 군사 퍼레이드'에서 관람대에 선 프랑코(1939년 5월 19일)

9-2. 프랑코와 히틀러의 회담(프랑스와 스페인의 국경도시 앙다이에서, 1940년 10월 22일)

는 국가원수이며 육·해·공군 총사령관이자 신팔랑헤 당수로서 국가평의회 의장도 겸임했다. 1942년의 '코르테스(국회) 설치법'으로 코르테스는 직능단체로 구성된 '유기체적 의회'로 바뀌고 보통선거는 부정당했다.

신팔랑헤는 이탈리아나 독일의 파시스트 정당이 갖는 체계적 이데올로기나 대중적 기반을 갖지 못했으나 청소년 조직이나 여성 조직 같은 계열 단체를 통하여 프랑코 체제에 봉사하는 인재 육성에 힘쓰며 국가와 사회의 파이프 역할을 담당했다.

노사 관계는 1940년에 조합통일법을 제정하여 '수직

조합'을 산별 조합으로 조직하고 계급 대립의 해소를 주창했다. 이는 이탈리아 파시즘의 코포라티즘의 영향을 받은 것이었다. 또한 1941년에는 국가산업공사(INI)를 설립하여 군수 관련 산업을 중심으로 투자하였는데 이 또한 이탈리아 산업부흥회사(IRI)를 모방하여 만들었다.

1939년 9월에 제2차 대전이 시작되자 방공협정에 참가하여 추축국에 선 프랑코 체제이지만 내전에서의 국토 피폐 때문에 참전할 여유가 없어 중립을 선언했다. 그러나 추축국의 우세가 이어지자 '비非교전국 선언'을 하여 독일 이탈리아에 대한 협력을 강화하였고, 1941년에 독·소전이 시작되자 의용병단 '푸른 사단'을 대소련전에 파병했다. 그러나 연합국 측이 우위에 서자 프랑코는 파시즘 색채를 엷게 하면서 1943년 10월에 중립으로 돌아왔다.

프랑코 체제는 군대·신팔랑헤·교회를 세 축으로 다양한 '파벌'에 의존하고 있었지만 더욱 더 전통적 보수적 가톨릭교회와의 관계를 중시해 갔다. 체제 이데올로기의 지주로서 '내셔널 가톨리시즘'을 표방했고, 특히 교육제도에서 가톨리시즘은 기본 원리가 되었다. 교실에는 프랑코 총통의 초상화에 더하여 십자가와 성모마리아 상을

장식하는 것이 의무였다,

국제적 고립

 1945년 5월에 독일이 패배하자 프랑코는 파시즘 색채의 불식에 나서는데, 같은 해 7월에는 '국민헌장'을 제정하여 법 앞에서의 평등이나 일정 정도의 자유를 보장했다. 신팔랑헤가 '국민운동'으로 불리게 된 것도 이 무렵이며, 노골적인 파시즘적 의식이나 상징이 폐지되었다. 그러나 1946년 2월의 국제연합 총회는 프랑코 정권 비난을 결의했고 같은 해 12월에는 각국 대사의 소환을 권고하며 국제연합 기관에서 스페인 배제를 결의했다.

 국제연합 총회 결의는 반체제운동에 힘을 실어주어 왕정복고를 지향하는 알폰소 13세의 아들 돈 후안은 활발한 움직임을 보였다. 그러나 프랑코는 1947년 7월에 국가원수계승법을 국민투표로 성립시켜 스페인이 왕국임을 규정하고 프랑코는 종신 섭정으로 나라를 통치하게 되었다. 계승법의 성립으로 프랑코는 왕정복고의 가능성을 남김으로써 왕당파를 회유하고 계승자 지명권도 손에 넣었다.

국제적 압력에 고무되어 비밀리에 국내에 머물러 있던 공산당, CNT 등의 그룹은 게릴라 투쟁을 전개했고, 남프랑스로부터 국경을 넘는 무장 그룹(마키)도 있었다. 그러나 삼엄한 탄압 체제하에서 내전으로 피폐해진 주민들의 공감을 얻기는 어려웠다. 공산당은 1948년에 게릴라전술을 포기했다.

국제연합 결의 후에도 스페인에 남아 있던 대사들은 포르투갈이나 아르헨티나 정도로, 스페인의 국제적 고립을 커졌지만 프랑코는 밖으로부터의 압력을 오히려 체제 굳히기에 이용했다. 1946년 12월 마드리드 왕궁 앞 오리엔테 광장에서 백만 명 집회를 열고 외국의 간섭에 반발하는 사람들에게 스페인 내셔널리즘을 선동했다. 내전에 승리한 스페인이 '유태인, 프리메이슨, 마르크스주의자'의 국제적 음모에 패하여 '자유와 주권을 위협받아'서는 안 된다는 것이었다.

아우타르키아 체제

국제적 고립에 처한 프랑코 체제는 아우타르키아(Autarquía, 자기충족적 경제) 정책을 채택했다. 스페인은 자원이 풍부한 나라이고 국가가 야무지게 관리하면 자급자족이 가능하다고 생각한 소박한 경제 내셔널리즘의 결과였다. 그러나 인구도, 자원도, 시장도 한정된 스페인에 이 정책은 무모하기 짝이 없는 것이었다.

아우타르키아 정책의 기본은 첫째로 수입과 수출의 규제였다. 금과 외화준비고의 부족으로 무역 제한을 도모하였으나 석유 등 수입이 불가결한 자원은 크게 가격이 인상되어 생필품의 부족이 현저화되었다. 국가는 시장에 직접 개입하여 가격통제를 실시했으나 생산자들이 생산품을 숨겨 암시장에서 파는 것은 예상된 일이었다. 밀의 거의 반이 암시장으로 흘러들어가고 암시장 가격은 공정가격의 2배 내지 3배가 되었다. 가난한 서민들은 배급 쿠폰에 매달려 겨우 생활해야 했는데 식량배급제도는 1952년까지 이어졌다.

또 하나의 정책의 기본은 산업의 진흥으로, '신국가'의 군사적·정치적 자립에 필요한 분야가 우선되었다. 자본재 산업도 추진을 시도하기는 했으나 공적 원조가 계속적으로 필요해져 공적 지출이 큰 폭으로 증가했다. 공공사업 투자나 국가산업공사에 의한 투자로 산업 기반 정비가 이루어진 것은 틀림없으나 심각한 인플레를 초래했다.

그 결과 유럽 각국이 1940년대 후반에는 제2차 대전으로부터의 부흥을 이룬 데 비해, 스페인 경제는 내전 이전의 상태로 돌아가는 데 약 20년이 걸렸다. 1인당 국내총생산을 보면 1934년 수준으로 회복한 것은 1954년의 일이었다.

2. 국제사회로의 복귀와 반공의 요새로

냉전의 진행과 프랑코 체제

스페인의 국제적 고립은 동서 냉전이라는 국제사회의 변화로 서서히 약화되었다. NATO(북대서양조약기구) 가맹은 승인되지 않았고 서방 국가들의 부흥의 원동력이 된 마셜플랜의 수혜를 입지 못했지만 그 지정학적 위치(대륙과 대양의 교차로)는 서방 국가들에게는 전략적으로 중요했다. 1948년에 소련이 베를린봉쇄를 단행하였고 다음 해에 원폭 실험에 성공하자 '반파시즘'에서 '반공주의'로 입장을 바꾼 서방 각국은 '서방측 국가들의 보초'를 선전하는 프랑코 체제를 받아들이지 않을 수 없었다.

1950년 11월 국제연합 총회에서 스페인 배척 결의가 철회되었지만, 내전에서 공화국 진영을 지지한 소련과 멕시코 등이 철회에 반대했다. 사회 변혁을 추진하고 있던 카르데나스[1] 정권하의 멕시코는 스페인 내전에서 공화국을 지지하였고 내전 종결 후에는 약 1만 명의 망명자를 받아들이고 있었다. 그 후 스페인은 FAO(UN식량농업기구), 유네스코(UN교육과학문화기구) 등 국제기관에서 가맹을 인정받고 1955년에 UN 가입이 승인되었다.

앞서 1953년에는 두 개의 중요한 외교적 성과가 있었다. 하나는 교황청과 정책 협약을 새로이 체결하여 가톨릭교회와의 연결을 더욱 공고히 한 것이다. 스페인은 주교임명권을 바티칸에 양보했고, 교황청은 프랑코 독재

---

[1] Lázaro Cárdenas del Río(1895년 5월~1970년 10월). 멕시코의 정치가, 대통령. 멕시코 중부 미초아칸주에서 태어나 인쇄공을 하다 멕시코혁명에 투신하여 호헌 혁명군 기병대 지휘관이 되었다. 주지사를 거쳐 대통령에 취임하자 혁명 목표로 내건 농지개혁을 대규모로 실시하고 노동환경의 정비, 국민교육의 향상, 여성의 사회적 지위 개선 등을 위한 정책을 적극적으로 추진했다. 스페인 내전에서는 끝까지 공화정부 측을 지원하여 수많은 소총을 보냈고 인민전선 패배 후에는 1만 명의 망명자를 받아들였다.

정권하의 스페인이 정통의 국가임은 내외에 공인했다. 바티칸이 정치적 자유와 인권에 민감해진 것은 1960년대에 들어서이다.

또 하나는 미국과 군사협정을 맺은 것이다. 스페인은 국가 영토 내의 군사기지 대여를 조건으로 미국으로부터 군사적·경제적 지원을 받게 되었다. '상호 방위 지원'이라고 말하면서도, 미국은 스페인에 명확한 방위 의무를 갖지 않았지만 5억 달러 이상의 공여를 얻음으로써 스페인은 식량 사정을 개선하고 석유 수입도 가능하게 되었다.

이러한 경제적 지원으로 아우타르키아 정책을 연명시켰으며, 1950년대 후반이 되면 경제의 중심은 농업에서 공업으로 이행했고 농촌에서 도시로의 인구 유입도 시작되었다. GDP에서 점하는 제1차 산업 부분의 비율은 1940년의 32%에서 55년에는 21%로 낮아졌고, 제2차 산업 부분은 24%에서 28%로 상승했다. 국가에 의한 과도한 통제와 개입은 경제 발전에 질곡이 되었고, 자본 측은 정부에 경제적 자유화를 요구하게 되었다. 인플레가 심해져 임금 인상을 요구하는 스트라이크가 빈발하면서 노동조건의 결정은 노사 협의에 맡겨야 한다는 소리도 높아졌다.

1957년 프랑코는 내각 개조를 단행하고 가톨릭 단체 오푸스 데이(주님의 과업) 관계자를 장관으로 입각시켰다. 오푸스 데이는 사상적으로는 보수 전통주의를 계승하고 있었으나 효율이나 기술을 중시하여 경제와 행정의 합리적 운영을 주장했다. 정·재계나 고등교육에 침투하여 많은 대학 교원이나 관료도 거느리고 있었다. 신팔랑헤가 주창한 국가개입주의로부터 벗어나 오푸스 데이의 테크노크라트에 의한 경제자유화 정책으로 옮겨가게 된 것이다.

반체제운동의 질적 변화

1950년대에 들어서 프랑코 정권이 국제적으로 승인을 받자 UN이나 국제적 압력에 기대를 건 반체제운동은 비전을 잃게 되었다. 1940년, 이해에 멕시코에 둔 공화국 망명정부는 스페인 국내에 어떤 영향력도 미치지 못하였고 국내에서의 무장투쟁도 방기했다. 내전 종결 직후부터 2만 명이나 되는 공화국 정치범을 건설 노동에 투입시켜, 엘 에스코리알에서 북동쪽으로 약 10킬로 떨어진 골짜기에 만든 세계 최대 규모의 바실리카 '전몰자의 계곡 십자가 교회'의 완성은 프랑코 체제의 안정을 상징적으로 보여준다. 그 성전의 준공 식전은 내전 승리 20주년으로 1959년 4월 1일에 개최되었다. 덧붙여 1975년 11월에 프랑코가 매장된 곳은 이 바실리카 본당 앞에 조성된 팔랑헤 창설자 호세 안토니오의 무덤 옆이다.

그러나 내전이 끝나고 10년 이상이 지났어도 시민들의 생활은 매우 어려웠다. 1951년 바르셀로나에서는 시에서 전차의 운임을 인상하자 그에 대한 반발이 총파업으로 번져 시장이 경질되기에 이르렀다. 같은 무렵 바스크에서는 임금 인상을 요구하는 공장 노동자의 파업이 빈발하고 있었다. 1956년에는 마드리드대학 학생들이 학생조합(SEU)의 민주화를 주장했다. 프랑코 체제 내에서는 요직을 점하면서도 사회의 분단을 우려하는 '포섭파'로 불리는 사람들이 있었는데, 그 필두에 선 교육 장관 루이스 히메네스는 이 소요의 책임을 지고 파면되었고, 고참 팔랑헤 당원 리도르에호 등도 체포되었다. 이 사건으로 체포 투옥된 학생 중에는 나중에 반체제운동의 중심적 지식인이 된 인물이 있었다. 그 한 명이 경제학자가 되는 라몬 타마메스였다.

이 무렵부터 전후 젊은 세대가 노동운동에 뛰어들게 되었다. 약체화된 CNT나 UGT는 수직적 조합과는 거리를 두고 있었지만 비합법하의 스페인 공산당은 1956년에 평화적 수단에 의한 독재 타도를 중심으로 '국민 화해' 노선을 채택하고 수직 조합에 적극적으로 참가했다. 수직 조합 지도부를 장악하여 임금 교섭이나 파업을 실행하기 위해 각지에서 CCOO(노동자위원회)가 만들어졌고, 공산당 활동가들은 이 조직의 안정화에 힘을 쏟았다. 그러나 1959년에 공산당 주도의 반독재 총파업은 시기상조로 운동 지도부는 모두 체포되었다.

라틴아메리카, 지브롤터, 모로코

프랑코는 반공산주의를 기축으로 하면서 국내 정치 안정을 위해 대외 관계를 이용했다. 라틴아메리카 국가들과의 관계에서는 스페인어와 가톨릭이라는 문화적 공통점을 강조하며 1940년에는 이스파니다 협의회를 창설했다(1945년에 히스파니아 문화협회로 개칭). 내전을 거쳐 국력이 약해진 스페인은 라틴아메리카 국가들과의 정치·경제

관계 강화를 바랄 수도 없었지만 이러한 문화적 일체성의 강조는 양자 사이의 외교관계 강화로 이어졌다. 아르헨티나나 페루는 1946년의 UN 배척 결의에 반대하였고 아르헨티나는 같은 해의 통상협정에 따라 70만 톤의 밀을 스페인에 수출했다. 아랍 국가들에 대해서도 석유 확보와 스페인령 모로코의 유지를 염두에 두고 친아랍 정책을 취했다. 아랍 국가들의 소련 접근으로 관계는 미묘해졌으나 프랑코는 마지막까지 이스라엘을 승인하지 않았다.

한편 엘리자베스 여왕의 지브롤터 방문에 강하게 항의하며 1957년에는 반환을 요구하여 UN비식민지화위원회에 제소했다. 지브롤터 문제는 스페인인의 애국적 감정을 고조시켰으나 영국은 1704년에 손에 넣은 전략적 요지를 방기하는 일은 없었다. 지브롤터를 쟁점화하는 것은 모로코에 영토를 갖고 있는 스페인의 입장과 모순된다고 할 수 있지만, 그 영유권 문제는 지금도 영국과의 관계에서 가시처럼 남아 있다.

제2차 대전 후 세계적인 탈식민지화의 흐름 속에서 1930년대부터 서서히 일어나고 있던 모로코 독립운동도 일거에 과격해졌다. 인도차이나의 유지도 힘들어지고,

모로코 보호령에서도 게릴라 투쟁이 일어나 1956년 3월에 프랑스는 모로코 독립을 승인하기에 이르렀다. 스페인 혼자서는 모로코 독립 문제에 대처하기 힘들어져 결국 4월에 세우타와 멜리야, 이프니의 영토를 제외하고 모로코의 영토 반환에 응했다. 프랑코를 지지해 온 '아프리카파' 군인들 입장에서는 싸우지 않고 모로코를 포기하는 것이 충격이었지만 사반세기가 지난 시점에 내전기의 장군들은 큰 정치적 영향력을 갖지 못했다. 프랑코가 이 시점에서 식민지 방기를 결단한 것은 옆 나라 포르투갈을 끝까지 괴롭혔던 포르투갈의 식민지 앙골라와 모잠비크와는 달리, 식민지 문제에서 스페인을 해방시키게 된다.

1969년에는 이프니를 모로코에 반환했고, 1778년부터 영유해온 적도기니도 1968년에 포기하였으며, 1884년부터 영유하던 서사하라(스페인령 사하라)에서는 1975년에 철수했다. 현재 스페인이 아프리카에 갖고 있는 영토는 세우타와 멜리야로 한정되지만 모로코는 이들의 반환을 요구하고 있다. 또한 서사하라의 귀속 문제는 스페인 식민지주의가 남긴 어두운 유산이라 할 수 있다. 처음엔 모로코와 모리타니, 현지 주민의 주장이 첨예하게 대립했다.

현재는 모로코와 사하라아랍민주공화국(폴리사리오 전선)이 실효 지배하는 지역으로 양분되었는데, 해결은 요원해 보인다.

3. '경제의 기적'에서 체제의 종언으로

경제성장의 실현

1950년대 말에는 수출입의 불균형이 극에 달해 있었다. 1959년에 스페인은 IMF(국제통화기금)로부터 지원을 받는 대신, 그 기금이 제시한 재정 건전화, 금융긴축, 무역과 자본의 자유화를 받아들일 수밖에 없었다. 이들은 테크노크라트의 지지를 얻어 '경제 안정화 계획'으로 실시되는데, 이는 아우타르키아 정책의 완전한 파탄을 의미했다. 동시에 스페인이 서유럽 경제성장의 파도를 타는 것도 가능해졌다.

스페인은 1962년과 1964년에 EEC(유럽경제공동체)에 가입을 신청했지만 민주주의 국가가 아니라는 이유로 각하되었다. EC(1967년 EEC에서 확대된 유럽공동체) 가입은 민주화 이후인 1986년까지 기다려야 했다.

안정화 계획에 이어 스페인 정부는 3차에 걸친 경제·사회 발전 계획(1964~67년, 1968~71년, 1972~75년)에 착수했다. 이는 인프라의 정비, 수출산업의 육성, 공업화가 뒤떨어진 지역에서의 발전 거점, 공업단지의 창출 등을 위한 것이었다. 이들 계획이 공업화에 어느 정도 기여했는지에 대해서는 논의가 나뉘지만 1960년대에 외국자본의 투자가 증가하여 스페인 경제는 세계경제, 특히 서유럽 경제와의 연결을 강화시키면서 급속도로 발전했다. 이 시기 스페인은 일본에 이어 연 7.3%라는 '기적의 경제성장'을 실현했다고 되어 있다.

그러나 고도성장은 수출 관련 부분을 빼면 농업의 근대화로는 이어지지 않았다. 오히려 어떤 방책도 취해지지 않아 엑스트레마두라·카스티야·안달루시아 농촌부에서 마드리드·바르셀로나·빌바오 같은 도시로, 나아가 서유럽으로 노동력의 이동이 많아졌다. 1962년의 스페인 인구는 약 3천만 명인데 1960년대에 거의 450만 명이 거주지를 옮긴 것으로 추계된다.

프랑스, 서독, 스위스 등지로의 이민은 노동인구의 1

할을 넘었고, 이민자들의 본국 송금은 국제수지 개선에 크게 기여했다. 1960년부터 1974년에 걸친 송금 총액은 72억 달러가 넘었는데 이는 무역 적자의 절반에 해당하는 수치이다.

9-3. "스페인은 다르다."
(1960년대의 관광 포스터)

게다가 '관광 붐'은 국제수지 개선뿐 아니라 국내 경제의 활성화에도 공헌해 주었다. 경제 발전으로 윤택해진 서유럽 나라들의 여행자들은 외화를 가져왔을 뿐 아니라 스페인의 관광업이나 관련 건축업을 크게 발전시켰다. 1960년에 6백만 명이던 관광객 수가 1965년에는 1,400만 명에 달하여 스페인은 관광입국이 되었다. 프랑코 시대의 관광 캠페인으로 내건 슬로건 "스페인은 (유럽과는) 다르다."는 투우와 플라멩코를 강조하며 여행자들의 이국적 향수를 자극했다.

이렇게 스페인은 뒤처진 농업국을 벗어나 유럽의 중진국이 되었다. 1960년 GDP중 23%이던 제1차 산업부문의 비율이 1975년 10%로 반감되고, 제2차 산업 부분은

37%에서 39%로 상승하고, 제3차 산업 부분은 40%에서 51%로 크게 증가했다.

가톨릭교회와 프랑코 체제

1960년대에 들어서면 프랑코 체제의 정신적 지주였던 가톨릭교회와의 관계도 세계 가톨릭계의 변화에 따라 크게 바뀌었다. 1940년대 말부터 노동운동에 공명하는 가톨릭 조직이 생겨나 1960년대가 되면 HOAC(가톨릭악시온의 노동자형제단)이나 JOC(가톨릭 노동청년단)는 공산당이나 좌익 지식인들과의 연대를 표명했다.

이러한 움직임에 고위 성직자들은 비판적이었지만 1962년 요한 23세의 주도로 개최된 제2회 바티칸공의회는 가톨릭교회는 정치적 자유나 인권 옹호에 무관심해서는 안 된다고 표명했다. 이 결정이 스페인 고위 성직자들에게 영향을 주기까지는 시간이 걸리긴 했지만 '내셔널 가톨리시즘'의 동요는 피할 수 없게 되었다. 점차 프랑코 체제의 인권 탄압에 대한 비판이 고조되어 1971년 스페인의 사제·주교 합동회의에서는 내전의 패자와의 화해에 노력하지 않았음에 대한 사죄 등을 내용으로 한 결의가 과반수의 지지를 받았다.

이에 대해 프랑코 체제는 반체제적인 움직임을 힘으로 막으려 했다. 1962년 4월에 파업이 아스투리아스로부터 확대되어 HOAC이나 JOC도 이에 참가하였는데, 정부는 5월에 북부 전역에 비상사태선언을 내려 탄압했다. 같은 해 6월 '유럽 운동'(1948년에 처칠 등이 결성한 유럽 통합을 추진하는 조직)이 뮌헨 대회를 개최하자, 망명 중인 사회노동당 지도자에서 국내의 기독교 민주주의파까지 약 120만 명의 반체제파 정치가와 지식인들이 참가하여 스페인 민주주의의 부활 필요성을 이구동성으로 주장했다. 정부는 이를 '뮌헨 공모 사건'이라고 비난하며 탄압을 강화했다. 그러나 참가자의 3분의 2가 국내에서 갔다는 것은 국내에도 반체제파가 성장하고 있었음을 말해주고 있다.

사회의 변용

아우타르키아 체제가 무너지고 경제 자유화와 투어리즘의 파도가 밀려와 1960년대에 스페인 사회는 크게 바뛰었다. 다양한 중산층이 생겨나고 라디오, TV, 자동차 같은 소비재가 보급되어 스페인도 대중소비사회로 접어들었다. 국산 대중차 'SEAT 600'을 탄다는 것은 중산층의 스테이터스 심벌이었다.

서유럽 국가들에서 오는 관광객들은 외자와 고용기회를 가져왔을 뿐 아니라, 사람들이 갖고 있던 체제적 가치관을 흔들어 새로운 심성을 만들어내는 계기가 되었다. 사람들의 일상적인 교회 출입이 줄어 가톨릭교회는 보다 개방적으로 바뀌지 않을 수 없게 되었다. 1950년대 후반에는 중남미의 '해방신학'과 비슷한 맥락으로, 하급 성직자들에 의한 체제 비판이나 노동운동 지원의 급진적인 언동이 나타나게 되었다.

스페인 남부가 오랫동안 라티푼디오(대토지 소유)와 농업 노동자 문제로 고통받아 왔음은 이전에도 언급했으나, 도시로의 대규모 이농 현상이 일어났기 때문에 농민의 임금수준은 올라가고 대경영은 트랙터의 도입이나 화학비료 사용 등으로 근대화가 진행되었다. 이사이 안달루시아의 어느 농촌은 다음과 같이 바뀌었다는 증언이 남아 있다(로날드 알레자, 『스페인 타호스 마을 번성기』, 헤이본사(平凡社), 1975년, 225~226쪽에서)

"예를 들면 1957년에는 트럭이 2대……택시가 2대, 모터스쿠터 1대로 자가용차는 없었다. 공공의 교통기관이 없었고 우편은 카사스 누에바스에서 매일 밤 당나귀로 운반되어 왔다. TV는 없었고 부자들만이 라디오를 갖고 있었다. 매일 팔리는 신문 부수는 10여 부 정도에 지나지 않았다.

14년이 지난 오늘날(1971년)에는 트럭은 20대 이상이 되었고 근대적인 택시가 5대, 90대 가까운 자가용 차가 있고, 게다가 그 시끄러운 오토바이가 여기저기 달리고 있다. …… 타일 지붕에는 TV안테나가 여러 방향으로 빽빽하고 매일 125부의 신문이 팔리고 있다."

"스페인은 다르다"의 광경이 확실히 옅어지고 있었다. 사람들을 '내셔널 가톨리시즘'으로 묶는 것도 더 이상 불가능해졌다.

'프랑코 사후의 프랑코 체제'를 향하여

1960년대 후반이 되면 프랑코 체제는 내전의 승리와 공화국 지지자의 탄압으로는 사람들에게 그 정통성을 호소하기 어려워졌음을 깨닫게 되었다. 내전 종결 후 25년이 된 해인 1964년, 그해의 정권 캠페인은 '평화의 25년간'이었다. 그러나 중산층의 형성이 진행되고 대학생 수가 증가하면서 캠퍼스에서 반체제운동은 활발해졌다. 1968년의 서유럽에서의 격한 학생운동은 스페인의 학생들에게도 적지 않은 영향을 끼쳤다.

처우 개선을 요구하는 노동운동도 더 과격해졌고, 1967년 2월 이에 대항하기 위해 대법원은 CCOO를 비합법화하였다. CCOO는 10월에 민주화를 요구하는 전국통일행동을 조직했지만 탄압당하고 만다. 노동자의 의식은 경제투쟁에서 반독재로 바뀔 정도로 고양되지는 않았다.

정보관광 장관이 된 프라가 이리바르네는 사상의 자유 요구 주장에 부분적으로 응하기 위해 1966년 사전검열을 폐지하는 출판법을 공포했지만 동시에 반체제적인 출판물에 대한 고액의 벌금과 출판 정지 제도도 만들었다. 이러한 조치에도 불구하고 체제에 비판적인 출판물의 간행은 늘어났고, 1968년에서 다음 해에 걸쳐 118건의 벌칙과 7건의 출판물 압수가 이루어졌다. 1971년에 발간된 『칸비오 16』지는 자주 있었던 사전검열에도 불구하고 독재를 비판하는 여론 형성에 동조했다.

이 시기에는 카탈루냐, 바스크, 갈리시아에서 프랑코 체제하에서 오랫동안 억압받아 왔던 지역 언어, 문화의 복권을 중심으로 하는 지역주의가 고양되기 시작했고, 특히 지역의 하급 성직자들이 이에 동참했다. 카탈루냐에서는 J. 푸욜 등이 중심이 되어 보수적·가톨릭적 지역 내셔널리즘이 영향력을 키웠다. 1966년에는 바르셀로나의 130명의 사제가 독재 비판의 시위 행동을 전개하였고, 바스크의 사제들도 이를 지지했다.

바스크에서는 바스크 내셔널리스트당의 노선에 만족하지 못한 청년들이 1959년에 ETA(바스크와 자유)를 결성했고 그 가운데서 식민지 해방투쟁의 이념을 내걸고 무장투쟁으로 나선 집단이 나타났다. 1968년에는 치안경비대원이 살해되었고 그 후에도 ETA의 급진화·과격화는 그칠 줄을 몰랐다. 이에 영향을 받아 갈리시아에서도 역사적 갈리시아주의와는 다른 과격한 운동이 발생했지만 그 활동은 제한적이었다.

이러한 가운데 프랑코는 노골적인 독재 체제에서 어느 정도 물러나 체제 내부의 다양성을 인정하는 방향으로 태세를 전환했다. 정치사 연구자들은 이 다원성에 주목하여 '권위주의 체제'로 부르지만, 여기에는 프랑코 자신의 건강 악화에 대한 염려와 후계자 확정의 필요가 얽혀 있었다. 즉 프랑코는 '프랑코 사후의 프랑코 체제'를 모색하고 있었던 것이다.

1966년 12월 프랑코는 '국가조직법'을 국민투표에 부쳐 승인시킨 뒤 다음 해 1월에 공포했다. 국민투표 실시는 1947년의 국가원수계승법 이래 처음으로 21세 이상 성인의 89%가 투표하여 96%의 찬성표를 얻었다고 공식 발표되었다. 결국 프랑코는 이 국민투표에서 그가 말하는 '유기체적 민주주의'가 정당성을 얻었다고 선전했다. 이를 포함한 '7개의 기본법'(국가조직법 외에 1938년의 노동헌장, 1942년의 코르테스 설치법, 1954년의 국민헌장, 같은 해의 국민투표법, 1947년의 국가원수계승법, 1958년의 국민운동원칙법)이 폐기되기까지는 10년 넘는 시간을 더 기다려야 했다(1978년, 민주주의적 헌법의 공포).

그리고 1969년 7월에 프랑코는 자신이 제왕학을 가르쳤다고 믿는 후안 카를로스(알폰소 13세의 손자로 1938년에 로마에서 태어나 1948년부터는 스페인에서 프랑코의 비호하에 성장함)를 정식으로 후계자로 지명했다. 후안 카를로스는 코르테스(유기체적 의회)에서 '신의 이름으로 국가원수 프랑코와 국민운동원칙법 외 기본 제법'(7개의 기본법)에 대한 충성'을 맹세했다. 프랑코 체제는 그의 사후 부르봉가의 왕정으로 이어지기로 되어 있었던 것이다. 그러나 후안 카를로스는 1975년에 프랑코가 죽자 스페인 민주화에 매우 중요한 역할을 수행하게 된다(후술하듯이 너무나도 좋지 않은 말년을 보내게 된다).

프랑코 체제의 종언

후안 카를로스를 후계자로 지명한 프랑코는 1969년 12월에 대국민 크리스마스 메시지에서 "모두가 단단히 이어져 있다."는 유명한 말을 남겼다. 그러나 1975년 11월에 서거하기까지 6년 사이에 프랑코 체제는 크게 동요하여 사람들은 프랑코가 열망한 것과는 다른 국민적 유대를 요구하게 되었다. 1958년부터 매년 5월 1일에 마드리드의 산티아고 베르나베우 스타디움(레알 마드리드의 본거지)에서 '노동자 성 요셉' 축전이 열려 젊은이들의 매스게임과 지방의 무용에 프랑코 부처는 흥겨워했으나 노동자와 지방 문화를 엮으려는 이 축제는 근거 없는 환상에서 나온 것이었다.

1969년에 발간된 스페인 북부 섬유기계회사(MATESA) 수뢰 사건은 정경 유착을 폭로하여 권력을 감시할 수 없는 체제의 부패를 드러냈다. 1970년의 부르고스 재판은 프랑코 체제의 억압적인 성격을 국제사회에 폭로시켰다. 군사법원에서 ETA 멤버 6명에 사형 판결이 내려지자 유럽 각지에서 격렬한 저항운동이 전개되었다. 정부는 감형을 결정하였지만 국내에서의 단속을 강화하는 한편, '기독교·왕의 게릴라' 같은 극우조직이 경찰의 묵인하에 반체제파를 습격하게 했다.

1973년 6월 프랑코는 겸임하고 있던 수상 직을 카레로 블랑코 제독에게 이양했다. 그러나 프랑코 사후의 체제 계속을 준비해야 할 카레로는 그해 12월 ETA에 의해 폭살당했다. 체제 내의 '개방파'는 이를 좋은 기회로 삼아, 1974년 1월에 수상이 된 아리아스 나바로는 어느 정도의 정치결사를 용인하는 방향으로 움직였다('2월 12일의 정신'으로 불리는 연설). 그러나 강경한 자세를 취하는 분케르(프랑코 체제 존속을 주장하는 강경파)의 저항으로 이 제한적 개혁도 실패로 끝났다.

1974년 7월에 입원하게 된 프랑코는 후안 카를로스를 임시 원수로 세웠다가 9월에 원수로 복귀하여 그야말로 독재 말기를 상징하는 강압 정책을 펼쳐나갔다. 1975년 8월에 테러리스트 단속법을 제정했고, 9월에는 부르고스 재판 때와는 달리 국내외의 비판에 귀를 기울이지 않고 ETA 등의 활동가 5명을 처형했다.

이 무렵 모로코는 서사하라 영유를 주장하며 '녹색 행진'을 조직했지만 병색이 깊은 프랑코는 더 이상 대처할 힘이 없었다. 1975년 11월 20일 프랑코는 83세를 앞두고 사망했다. 아리아스 수상은 프랑코 총통 덕분에 "모든 것이 단단히 이어져 있다."고 주장했지만 수구적 체제의 계속은 더 이상 불가능해졌다.

1970년대에 접어들면서 반체제운동은 조직화가 진전되었다. 카탈루냐에서는 반체제파를 결집한 '카탈루냐 회의'가 1971년에 만들어져 '자유·특사·자치헌장'을 공통 목표로 내걸었다. 1974년 7월에는 공산당을 중심으로 '민주평의회'가, 1975년 6월에는 사회노동당 등에 의해 '민주세력 결집강령'이 결성되었다. 양자는 같은 해 9월에 공동선언을 발표하여 전국 통일행동에 의한 독재 타도를 외쳤다.

이러한 반체제파의 호소가 이 시점에서는 독재 권력

앞에 광범한 대중 동원까지는 이르지 못했지만 프랑코 사후의 정치가 자유와 민주주의, 정치적 특사 그리고 지역자치 요구를 무시할 수 없게 되었음은 분명했다.

제 10 강
민주화의 진전과 자치주 국가 체제
1970년대~현재

후안 카를로스 1세의 새 국왕 즉위 선서 (1975년 11월 22일)

1976	수아레스 정권 발족 정치개혁법, 국민투표로 승인
1977	1936년 이래 첫 민주적 총선거, UCD(민주중동연합)가 승리 몽클로아 협정
1978	1978년 헌법, 국민투표로 승인
1979	카탈루냐와 바스크에서 자치주 성립
1980	카탈루냐 자치주 의회 선거에서 CiU(집중과 통일)가 승리, 푸욜, 주 수상이 됨(~2003)
1981	쿠데타 미수 사건(23-F), 칼보소텔로 수상(~1982)
1982	NATO(북대서양조약기구) 가맹 총선거에서 PSOE(사회노동당)가 압승, 곤살레스, 수상에 취임(~1996)
1983	전국 17 자치주의 설치 완료
1986	EC(유럽공동체)에 가맹 NATO 참가 여부를 묻는 국민투표, 근소한 차로 잔류 결정
1992	세비야 만국박람회, 바르셀로나 올림픽 개최
1996	총선거에서 PP(국민당) 승리, 아스나르, 수상에 취임(~2004)
2003	바스크주 수상 이바레체, 이바레체 계획 채택
2004	마드리드 동시 열차 폭파 테러(11-M) 총선거에서 PSOE가 승리, 사바테로, 수상에 취임(~2011)
2006	카탈루냐 신자치헌장 승인
2007	역사적 기억법 제정
2010	카탈루냐 신자치헌장 일부 위헌판결, 이 무렵부터 카탈루냐에서 독립파의 운동 고양
2011	15-M 운동 시작 ETA, 무장투쟁 정지를 최종적으로 선언 총선거에서 PP가 압승, 라호이 정권(~2018)
2014	후안 카를로스 1세 퇴위, 펠리페 6세 즉위
2015	총선거에서 시민당과 포데모스가 약진, 정치는 다당분립제로 변화
2017	카탈루냐에서 위헌의 '민족자결권 레퍼렌덤' 강행
2018	라호이 내각 불신임안 가결, PSOE 산체스 정권 성립
2019	총선거에서 극우 정당 Vox 대두 프랑코의 유해, '전몰자 계곡 십자가교회'로부터 이장
2020	산체스, PSOE=포데모스 연립 정권 발족(~현재)

1. 민주화와 1978년 헌법

수아레스의 리더십

1976년 봄, 반체제파 세력은 민주 대연합으로 대동단결하여 프랑코 체제 개혁파와도 접촉하며 민주화의 가능성을 모색했다. 한편으로 노동쟁의가 활발해져 3월 바스크의 비토리아(가스테이스) 시에서의 총파업으로 경찰 부대와의 충돌로 5명의 사망자가 발생했다.

후안 카를로스 국왕은 손에 넣은 부르봉 왕정 안정을 위해서는 정치의 민주화가 불가결하다고 내심 결단한 것으로 보인다. 7월, 국왕은 43세의 아돌포 수아레스Adolfo Suárez González를 수상으로 발탁했다. 수아레스는 그때까지 국민운동 사무국장 등을 역임하여 언론의 혹평을 받았지만 국왕의 신임하에 스페인을 '권위주의 체제'로부터 결별시키는 데 성공했다.

수아레스가 취임 후 바로 착수한 것이 정치개혁법으로, 기존의 코르테스를 보통선거를 통해 의원이 선출되는 상하 양원으로 바꾸는 것이었다. 분케르의 반대에 직면했지만 12월 국민투표에 부쳐 압도적 찬성을 얻었다.

그러나 정당 활동의 자유화의 최대 과제는 공산당의 취급 문제였다. 1977년 1월에 공산당계 변호사 사무소가 극우 세력의 습격을 받아 5명이 살해되었다. 그러나 공산당이 테러리스트의 도발에 응하지 않는 자세를 보여 상황은 호전되었고 수아레스는 4월에 공산당을 합법화했다.

6월에는 41년 만에 민주적인 총선거가 실시되어 79%라는 높은 투표율을 기록했다. 수아레스를 당수로 한 UCD(민주중도연합)가 제1당이 되었고(350석 중 165석), PSOE(사회노동당)가 제2당이 되었다(118석). 급진 좌익 이미지를 불식하지 못한 공산당은 참패했고(20석) 프랑코 체제 잔재로 간주된 AP(국민동맹)도 같은 결과였다(16석). 수아레스가 정권을 다시 맡게 되어 7월에는 신헌법 제정을 목표로 헌법위원회를 발족시켰다.

이리하여 스페인은 순조롭게 민주주의로의 이행기로 들어갔다. 이 정치적 안정에는 좌파 세력이 '이행기의 정의'(민주화 이전의 구정권의 범죄를 묻고 정의를 회복하려는 자세)를 소리 높여 외치지 않았던 것이 크다. 내전과 프랑코 독재기에 수많은 희생자를 낸 책임 추급은 피하고 스페인을 민주주의 국가로 만드는 것을 우선했다. 또다시 내전을 반복하지 않겠다는 생각을 공유하고 있었다고도 할 수 있다. 이 '정의'가 문제화되는 것은 21세기가 되어서였다.

1977년 10월 여당과 야당의 합의로 '몽클로아 협정'이 맺어져 정부는 경제 위기 대책에 착수했다. 제2공화정 시기에 자치 지역이 된 카탈루냐에 잠정 자치 정부가 인정되었다. 그리고 특사법이 국회를 통과하여 프랑코 체제하의 정치범 석방이 이루어졌다. 정치적 박해를 받은 사람들에 대한 보상도 결정되었다.

1978년 헌법

현행 헌법은 스페인 국민의 '화해' 과정의 성과이다. 헌법 조문을 작성한 기초위원회는 하원의 당파 구성에 따라 UCD에서 3명, PSOE, 공산당, AP, 카탈루냐 의원 그룹(형식적으로는 바스크도 대표)에서 각 1명으로 총 7명의 균형을 맞추었다. 나중에 '헌법의 아버지들'로 불리게 되는 이들은 당파의 이해를 떠나 회의를 거듭하여 스페인을 '사회적 민주적인 법치국가'임을 선언하는 헌법 초안을 작성했다. 후술하겠지만 현안이었던 지역 자치 문제에 대

10-1. 1978년 헌법 초안을 만든 7명의 '헌법의 아버지들'

해서는 '민족체'와 '지역'에 자치권을 인정한다고 하였다. 정치체제는 의회군주제의 원칙하에 왕정을 유지한다고 정했다. 그 후 상하 양원에서의 다양한 조문 수정을 거친 뒤, 1978년 10월의 의회 승인을 얻어 12월 6일에 국민투표로 헌법이 성립되었다. 전국의 투표율은 67%에 찬성 88%였다. 그러나 바스크에서는 민족자결권을 고집하는 NV의 기권 선전도 있어 투표율은 50%에 그쳤다.

1978년 헌법 조문에서 특징적인 것은 '민주적 공여' '(모든 지방의) 문화와 전통, 언어 및 제도', '(모든 사람들과의) 존엄 있는 생활'을 보장한다고 하는 점이다. 이리하여 스페인은 권위주의적·중앙집권적 프랑코 체제와의 결별을 알리고 제도적으로는 민주주의로의 이행에 성공했으며 복수정당제와 의원내각제에 기초한 민주국가, 민주적 사회가 되었다.

그리고 스페인 국가를 오랫동안 힘들게 해왔던 국가와 종교의 관계에 대해서는 제16조에서 '사상, 종교, 신앙의 자유'의 보장하고, "어떤 종교도 국가적 성격을 갖지 않는다."하여 정교분리를 명확히 하였다. 다만 "스페인 사회의 종교적 심정에 배려한다."고 되어 있어 이후 종교단체에 대한 기부금 교부에서 가톨릭교회가 우대받는 근거가 되었다.

프랑코주의자들의 저항 실패

수아레스 정권은 1979년 3월의 총선거에서 승리했으나 UCD는 중도나 중도우파 세력들의 집합으로 구체적 정책 실현의 단계에 들어서자 당내 각파의 불협화음이 커져갔다. 1979년에 바스크나 카탈루냐의 잠정 자치 정부는 곧 자치주 정부가 되지만 자치주로의 권한 이양 정도를 둘러싸고 당내에 큰 혼란이 일어났다. 같은 해, 제2차 석유 위기에 따른 불황이 심각해져 실업자가 증가하는 한편, 군이나 경찰을 표적으로 한 ETA에 의한 테러 행위가 활발해져 극우 집단이 테러로 이에 응했다. 1979년에 ETA에서 78명, 극우에서 6명을, 1980년에는 각각 96명과 20명을 살해했다.

UCD의 내부 분열에 수아레스는 1981년 1월에 사임을 표명하고 칼보소텔로가 뒤를 이었다. 그러나 2월 23일 칼보소텔로의 수상 신임투표 중에 테헤로 치안경찰 중령이 이끄는 부대가 국회에 난입하여 하원의원을 인질로 잡고 국왕을 중심으로 하는 군사정권의 부활을 요구했다.

발렌시아에서는 방면사령관 미란스 델 보슈가 전차를 끌고 거리로 나왔다. 그러나 그러한 행동에 군이나 치안경찰의 동조자가 적었고 국왕 후안 카를로스의 의연한 대응도 있어 쿠데타는 실패했다('23-F' 사건).

2월 27일에는 민주주의와 헌법 체제 옹호를 외치는 약 300만 명의 시위 행동이 전국을 뒤덮었다. 1978년 헌법 체제는 이 사건을 거쳐 역으로 정당성을 획득했다고 할 수 있다. 칼보소텔로 정권은 자치주 성립의 프로세스를 추진하여 1982년에는 LOAPA(자치 프로세스 조정기본법)를 PSOE의 협력을 얻어 제정했다. 게다가 NATO(북대서양조약기구) 가맹을 실현시켰고 이는 군 조직의 근대화를 촉진시켜 군 쿠데타의 가능성을 불식시켰다. 또한 1981년에는 이혼법도 성립시켰지만 이는 우파의 반발을 초래하여

10-2. 국회를 점령하여 총을 들고 있는 테헤로 치안경찰 중령
(1981년 2월 23일)

UCD의 분열을 가속화시켰다.

1982년 10월의 총선거 실시와 12월의 사회노동당 정권 탄생은 민주주의로의 이행이 사회적으로 실현되었음을 분명히 보여주었다. 마르크스주의 정당의 정의를 강령에서 제외한 PSOE는 '변혁을 위해'를 슬로건으로 곤살레스 서기장의 참신한 이미지를 내세워 압승했다(48%의 득표율로 202석을 획득). UCD와 공산당은 약소 세력으로 전락하였고 UCD의 창구이기도 한 AP는 106석에 그쳤다. 이로부터 14년간의 곤살레스 온건 좌파 정권 시대가 시작되었다.

2. 자치주 국가 체제의 성립

민족체와 자치주

신헌법을 제정한 제 당파는 국가와 지역의 관계에 대해 분리주의적인 지역 내셔널리즘과 중앙집권적인 국가 내셔널리즘, 양극의 주장을 배제하고 타협적인 내용으로 합의했다. 스페인을 네이션으로 규정하고 그 '흔들림 없는 일체성'을 주장하는 한편, 카탈루냐 등의 소수 언어·민족 지역에는 '지역'(레히온)과는 다른 '민족체'(나시오날리다드)의 용어를 쓰기로 했다. 주권국가인 스페인 네이션에 포섭되는 민족체가 구축하는 정치체는 국가의 전관 사항(외교·국방·사법 등)을 제외하고 대폭적인 권한 이양을 인정받기는 했지만, 민족자결권의 여지가 없는 '자치주'(코무니다드 아우토노마)가 되었다.

이미 제2공화정 시기에 주민 투표로 자치헌장 안이 승인되어 지방의 고유 언어를 가진 카탈루냐, 바스크, 갈리시아('역사적 자치주'로 칭함)에는 1979년 헌법 제151조에 기초하여 자치주가 설치되었고 곧바로 광범위한 권한을 누리게 되었다. 지역 아이덴티티가 강한 카탈루냐도 우여

곡절 끝에 1981년 제151조에 따라 주민 투표를 거쳐 자치주가 되었다. 스페인의 남은 지역(결과적으로 13개의 단위로 정리됨)도 강한 지방분권화의 흐름 속에서 경제적 사회적 이해에 따라 뭉치면서 제143조에 따라 자치주가 되어 갔다. 역사적 자치주와 달리 이들 자치주는 주민 투표를 요건으로 하지 않고 성립되어 자치 권한은 훨씬 적었다.

그런데 신헌법 제3조의 언어 규정은 다언어 국가인 스페인의 국가와 지역의 미묘한 관계를 드러내준다. '카스티야어'를 '국가의 공용 스페인어'로 정하여 모든 스페인 국민이 사용할 의무와 권리를 갖는다고 말하는 한편, '그 외의 스페인 언어들'도 '자치헌장에 기초한 자치주의 공용어'라 하여 지방 고유어를 갖는 지역의 이중 언어 병용을 인정하였고, 더 나아가 '스페인의 언어 양태의 풍부함'은 '존중과 보호의 대상인 문화재'라고 선언하고 있다. 그러나 특히 역사적 자치주에서의 지방 고유 언어와 국가 공용어와의 관계는 명확히 정립되지 않은 상태이다.

17곳 자치주의 성립

 중앙정부가 각 자치주의 권한을 가능한 한 동질화시키려 했던 위의 LOAPA에 카탈루냐와 바스크, 양 자치주 정부가 반발하여 헌법재판소에 위헌이라고 제소했다. 1983년 8월 헌법재판소는 헌법이 아닌 제정법으로 자치 권한의 동질화를 도모하는 것은 위헌이라 하여 전 38조 중 4조를 무효로 했다. 이사이에도 자치주 형성 프로세스 자체는 진행되어 1983년 2월까지 17개 자치주로 구성된 지방분권적 자치주 국가 체제가 완성되었다.

 북아프리카에 '떨어져 있는 영토'로 갖고 있는 세우타와 멜리야는 이 시점에서는 특별자치도시로 되어 있었지만 1995년에는 법적으로 17개 자치주와 동렬이 되었다. 이는 모로코의 영토 반환 요구에는 굴하지 않겠다는 대외적 표명이었다.

 이 자치주 국가 체제는 자치주를 설치하는 것이 과제로 선행되어 구체적인 자치권의 내용에 대한 논의는 심화되지 못했다. 역사적 자치주의 각 영역에 이론은 없었으나 마드리드나 칸타브리아가 단일 도에서 자치주가 된 데 대해 카스티야이레온, 카스티야라만차, 안달루시아처럼 복수 주의 영역으로 구성된 광대한 자치주도 생겨났다. 무엇보다도 고유 언어를 갖는 역사적 자치주인 카탈루냐, 바스크, 갈리시아는 이때는 '민족체'라는 규정에 만족하고 있었으나, 자치권은 민족적 권리에서 유래한다고 생각하여 행정적 지방분권화로 성립한 다른 자치주와 자치 권한이 비슷해지는 것을 용납할 수 없어 했다.

그 후 특히 카탈루냐 주정부와 바스크 주정부는 각각의 자치헌장의 개정을 목표로 자치 권한을 확대함과 동시에 자신들이 '네이션'이고 따라서 민족자결권을 갖고 있다고 요구하기 시작했다. 이 움직임에 반발하여 주마다의 자치권 대등화를 요구하는 소리, 나아가서는 카탈루냐나 바스크를 분리주의로 비난하는 소리도 높아지고 있었다. 1998년에는 3개의 역사적 자치주의 및 각 민족주의 정당이 공동성명, '바르셀로나 선언'을 내고 민주주의 20년이 지나도 스페인의 '다민족성' 문제가 해결되지 않고 있다며 자치주 국가 체제의 재편을 요구했다. 후술하듯이 21세기에 들어서면서 이 대립은 크게 정치 문제화되었다.

10-3. 자치주 국가 체제의 성립

1978년 헌법에 기초하여 각 지역에 자치주가 설치되었다. ( )안은 자치헌장 제정 연월이다. 세우타와 멜리야는 당초에는 특별자치도시였으나 1995년 3월에 동급이 되었다.

역사적 자치주와 언어 정상화

1978년 헌법 규정에 따라 현재 주의 공용어를 갖는 자치주는 6개이고 카탈루냐, 발레아레스, 발렌시아에서는 카탈루냐어(발렌시아에서는 발렌시아어로 칭해진다), 갈리시아에서 갈리시아어, 바스크와 나바라에서 바스크어가 각각 스페인어와 함께 공용어로 되어 있다. 그 외에도 로컬한 고유 언어가 몇 개 존재한다.

근대 이후 국가 공용어인 스페인어 외에는 학교교육에서 인정하지 않고 프랑코 체제하에서의 억압을 경험하여 지방 고유 언어는 디글로시[1] 상태(국가어와 지역어가 병존하지만 후자는 사회적·문화적으로 하위 기능을 담당한다)에 놓여 있었다. 게다가 카탈루냐에는 타 지역의 스페인어 화자가 대거 유입되면서 카탈루냐어 모어 화자는 약 반수가 되어 1975년 단계에서 카탈루냐어를 이해하는 사람은 74%, 말할 수 있는 사람은 53%, 쓸 수 있는 사람은 불과 14.5%였다. 바스크는 원래 역외에서의 유입자가 많기도 하고 바스크어가 비非로맨스어라는 특수성도 있어 모어 화자는 2할에도 못 미쳤다. 한편 갈리시아에서는 모어 화자는 6할에 가깝지만 모어 복권을 요구하는 지역 내셔널리즘은 약했다.

이러한 상황을 반영하여 1980년대 이후 디글로시 상태를 해소하는 '언어 정상화'에 착수했지만 자치주마다 큰 차이를 보였다. 각각 지역어를 배우기 위한 과목은 초등교육 단계부터 시작되지만 갈리시아에서는 지역어로의

---

[1] diglossie. 동일 지역 내에 2개 언어가 병용되는 상태

교육 실시는 한정되어 있다. 바스크에서는 바스크어 반, 스페인어 반, 두 언어 병용반의 세 모델을 채용하고 있다.

이에 대해 카탈루냐에서는 보수 민족정당 CIU(집중과 통일) 정권하(1980~2003년의 푸조르의 장기 정권) 교육 언어를 카탈루냐어로 한정하는 '이메르시온(언어 몰입) 교육'정책이 채택되었다. 1983년의 언어 정상화법부터 1998년의 언어정책법으로 이어지는 일련의 흐름 속에서 86년에는 카탈루냐어를 이해하는 사람은 90%, 말할 수 있는 사람은 64%였지만 96년에는 각각 96%와 75%가 되었다. 자치주 정부의 지원으로 카탈루냐어를 사용하는 매스미디어가 창설된 것도 카탈루냐어 보급에 공헌했음은 말할 것도 없다.

2010년대에 카탈루냐 내셔널리즘이 고양되면서 중앙정부에 의한 카탈루냐어 억압이 프랑코 시대와 비교되기도 하는데, 이사이의 언어 복권의 도달도를 고려하면 이는 맞지 않는다. 카탈루냐어 화자의 지역 아이덴티티가 강화되는 한편, 같은 지역 안팎에서 교육 언어를 카탈루냐어로 한정하는 데 대한 비판, 또한 지역 내셔널리즘적으로 편중된 교육 내용에 대한 우려도 나오고 있었다.

3. 사회노동당과 국민당의 정권 교체

곤살레스의 사회노동당 정권

PSOE의 곤살레스 정권은 처음엔 NATO 가맹에 반대했으나 1986년 3월 국민투표에 부치는 형식으로 계속을 결정하였다. 투표율은 60%로 찬성이 53%에 불과했던 것은 국론이 양분되어 있었음을 보여준다. 그러나 결과적으로는 스페인군의 직업군인화, 문민 통제의 확립이라는 가맹 계속의 이점이 승리했다.

유럽연합 참가에도 성공하였다. 공통 농업정책 등의 영향에도 완화정책을 이끌어내어 1986년 스페인은 포르투갈과 함께 염원이었던 EC 가맹도 이루었다. 그 후 상대적으로 값싼 노동력에 매력을 느낀 외국기업의 직접투자가 활발해져 1991년까지는 다른 유럽 나라들을 상회하는 경제성장률을 달성했다.

1992년에는 세비야 만국박람회와 바르셀로나 올림픽을 개최하여 새로운 스페인의 모습을 전 세계에 알렸다. 그러나 그 경제적 효과는 기대에는 미치지 못했다. 1991년 말부터 성장 국면에 그늘이 드리우기 시작하여 1993

년에는 국내총생산이 적자로 돌아서고 취업자 수가 크게 감소했다. 실업률은 1991년의 16%에서 1994년에는 25%가 되었다. 신자유주의로도 말할 수 있는 경제 재정 정책에 반발하는 양대 노조인 UGT(노동자총동맹)와 CCOO(노동자위원회)는 1988년에 이어 1992년, 1994년에 항의 총파업을 계속했다.

이 무렵부터 정권 부패가 심각해졌다. 정치·행정과 산업계의 유착은 프랑코 시대의 특징이었지만 1982년에 '청렴한 100년'이라고 자신들의 행보를 자랑했던 PSOE도 장기 정권 속에서 그 악폐에 물들었던 것이다. 게다가 ETA 멤버에 대해 습격 등을 행하고 있던 GAL(해방을 위한 반테러리스트 집단)의 활동을 내무성이 용인하고 있었음이 폭로되었다. 오직汚職이나 테러 행위의 정치 문화가 온존되어 있었던 것은 '이행기의 정의'를 묻지 않았던 것이 원인이었다고도 할 수 있겠다.

1989년에는 PP(국민당)로 정당명을 바꾸고 새 당수 아스나르가 중도우파 노선을 내걸었다. 참신한 이미지로 임한 1996년 총선거에서 아스나르가 승리하여 곤살레스는 하야했다.

민주화와 EU 가맹을 달성한 스페인은 이 시기부터 라

틴아메리카 국가들과의 관계 강화에 나서 EU와 라틴아메리카의 가교 역을 맡게 되었다. 1991년에는 스페인이 주도하여 제1회 이베로아메리카 서미트를 성공시켰고 이후 이 서미트는 스페인어, 포르투갈어권 나라들 22개국의 연대의 장이 되고 있다. 나아가 문화 외교로서 스페인어와 스페인어 나라들의 문화를 적극적으로 전파하기 시작한 점이 주목된다. 1991년에는 독일의 괴테 인스티튜트를 모방하여 창설된 인스티투토 세르반테스는 세계 45개국, 88개 도시에 만들어졌다.

아스나르의 국민당 정권

이후 중도우파인 PP와 중도좌파인 PSOE가 때에 따라 좌우 민족정당이나 좌익정당의 협력을 얻으며 2011년까지 2대 양당제의 시대를 구축했다. 이 시기의 PP에 프랑코주의 계승을 얘기하는 것에는 주의를 기울일 필요가 있다. 후술하겠지만 극우 정당의 대두는 2010년대에 들어서이고 유럽 국가들에 공통의 이민 문제와 스페인에 고유한 지역 내셔널리즘 문제가 관련이 있다.

카탈루냐 보수정당 CiU의 협력을 얻으며 아스나르 정권은 신자유주의에 기초한 재정 재건에 착수하여 대폭적인 민영화로 공적 적자를 삭감하고 1999년 1월의 유럽의 통일 통화 유로의 도입을 실현했다. 이 시기 유럽 경제도 견실하여 이에 견인된 스페인 경제는 부동산업, 건설업을 중심으로 크게 신장했다. 여기에는 스페인이 인구를 훨씬 상회하는 외국인 관광객을 유치하는 관광입국이었던 점도 크게 기여했다(2000년에 인구는 4천만이고 외국인 관광객은 5천만).

스페인은 전통적으로 이민 송출국이었지만 1990년대에는 받아들이는 쪽으로 바뀌어 인구 중 외국인의 비율은 1991년의 0.9%에서 1998년에는 1.6%가 되었고 2010년에는 12.2%에 달했다. 북아프리카나 중남미로부터의 외국인 노동자 수용은 스페인의 사회문제가 되어 아스나르 정권은 2000년에 외국인법을 제정하여 입국 제한을 실시하려 했으나 농업이나 건설업에서의 노동력 수요 때문에 비정규 이민의 수는 계속 늘어났다. 이후 그 비율은 점차 감소했으나 지금도 여전히 인구의 약 1할을 점하는 외국인의 처우 문제는 큰 과제이다.

아스나르는 호경기를 배경으로 적극적인 국제 협력 외

교를 전개했지만 이것이 좌초의 원인이 되었다. 대미 관계를 중시한 이라크 전쟁 파병에는 반대 여론도 컸지만 2004년 3월의 총선거에서는 압승이 예상되고 있었다. 그러나 3월 11일에 마드리드 동시다발 테러(193명의 희생자를 냄)가 일어나 상황은 일변했다. 정부는 처음엔 ETA의 범행이라고 발표했으나 이슬람 과격파의 범행으로 판명되었다. 총선거는 이라크에서 즉시 철수를 내건 PSOE가 승리하였다.

사파테로Zapatero 사회노동당 정권

PSOE가 제1당으로 오르기는 했지만 350석 중 164석으로 과반수에 미치지 못했다. 이에 대해 PP는 의석이 줄었지만 148석을 유지했다. 경제 호조를 이어받아 사파테로 수상은 IU(통일좌익)의 지원을 끌어내면서 사회복지의 확충에 노력했다. 여성 각료의 수도 크게 늘리고 동성혼의 합법화나 리버럴한 여성 정책과 가족 정책에 힘을 쏟았다. 비정규 이민의 합법화도 크게 진전되었다.

사파테로는 자신이 제2공화국의 아사냐에 비유되는

10-4. 공적인 장소에서의 마지막 프랑코 기마상의 철거
(산탄데르 시. 2008년 12월 17일)

것을 좋아했다고 한다. 군인이었던 조부는 스페인 내전 초기에 반란군에 처형당했다. 2007년 10월에 성립된 '역사적 기억법'은 내전 중과 내전 후에 억압 학살된 사람들의 명예 회복과 보상, 그리고 거리나 공적 시설에서 프랑코 체제를 상기시키는 모뉴먼트를 철거할 것을 내용으로 하고 있다. 농촌부에서는 특히 공포가 관계자들을 오랫동안 침묵시키고 있었는데 20세기 말에 드디어 희생자 가족들이 '기억'을 말하기 시작했다. 2000년에 '역사적 기억 회복협회'가 설립되어 아무렇게나 매장되어 있던

유해의 발견 및 발굴 작업이 시작되었고, 정부는 이 개장 작업을 재정 면에서 지원하게 되었다.

다만 내전으로부터 약 70년이 프랑코 사후 약 30년이 지났다고는 하나 역사적 과거에 대한 합의 형성은 쉽지 않았다. PP는 '오랜 상처'를 찌르는 조치라 하였고, ERC는 프랑코 독재 탄핵이 충분치 않다고 하여 법안에 반대했다. 2011년에 정권을 되찾은 PP의 라호이Mariano Rajoy Bre 정권은 역사적 기억법의 실시에 드는 예산을 큰 폭으로 삭감했다.

오랜 현안이었던 ETA의 테러 활동은 종식을 맞이하였다. 2000년에 들어서도 오랫동안을 하기도 했지만 민주화 이후 바스크에서는 테러에 의한 분리 독립을 주장하는 세력은 격감했다. 스페인 정부는 프랑스 정부와의 연대를 강화하여 더욱 약체화된 ETA는 2011년 10월 무장 투쟁 정지를 최종적으로 선언하였고, 사파테로는 이를 '법치국가의 승리'라고 치켜세웠다. 그리고 2017년에는 완전히 무장을 해제하였고 다음 해 5월에 조직은 해체되었다.

그런데 바스크 자치주에서는 2003년 PNV의 이바레체 자치주 수상이 자치헌장의 개정을 목표로 '이바레체 계획'을 세우고 여기에 바스크 인민의 '자결권'을 넣었다. 이 계획은 근소한 차로 주의회를 통과했으나 스페인 국회에서 부결되었다. 2008년에는 '민의 조사'를 강행하여 바스크 자치주 주민의 의사를 표명하려 하였으나 헌법재판소의 위헌판결에 따라 단념했다. 2009년에는 비非바스크 민족주의의 주정부가 되어 당분간 사태는 진정되었다.

 2008년 3월의 총선거는 사파테로의 그간의 리버럴한 정책을 심판받는 의미가 있었는데 PSOE는 169석, PP는 154석으로 거의 길항하여 여론 평가는 양분되었다. 그러나 2기에 들어서자 사파테로는 같은 해의 리만 쇼크와, 2010년의 유럽 채무 위기의 영향을 받아 대담한 금융 재정 정책을 실시하지 않을 수 없게 되었다. PP와 합의하에 헌법 제135조 제2항을 개정하여 EU 기준에 맞춘 공적 채무 억제에 착수하여 노동시간 삭감이나 해고 조건 완화 등의 노동시장 개혁을 실시했다.

 그러나 사회적·경제적 격차의 시정은 불충분하여 불안정한 상태에 놓인 젊은이들을 중심으로 '기성세력'에 대한 비판이 고조되었다. 2011년 5월에 마드리드에서 시작된 '미래 없는 젊은이'에 의한 광장 점거 운동은 각지로 퍼져나갔다('15-M'운동). 기성정당에 불신을 품은 시민운동의 울림은 급기야 스페인 정치를 다당 분립으로 변화시켜 갔다.

같은 해 11월에 실시된 총선거에서 PSOE는 참패했다. 의석을 59석이나 빼앗겨 110석이 되었고 득표율은 29%였다. 이에 비해 PP는 45%의 득표율로 186석을 차지하여 의회 안정 다수를 획득했다. 라호이 정권의 탄생이었다.

4. 쿠오 바디스

라호이의 국민당 정권

압승을 거둔 라호이였지만 경제 위기 대책에서는 사파테로 정권의 신자유주의적 정책을 더욱 가속시켜 재정 긴축을 강화했다. 2013년에는 다시 노동시장 개혁을 실시하여 해고 조건을 더욱 완화시켰다. 결과 실업률은 감소 경향에 들어갔으나 고용의 불안정성은 커졌다.

라호이 정권의 국내 정치를 보면 특히 카탈루냐 자치주에 대한 강경한 자세가 두드러진다. 카탈루냐에서는 지역 아이덴티티가 강해지는 가운데 PSOE 사파테로 정권과 교섭하여 2006년에 자치헌장 개정까지 이루어냈으나, 당시 야당이었던 PP는 위헌입법 심사를 헌법재판소에 청구하여 2010년 동 헌장의 14개 조문이 위헌판결을 받았다. 이에 대한 카탈루냐 사람들의 강한 반발에 CIU 당수 마스는 카탈루냐 인민의 '자결권'을 주장하며 스페인으로부터의 '독립 프로세스'를 계획하여 단숨에 중앙정부와의 긴장을 고조시켰다.

이로부터 카탈루냐 내의 독립지지파의 비율이 높아졌지만 그래도 50%에는 미치지 못했다. 카탈루냐주에서는 카탈루냐어 모어 화자와 스페인어 모어 화자 사이, 그리고 농촌 지역 사람들과 공업지역 사람들 사이에 귀속 의식에 큰 차이를 보이기 때문에 이들을 모두 독립을 바라는 카탈루냐 사람들이라고 하나로 묶을 수는 없다. 그럼에도 불구하고 주의회에서 다수파를 형성하고 있다 하여 2016년에 마스 뒤를 이어 주 수상이 된 푸지데몬은 2017년 10월 위헌의 '민족자결권 레퍼렌덤[2]'을 강행하였다. 투표율은 43%에 지나지 않았으나 찬성이 90%를 넘는다 하여 '독립선언'을 주의회에서 채택했던 것이다. 그러나

---

2) 국민표결

라호이는 강경 자세를 유지하며 카탈루냐 문제를 정치적으로 해결하려 하지 않았다. 푸지데몬은 파면되었지만 카탈루냐 문제는 여전히 해결의 실마리를 찾지 못하고 있다. 현재 상황은 독립지지파 사람들이 50%에 가까운 것도 사실이다.

PP는 AP로부터 바뀌어 우파 중도정당이 되었지만 특히 지방 지부에서의 관직 부패 성향을 씻을 수 없었다. 2007년에 발각된 PP 관계자의 대규모 오직 사건(회계 책임자의 이름 코레아―독일어로는 귀르텔―를 따서 '귀르텔 스캔들'로 불림)이 점차 전모가 드러나면서 PP에 큰 타격을 주었다. 수뢰 의혹이 깊어지면서 2015년 12월에 실시된 총선거 결과 PP는 123 의석으로 격감되었고 PSOE도 90석에 그쳤다. 2011년의 시민운동을 기점으로 기성정당 비판의 움직임이 커져 중도인 시민당(시우다다노스)이 40석을, 좌파인 포데모스는 69석을 획득하면서 스페인 정당 구도는 크게 달라져 다당 분립 상태가 되었다.

비교 제1당으로 라호이가 이끄는 PP는 잠정 정권이 되어 정권 수립을 목표로 다른 당과 다양한 교섭을 시도하면서 2016년 6월에 다시 총선거를 실시했지만 의석수 137석으로 역시 소수 제1당이 되었다. 같은 해 11월에 신내각이 발족되었지만 정권 기반은 허약했다. 그리고 2018년 5월 귀르텔 스캔들을 포함한 오직 사건에 PP 간부가 관련된 것이 알려지자 다른 당의 지원을 받아 PSOE는 라호이 내각불신임안을 제출하여 6월 1일 찬성 180표, 반대 169표로 PSOE의 산체스 수상 취임이 결정되었다.

산체스의 단독 정권에서 연립 정권으로

수상이 되었다고는 하나 PSOE의 의석수는 85석에 불과했다. 17명의 각료 중 11명을 여성으로 하는 등 참신함을 내세웠지만 의회 운영은 힘들었다. 2019년 4월의 총선거에서는 제1당이 되었지만 의석수는 123석이었다. PP는 더욱 축소되어 66석이 되었다. 시민당은 57석, 좌익연합(포데모스와 IU)은 42석, 극우 정당 Vox는 24석, 기타 민족주의 정당·지역주의 정당이 47석이었다. 같은 해 11월 두 번째 총선거로 승부수를 띄웠으나 PSOE의 의석수는 120으로 제자리걸음이었다. 산체스는 단독 정권을 포기하고 다음 해 1월 좌파정당과의 연립 정권을 발족시켰다. 연립 정권은 제2공화정 시기 이후 처음의 일이다.

산체스는 라호이 정권이 사실상 정지하고 있던 역사적 기억법의 추진에 힘을 들였다. 2019년 10월에는 1975년 11월에 '전몰자의 계곡 십자가교회'에 매장한 프랑코의 유해를 마드리드 교외에 있는 프랑코 가문의 묘소로 이장하여 프랑코주의자들에게 성지로 되어 있는 전몰자 계곡의 상징성을 없앴다. 그리고 2020년 9월에 '역사적 기억 신법'의 제정을 각의閣議 결정하여 2021년 채택을 목표로 하였다. 프랑코주의의 찬미를 금지하고 위반 행위에 고액의 벌금을 부과할 것, 학교교육에 프랑코 독재가 인권유린 체제였다는 내용을 담는 것이 골자로 되어 있다.

그러나 PSOE 정치가에 의한 이 같은 움직임에 대해 주로 보수계 역사가들로부터 '오랜 상처'를 헤집을 뿐 아니라 조지 오웰의 소설에서 말하는, '진리청[3]'의 설치와 같다는 비판의 소리가 나오고 있다('역사와 자유의 선언'). '이행기의 정의'를 심판하지 않았던 스페인에서 지금 역사적 과거의 인권침해를 어떻게 교훈화할 것인가의 문제는 정치적 이해를 떠나 진지하게 논의할 문제일 것이다.

지금까지 산체스는 유럽이 아프리카로부터의 이민을 받아들이는데도 긍정적이다. 2018년 6월과 8월, 이탈리

---

[3] 조지 오웰의 소설 『1984』에 나오는 진실과 기억을 왜곡·조작하는 역할을 하는 관청

아와 몰타에서 거절한 이민선을 스페인은 인도적 배려 차원에서 수용을 결단했다. 스페인은 독일이나 프랑스와의 연대를 통해 유럽 차원에서의 해결책을 모색하고 있다고 말할 수 있다. 그러나 PP나 시민당은 이에 대해 비판적으로 아프리카로부터의 불법 이민을 부추긴다고 비난하고 있다.

복잡해진 카탈루냐 문제에 대해서는 PP정권과 같이 '자결권'과 주민 '레퍼렌덤'을 용인하지 않지만 1978년 헌법 체제의 틀에서의 독립파 정당들과 대화하는 방향으로 바뀌었다. 연립 정권이 예산을 국회에서 통과시키기 위해 ERC의 지지가 필요한 사정도 있다고 생각한다. 2020년 9월 산체스 정권이 카탈루냐에서 '독립 프로세스'를 강행한 것으로 복역 중인 정치가들에 특별사면 절차에 들어간다고 발표하자 이에 대해 PSOE 당내에서조차 반대의 목소리가 나왔다. 그 달에는 카탈루냐주 수상 토라에 대해 선거 활동에서의 위반을 물어 공무취임권 정지 판결이 내려져 토라가 실각하였다. 2021년 2월 새로운 주의회 선거가 실시되었는데 독립지지파인 ERC, Jx-Cat(중도우파의 민족정당) 등이 의석수에서 과반수를 얻었고 득표율도 겨우 50%를 넘었다. 그 한편으로 반독립파인

PSC(카탈루냐 사회당)와 Vox가 세력을 키웠다. 6월에 산체스 정권은 복역 중인 9명의 특사를 결정했지만 여론의 6할 가까이는 이 조치에 반대하고 있다. 산체스 자신은 대화를 중시하지만 카탈루냐 문제의 정치적 해결로의 여정은 아직 험난하다,

최근의 스페인의 정치 지도를 보면 극우 정당 Vox의 대두가 주목을 끈다. 혼미한 정치 상황 속에서 이민 배척과 지역자치권 부정을 전면에 내세워 2013년에 창설된 Vox는 2015년, 2016년의 총선거에서는 약 5만 표밖에 모으지 못했지만 2019년 4월에는 약 27만 표로 24석을 획득하였고 같은 해 11월에는 약 36만 표로 52석을 얻었다. 확실히 종래 PP에 투표하던 유권자의 일정 부분이 오직 사건을 거듭하는 PP에 실망하여 보다 급진적인 주장에 이끌렸다고 생각된다.

쿠오 바디스

그렇다면 이러한 스페인의 정치 상황은 앞으로 어떻게 나아갈 것인가? 약 40년 전의 민주화 과정에서는 학

생 시대에 반체제 운동가였던 학자들이 여론 형성에 많은 영향을 끼쳤다. 그중에서도 마드리드 자치대학 카마메스 교수가 저술한 『스페인이여! 어디로 가는가(쿠오 바디스, 히스파니아)』(1976년)는 일종의 바이블이었다. 경제구조의 변혁과 연결 지어 정치적 민주화의 필요를 역설하고 국민적 요구로서의 '민주주의와 정치적 은사恩赦'에 더하여 카탈루냐·바스크·갈리시아의 자치권을 옹호했다.

지금 스페인은 자치주 국가 체제를 쌓아올렸고 사실혼이나 동성혼을 인정하는 등 유럽국들 중에서도 마이너리티 보호를 자랑하는 민주주의 국가가 되어 있다. 그러나 다양한 문제를 안고 있는 것도 사실이다. 앞으로 '스페인이여 어디로 가는가'에 대한 몇 가지 중요한 과제를 열거하며 제10강을 마치기로 하겠다.

그전에 널리 알려져 있는 오해를 바로잡고자 한다. 최근의 카탈루냐의 동향과 관련하여 스페인에서의 프랑코주의의 잔존 운운하는 이야기가 있다. 그러나 내셔널 가톨리시즘을 중심으로 한 프랑코주의는 더 이상 사회적 영향력을 갖고 있지 않다. '가톨릭 스페인'은 각지에 남아 있는 교회가 많아 그런 이미지를 풍기기 쉽지만, 실제로 미사에 나오는 가톨릭 신자 수는 국민의 2할에 지나지 않고(2019년의 사회조사) 우익적 내셔널리즘의 대두는 현대의 문제로서 분석하지 않으면 안 될 것이다.

먼저 약 40년 전의 이행기에 프랑코 체제의 계승자로 지목된 국왕 후안 카를로스는 화해와 민주화의 심벌이 되어 엄청난 인기를 누렸다. 그러나 많은 사건들을 일으켜 2014년 6월에 퇴위하였다. 왕위를 계승한 아들 펠리페 6세는 금욕적으로 국민 통합의 심벌이 되려 노력하고 있으나 왕실의 존재 의의가 널리 공유되어 있다고는 말하기 어렵다. 2020년에는 오직 사건 의혹이 짙어져 후안 카를로스는 국외로 거처를 옮기게 되었다. 스페인의 '흔들림 없는 일체성'의 상징이 앞으로 어떻게 될지 주목된다.

자치주 국가 체제의 존재 양태도 흔들리고 있다. 17개 자치주의 성립기에는 역사적 자치주와 그 외의 자치주의 자치 권한의 다과에 대한 논의를 피할 수 있었다고 할 수 있다, 그러나 역사적 자치주가 자치 권한을 강화하는 가운데 자치주 사이의 차이는 헌법 개정의 여부까지도 포함하여 논의해야만 할 것이다. 앞서 언급한 타마메스는 "장래의 스페인 국가는 다민족적으로(플루리나시오날) 만들어질 것이다."라고 예측하고 있었다. 스페인이 자치주 국가에서 연방제 국가로 되는 것도 하나의 가능성이지만 그렇다 해도 각 연방 간의 권한의 많고 적음의 문제는 늘 따라붙을 것이다. '네이션'을 지향하는 지역들에는 다른 자치주보다 광범위한 자치권을 인정하여 자치주 사이의 차별화를 도모하는 '불균형한 연방제' 논의는 피할 수 없게 될 것이다. 다만 역사적 자치주 내부도 또한 균질적이지 않고, 언어권을 포함하여 고유 언어 화자 이외의 사람들의 제 권리에 관한 논의도 필요하리라.

역사적 기억법에 관해서도 과제가 있다. '이행기의 정의'가 이루어지지 않는 이상 내전과 독재기에 자행된 탄압이나 부당 행위의 실태는 밝혀지기 어렵다. 당시 조산 시설에서 태어난 신생아를 수녀들이 무리하게 빼앗아 아이를 바라는 가정에 보냈다는 충격적인 사실도 최근에 밝혀졌다. 독재기의 반인권 행위를 역사적 사실로 밝히는 것은 민주주의를 철저히 하는 데 필수적이다.

카스티야레온주 아빌라 도 보야레스 델 오요 마을에서의 일은 많은 것을 생각하게 한다. 역사적 기억회복운동이 진행되면서 1936년 12월에 마을의 반란군 측 지지자가 3명의 여성을 살해하여 공동묘지에 던졌던 것이 밝혀졌다. 역사적 기억회복협회는 이 세 명의 유해를 파내어 마을 운영 묘소로 이장하였다. 이에 내외의 저널리즘이 주목하였고 '뉴욕타임스' 기사는 스페인 사람들은 결국 '프랑코의 망령'에 맞섰다고 칭찬하고 있다. 나아가 3명의 유해 발굴을 테마로 한 영화 '더 블라인드 문'(2009년 제작)도 만들어졌다.

그러나 반란군 지지자를 극우 파시스트로 그리는 것만으로는 충분치 않다. 공화국 지지파 여성이 왜 살해되었는가, 그러한 상황을 만들어낸 작은 마을의 정치사회에 대한 분석은 이루어지지 않았다. 1936년 7월에 내전이 발발하자 이 마을에서는 처음엔 공화국 지지파가 마을의 권력을 잡아 교구교회는 마을의 형무소가 되었고 8월에는 사제가 고문 끝에 죽임을 당했다. 9월 8일에 반란군의 손에 떨어질 때까지 30명이나 되는 마을 사람들이 민병대에 의해 살해당했다고 한다. '내전'이 어느 지방 사회에 가져온 비극을 20세기 유럽에서 계속된 '노골적인 폭력'(역사가 J. 카사노바의 말)의 문제로 냉정히 분석할 것이 역사가에게 요구되고 있다.

마지막으로 코로나 영향에 대해 언급하겠다. 스페인은 이탈리아처럼 사람들이 일상적으로 접촉하는 일이 많다. 마스크를 쓰는 습관도 없었다. 2010년부터 시작된 관광 캠페인 '나에게는 스페인이 필요하다'로 상징되듯이 풍요로운 자연과 문화를 갖고 사람들이 어울리고 즐기는 스페인의 마을들은 전 세계에서 온 관광객들로 넘치고 있었다. 현실은 오버투어리즘과는 완전히 반대의 상태로, 밀접 접촉을 피하여 마스크를 쓴 사람들의 생활은 쉽지 않다. 그러나 코로나는 언젠가 끝날 것임은 틀림없다. 많은 알력과 갈등을 안고 있으면서도 너무나 인간적인 사회를 만들어온 다언어·다문화 국가 스페인이 '쿠오 바디스'의 여러 과제를 착실히 풀어갈 것을 기대한다.

후기

내가 처음으로 스페인 역사를 쓴 것은 40여 년 전에 일이다. 도쿄외국어대학의 은사인 하라 마코토原誠 선생님이 기획하신 『스페인 핸드북(スペイン ハンドブック)』(三省堂)에 '역사' 파트를 집필할 기회를 얻었던 것이다. 프랑코 이후의 연구 성과에 의거한 역사는 일본에서는 서술되지 않았었다. 이에 황급히 개설서나 교과서를 읽으며 보다 정확한 사건을 서술하고자 했지만 스페인 역사를 조감하여 그 특징을 찾아내는 것과는 거리가 멀었다.

교수직을 하면서 통사를 기획·편집할 기회를 몇 번인가 얻었다. 『개설 스페인사(概説スペイン史)』(有斐閣)에서는 와카마츠 다카시若松隆 씨와 편자로서 민주화 이후의 성과를 대폭으로 넣은 통사로 만들었다. 이때 나는 17세기부터 18세기 초까지의 시대를 담당했다. 그 후에는 친구 세키 테츠유키関哲行 씨, 나카츠카 지로中塚次郎 씨가 각각 중세와 현대사를, 내가 근세 근대사를 전공으로 실증적 연구를 진행하고 있었기 때문에 세 전공자로 공동 작업을 해나갔다.

신판세계각국사의 『스페인·포르투갈사(スペイン·ポルトガル史)』(山川出版社)에서는 각 시대에 최신의 연구 성과를 담으면서 특히 중세까지의 스페인과 포르투갈의 역사를 '이베리아의 역사'로 보는 총체적 서술을 시도했다. 세계역사대계의 『스페인사(スペイン史)』(전2권, 山川出版社)는 2부로 구성했는데, 제1부를 '스페인의 역사', 제2부를 '역사적 지역으로부터의 시좌視座'로 하였다. 제1부에서는 각 시대의 전문가들에게 정치사를 중심으로 각 시대를 서술하도록 하였고 제2부에서는 카탈루냐, 바스크, 갈리시아의 각 지역의 역사를 실었다. 현존 국가 스페인을 처음부터 있었던 것으로 보는 국민사에 문제 제기를 하고 싶었기 때문이다.

내 자신의 스페인 통사와의 관련을 돌아보니 19세기 이후 국민국가가 된 스페인에 천착하면서도 국민사학(내셔널 히스토리)을 경계하여 그것이 만들어온 국민 아이덴티티에 비판적 시선을 보내왔다고 생각한다. 내가 역사 연구를 시작할 무렵에는 스페인을 논할 때 '국민성'으로 결론짓는 경향이 있었기 때문이다. 아메리코 카스트로와 산체스-알보르노스의 논쟁도 어느 시점에서 '스페인성'

이 만들어졌는가에 있었다.

이러한 역사학 논쟁으로부터 자유로운 문화인류학자 카를로 발로하의 성과를 만난 것은 행운이었다. "사실 국민성에 관해 말하는 것은 신화적 행위이다. 그에 대해 말하는 사람들은 어떤 종류의 전통에 보조를 맞추고 있으나 과학적으로 검증된 사실에 기초를 두고 있는 것은 아니다."라고 말한다.

나는 1969년에 대학에 들어와 점차 스페인의 역사에 관심을 갖게 되었는데 역사학은 '진실을 밝히는' 학문이라는 생각에 사로잡혀 있었다. 1976년에 동기 친구들보다 3년이나 뒤늦게 도쿄도립대학 대학원에 진학하여 치즈카 타다미遲塚史躬 선생님의 세미나 학생이 된 것은 행운이었다. 선생님의 역사학에 대한 자세는 대작인 『사학개론史学概論』(東京大学出版会)에 결집되어 요컨대 역사 연구의 기초는 '사실 입각성'과 '논리 정합성'이고 자신의 학설을 진실이라고 주장하는 것은 '신들의 논쟁'을 가져온다는 것이었다. 지금도 여전히 훌리오 카로 바로하와 치즈카 선생님의 말씀은 나에게 좌우명이 되어 있다.

나 자신이 환갑을 훌쩍 넘겨 스페인 통사 집필을 의뢰받을 줄은 생각도 못했다. 더구나 '10강'이라는 멋진 시리

즈를 말이다. 『스페인 핸드북』으로 통사를 쓸 무렵의 젊었던 자신을 떠올리고 국민사학이 만들어내는 역사적 신화에 비판적인 자세를 견지하며 일국사를 조감하겠다고 생각하며 이 작업을 수락했다. 그리고 국민사학 비판에 관해서는 J. H. 엘리엇의 『역사가 만들어지기까지―트랜스내셔널 히스토리의 방법(歴史ができるまで―トランスナショナル・ヒストリーの方法)』(岩波現代全書)에서 많은 자극을 받았다.

집필하면서 내가 편자로 참가했던 개설서에 수록된 논거를 참조했음은 말할 것도 없다. 위에서 언급한 내용 외에 본서의 집필에 특히 참조한 문헌을 참고용으로 열거해 두겠다.

- Julio Valdeon/Joseph Pérez/Santos Juliá, *Historia de España*, Madrid:Espasa, 2006.
- Josep Fontana/Ramón Villarer(dirs.), *Historia de España*, 12vols., Barcelona: Critica/Marcial Pons, 2009-2013.
- Jordi Canal(dir.), *Histiria contemporánea de España*, 2vol., Madrid: Taurus, 2017.
- José Álvarez Junco/Adrian Shubert(eds.), *Nueva historia de la España contemporánea(1808-2018)*, s.1: Galaxia Gutenberg, 2018.

- A·ドミンゲス·オルティス(A·도밍게스 오르티스), 『スペイン三千年の歴史(스페인 3천 년의 역사)』, 昭和堂(쇼와도), 2006년.
- J·アロステギ·サンチェスほか(J. 아로스테기·산체스 외), 『スペインの歴史―スペイン高校歴史教科書(스페인의 역사―스페인 고등학교 역사교과서)』, 明石書店(아카시쇼텐), 2014년.
- 立石博高編(다테이시 히로타카 편), 『概説　近代スペイン文化史(개설 근대 스페인문화사)』, ミネルヴァ書房(미네르바쇼보), 2015년.
- 立石博高·内田俊太郎共編(다테이시 히로타카·우치다 슌타로 공편), 『スペインの歴史を知るための50章(스페인 역사를 알기 위한 50장)』, 明石書店(아카시쇼텐), 2016년.

지정학적 위치로 큰 특징을 갖는 스페인(본서 제1강에서 언급)이 과거에서 현재까지 걸어온 역사를 조감한 셈이지만 결과가 성공적이었는지는 독자의 판단과 비판을 기다리겠다. 코로나 시기에 이 책을 쓸 수 있었던 것은 편집자 스기타 모리야스杉田守康 씨의 질책과 격려 덕분이었다. 다시 한 번 감사드린다. 그리고 너무 늦었지만 이 책을 돌아가신 치즈카 타다미 선생님께 바치고 싶다.

2021년 초여름 아사마 산록에서
다테이시 히로타카

역자 후기

 역사를 공부하다 보면 다양한 감정을 경험하게 된다. 사람들이 살아온 이야기라 시대를 떠나 희로애락이 절절하기 때문이다. 또한 대부분이 실패와 시행착오와 아픔과 어둠이 더 많은 것도 사실이다. 관광지로 대하는 그곳은 낭만과 볼거리로 반짝이지만 역사의 현장으로서의 그곳은 무수히 많은 이야기의 지층이 켜켜이 쌓인, 영광과 좌절이 교차된 공간이다, 스페인 또한 유럽의 끝이지만 대서양의 시작인 독특한 지리적 위치도 더하여 엄청난 드라마를 써온 나라이다. 우리가 대륙의 맨 끝에 붙어 태평양을 안고 있는 것과 비슷하다.

 몇 년 전에 한 달 이상 남미 지역을 여행하면서 그 넓은 대륙이 브라질만 빼고 모두 스페인어를 쓰고 가톨릭을 믿는 비현실적인 경험을 하면서 큰 충격을 받았다. 평소 제국주의와 식민이라는 주제에 관심이 많았던 나로서는 그야말로 한 대륙을 한 나라가 통치했다는 엄청난 사실과 그것이 남긴 것의 복잡함에 '스페인, 뭐지?'라고 수 없이 되뇌었던 기억이 있다.

우연한 기회에 이 책의 번역을 맡아 글을 풀어가면서 그동안 내가 밟아본 적이 있는 스페인, 포르투갈, 남미의 나라들, 필리핀의 여행과 기억은 참으로 많은 도움이 되었다.

동쪽 끝에 있는 한반도에 사는 우리에게 지구 서쪽 끝 반도 사람들은 너무나 멀고 관련도 접촉도 없을 것 같지만, 고추장과 고춧가루가 한국의 아이덴티티처럼 된 기원을 거슬러가다 보면 대항해시대의 대륙 간 교역 속에서 신대륙의 고추와 담배, 감자와 옥수수 같은 작물들을 접하면 이것들이 우리의 식문화나 전통으로 만들어진 부분도 크다는 걸 알게 된다.

대항해시대로 대표되는 세계적 변화인 이베리안 임팩트는 '콜럼버스의 교환'으로 대규모의 대륙 간 교역을 실현시켰다. 특히 스페인의 필리핀 정복으로 아시아·태평양·아메리카·유럽의 교역망이 형성되어 멕시코의 은이 중국으로 대량 수출되는 세계경제가 만들어진 것이다. 이런 무역에 열심이었던 이베리아 상인들이 선교사를 대동하고 마카오, 일본의 규슈 지역으로 진출하여 기독교와 총으로 대표되는 유럽 문화를 전파하면서 동아시아에도 큰 영향을 끼쳤음은 잘 알려져 있다.

일본의 전국시대에 들어온 스페인·포르투갈의 상인들과 예수회 선교사들을 접하며 무장 노부나가는 총포를 적극적으로 받아들여 전국 통일에 크게 이용하였고 히데요시는 임진왜란을 일으켜 조총으로 초반에 조선을 초토화시켰다. 또한 일신교의 문화가 약했던 동아시아에 기독교라는 새로운 종교 체계가 전해져 수많은 갈등과 수용 과정을 거치게 된다. 규슈 지역의 무사들은 크리스천으로 많이 개종하였고, 고니시 유키나가는 세스페데스라는 스페인 선교사를 대동하고 조선에 와서 미사를 보았다고 전해온다. 그런 의미에서 세스페데스는 조선에 온 첫 스페인인으로 꼽을 수 있을 것이다.

제국주의와 식민지를 거론할 때 보통 영국과 프랑스를 많이 논하지만 본격적인 해외식민을 시작하고 제도화한 나라는 스페인이다. 그들이 구축한 식민지 지배 체제는 이후 서양 제국주의의 식민지배의 큰 모델이 된 것도 부정할 수 없다. 스페인이라는 존재는 그 공과를 떠나 세계사에 미친 영향력은 실로 엄청나다고 할 수 있다.

저자는 스페인이라는 국민국가의 역사를 서술하면서

도 세계사적 시점을 잃지 않고 입체적으로 보려는 흔적이 곳곳에 보인다. 근세 근대사의 전공자답게 굵직한 사건의 역사적 의미를 짚어가며 서술하고 있고 스페인을 예전부터 한 덩어리로 보려는 국민사학적 해석과는 거리를 두며 스페인의 실상을 찾고자 노력한다, 결과적으로 균형 잡힌 통사 서술에 성공한 것으로 보인다.

한국과 스페인은 가장 멀리 떨어져 있지만 군사독재와 내전, 그로 인한 트라우마의 극복, 민주화에 대한 열망 등은 매우 닮아 있다. 그래서인지 군사독재 부분에서의 참담함과 그것을 극복하고 민주적 헌법을 만들어내는 모습에는 큰 감동을 느꼈다.

궁극적으로는 우리 시각에서 스페인이라는 타자를 잘 서술해야 하겠지만, 이웃나라이자 같은 동아시아 문명 자장에 있는, 그러면서도 서양 세력을 동아시아에서 가장 먼저 마주하고 소통하며 서양화 근대화를 추진했던 일본인 역사가의 입장에서 쓴 이 역사책은 우리에게 많은 참고가 되지 않을까 생각한다.

IWANAMI 90
스페인사 강의
-10개의 강의로 스페인사 쉽게 이해하기-

초판 1쇄 인쇄 2025년 11월 10일
초판 1쇄 발행 2025년 11월 15일

지은이 : 다테이시 히로타카
옮긴이 : 정애영

펴낸이 : 이동섭
편집 : 이민규
책임 편집 : 유연식
디자인 : 조세연
표지 디자인 : 공중정원
기획·편집 : 송정환
영업·마케팅 : 조정훈
e-BOOK : 홍인표, 김은혜, 정희철
라이츠 : 서찬웅
관리 : 이윤미

㈜에이케이커뮤니케이션즈
등록 1996년 7월 9일(제302-1996-00026호)
주소 : 08513 서울특별시 금천구 디지털로 178, B동 1805호
TEL : 02-702-7963~5 FAX : 0303-3440-2024
http://www.amusementkorea.co.kr

ISBN 979-11-274-9679-1 04920
ISBN 979-11-7024-600-8 04080 (세트)

SUPEINSHI 10KO
by Hirotaka Tateishi
Copyright © 2021 by Hirotaka Tateishi
Originally published in 2021 by Iwanami Shoten, Publishers, Tokyo.
This Korean print edition published 2025
by AK Communications, Inc., Seoul
by arrangement with Iwanami Shoten, Publishers, Tokyo

이 책의 한국어판 저작권은 일본 IWANAMI SHOTEN과의 독점계약으로
㈜에이케이커뮤니케이션즈에 있습니다.
저작권법에 의해 한국 내에서 보호를 받는 저작물이므로 무단전재와 무단복제를 금합니다.

*잘못된 책은 구입한 곳에서 무료로 바꿔드립니다.

지성과 양심 이와나미岩波 시리즈

001 이와나미 신서의 역사 _가노 마사나오 지음 | 기미정 옮김_
이와나미 신서의 사상·학문적 성과의 발자취

002 논문 잘 쓰는 법 _시미즈 이쿠타로 지음 | 김수희 옮김_
글의 시작과 전개, 마무리를 위한 실천적 조언

003 자유와 규율 _이케다 기요시 지음 | 김수희 옮김_
엄격한 규율 속에서 자유의 정신을 배양하는 영국의 교육

004 외국어 잘 하는 법 _지노 에이이치 지음 | 김수희 옮김_
외국어 습득을 위한 저자의 체험과 외국어 달인들의 지혜

005 일본병 _가네코 마사루, 고다마 다쓰히코 지음 | 김준 옮김_
일본의 사회·문화·정치적 쇠퇴, 일본병

006 강상중과 함께 읽는 나쓰메 소세키 _강상중 지음 | 김수희 옮김_
강상중의 탁월한 해석으로 나쓰메 소세키 작품 세계를 통찰

007 잉카의 세계를 알다 _기무라 히데오, 다카노 준 지음 | 남지연 옮김_
위대하고 신비로운 「잉카 제국」의 흔적

008 수학 공부법 _도야마 히라쿠 지음 | 박미정 옮김_
수학의 개념을 바로잡는 참신한 교육법

009 우주론 입문 _사토 가쓰히코 지음 | 김효진 옮김_
물리학과 천체 관측의 파란만장한 역사

010 우경화하는 일본 정치 _나카노 고이치 지음 | 김수희 옮김_
낱낱이 밝히는 일본 정치 우경화의 현주소

011 **악이란 무엇인가** 나카지마 요시미치 지음 | 박미정 옮김
선한 행위 속에 녹아든 악에 대한 철학적 고찰

012 **포스트 자본주의** 히로이 요시노리 지음 | 박제이 옮김
자본주의·사회주의·생태학이 교차하는 미래 사회상

013 **인간 시황제** 쓰루마 가즈유키 지음 | 김경호 옮김
기존의 폭군상이 아닌 한 인간으로서의 시황제를 조명

014 **콤플렉스** 가와이 하야오 지음 | 위정훈 옮김
탐험의 가능성으로 가득 찬 미답의 영역, 콤플렉스

015 **배움이란 무엇인가** 이마이 무쓰미 지음 | 김수희 옮김
인지과학의 성과를 바탕으로 알아보는 배움의 구조

016 **프랑스 혁명** 지즈카 다다미 지음 | 남지연 옮김
막대한 희생을 치른 프랑스 혁명의 빛과 어둠

017 **철학을 사용하는 법** 와시다 기요카즈 지음 | 김진희 옮김
'지성의 폐활량'을 기르기 위한 실천적 방법

018 **르포 트럼프 왕국** 가나리 류이치 지음 | 김진희 옮김
트럼프를 지지하는 사람들의 생생한 목소리

019 **사이토 다카시의 교육력** 사이토 다카시 지음 | 남지연 옮김
가르치는 사람의 교육력을 위한 창조적 교육의 원리

020 **원전 프로파간다** 혼마 류 지음 | 박제이 옮김
진실을 일깨우는 원전 프로파간다의 구조와 역사

021 **허블** 이에 마사노리 지음 | 김효진 옮김
허블의 영광과 좌절의 생애, 인간적인 면모를 조명

022 **한자** 시라카와 시즈카 지음 | 심경호 옮김
문자학적 성과를 바탕으로 보는 한자의 기원과 발달

023 **지적 생산의 기술** 우메사오 다다오 지음 | 김욱 옮김
지적인 정보 생산을 위한 여러 연구 비법의 정수

024 **조세 피난처** 시가 사쿠라 지음 | 김효진 옮김
조세 피난처의 실태를 둘러싼 어둠의 내막

025 고사성어를 알면 중국사가 보인다
이나미 리쓰코 지음 | 이동철, 박은희 옮김
중국사의 명장면 속에서 피어난 고사성어의 깊은 울림

026 수면장애와 우울증
시미즈 데쓰오 지음 | 김수희 옮김
우울증을 예방하기 위한 수면 개선과 숙면법

027 아이의 사회력
가도와키 아쓰시 지음 | 김수희 옮김
아이들의 행복한 성장을 위한 교육법

028 쑨원
후카마치 히데오 지음 | 박제이 옮김
독재 지향의 민주주의자이자 희대의 트릭스터 쑨원

029 중국사가 낳은 천재들
이나미 리쓰코 지음 | 이동철, 박은희 옮김
중국사를 빛낸 걸출한 재능과 독특한 캐릭터의 인물들

030 마르틴 루터
도쿠젠 요시카즈 지음 | 김진희 옮김
평생 성서의 '말'을 설파한 루터의 감동적인 여정

031 고민의 정체
가야마 리카 지음 | 김수희 옮김
고민을 고민으로 만들지 않을 방법에 대한 힌트

032 나쓰메 소세키 평전
도가와 신스케 지음 | 김수희 옮김
일본의 대문호 나쓰메 소세키의 일생

033 이슬람문화
이즈쓰 도시히코 지음 | 조영렬 옮김
이슬람 세계 구조를 지탱하는 종교·문화적 밑바탕

034 아인슈타인의 생각
사토 후미타카 지음 | 김효진 옮김
아인슈타인이 개척한 우주의 새로운 지식

035 음악의 기초
아쿠타가와 야스시 지음 | 김수희 옮김
음악을 더욱 깊게 즐기는 특별한 음악 입문서

036 우주와 별 이야기
하타나카 다케오 지음 | 김세원 옮김
거대한 우주 진화의 비밀과 신비한 아름다움

037 과학의 방법
나카야 우키치로 지음 | 김수희 옮김
과학의 본질을 꿰뚫어본 과학론의 명저

038 **교토**　하야시야 다쓰사부로 지음 | 김효진 옮김
일본 역사학자가 들려주는 진짜 교토 이야기

039 **다윈의 생애**　야스기 류이치 지음 | 박제이 옮김
위대한 과학자 다윈이 걸어온 인간적인 발전

040 **일본 과학기술 총력전**　야마모토 요시타카 지음 | 서의동 옮김
구로후네에서 후쿠시마 원전까지, 근대일본 150년 역사

041 **밥 딜런**　유아사 마나부 지음 | 김수희 옮김
시대를 노래했던 밥 딜런의 인생 이야기

042 **감자로 보는 세계사**　야마모토 노리오 지음 | 김효진 옮김
인류 역사와 문명에 기여해온 감자

043 **중국 5대 소설** 삼국지연의·서유기 편　이나미 리쓰코 지음 | 장원철 옮김
중국문학의 전문가가 안내하는 중국 고전소설의 매력

044 **99세 하루 한마디**　무노 다케지 지음 | 김진희 옮김
99세 저널리스트의 인생 통찰과 역사적 증언

045 **불교입문**　사이구사 미쓰요시 지음 | 이동철 옮김
불교 사상의 전개와 그 진정한 의미

046 **중국 5대 소설** 수호전·금병매·홍루몽 편　이나미 리쓰코 지음 | 장원철 옮김
「수호전」, 「금병매」, 「홍루몽」의 상호 불가분의 인과관계

047 **로마 산책**　가와시마 히데아키 지음 | 김효진 옮김
'영원의 도시' 로마의 거리마다 담긴 흥미로운 이야기

048 **카레로 보는 인도 문화**　가라시마 노보루 지음 | 김진희 옮김
인도 요리를 테마로 풀어내는 인도 문화론

049 **애덤 스미스**　다카시마 젠야 지음 | 김동환 옮김
애덤 스미스의 전모와 그가 추구한 사상의 본뜻

050 **프리덤, 어떻게 자유로 번역되었는가**　야나부 아키라 지음 | 김옥희 옮김
실증적인 자료로 알아보는 근대 서양 개념어의 번역사

051 농경은 어떻게 시작되었는가 나카오 사스케 지음 | 김효진 옮김
인간의 생활과 뗄 수 없는 재배 식물의 기원

052 말과 국가 다나카 가쓰히코 지음 | 김수희 옮김
국가의 사회와 정치가 언어 형성 과정에 미치는 영향

053 헤이세이(平成) 일본의 잃어버린 30년 요시미 슌야 지음 | 서의동 옮김
헤이세이의 좌절을 보여주는 일본 최신 사정 설명서

054 미야모토 무사시 우오즈미 다카시 지음 | 김수희 옮김
『오륜서』를 중심으로 보는 미야모토 무사시의 삶의 궤적

055 만요슈 선집 사이토 모키치 지음 | 김수희 옮김
시대를 넘어 사랑받는 만요슈 걸작선

056 주자학과 양명학 시마다 겐지 지음 | 김석근 옮김
같으면서도 달랐던 주자학과 양명학의 역사적 역할

057 메이지 유신 다나카 아키라 지음 | 김정희 옮김
다양한 사료를 통해 분석하는 메이지 유신의 명과 암

058 쉽게 따라하는 행동경제학 오타케 후미오 지음 | 김동환 옮김
보다 좋은 행동을 이끌어내는 넛지의 설계법

059 독소전쟁 오키 다케시 지음 | 박삼헌 옮김
2차 세계대전의 향방을 결정지은 독소전쟁의 다양한 측면

060 문학이란 무엇인가 구와바라 다케오 지음 | 김수희 옮김
바람직한 문학의 모습과 향유 방법에 관한 명쾌한 해답

061 우키요에 오쿠보 준이치 지음 | 이연식 옮김
전 세계 화가들을 단숨에 매료시킨 우키요에의 모든 것

062 한무제 요시카와 고지로 지음 | 장원철 옮김
생동감 있는 표현과 핍진한 묘사로 되살려낸 무제의 시대

063 동시대 일본 소설을 만나러 가다 사이토 미나코 지음 | 김정희 옮김
문학의 시대 정신으로 알아보는 동시대 문학의 존재 의미

064 **인도철학강의** 아카마쓰 아키히코 지음 | 권서용 옮김
난해한 인도철학의 재미와 넓이를 향한 지적 자극

065 **무한과 연속** 도야마 히라쿠 지음 | 위정훈 옮김
현대수학을 복잡한 수식 없이 친절하게 설명하는 개념서

066 **나쓰메 소세키, 문명을 논하다** 미요시 유키오 지음 | 김수희 옮김
나쓰메 소세키의 신랄한 근대와 문명 비판론

067 **미국 흑인의 역사** 혼다 소조 지음 | 김효진 옮김
진정한 해방을 위해 고군분투해온 미국 흑인들의 발자취

068 **소크라테스, 죽음으로 자신의 철학을 증명하다**
다나카 미치타로 지음 | 김지윤 옮김
철학자 소크라테스가 보여주는 철학적 삶에 대한 옹호

069 **사상으로서의 근대경제학** 모리시마 미치오 지음 | 이승무 옮김
20세기를 뜨겁게 달군 근대경제학을 쉽게 설명

070 **사회과학 방법론** 오쓰카 히사오 지음 | 김석근 옮김
여러 사회과학 주제의 이해를 돕고 사회과학의 나아갈 길을 제시

071 **무가와 천황** 이마타니 아키라 지음 | 이근우 옮김
무가 권력과 길항하며 천황제가 존속할 수 있었던 이유

072 **혼자 하는 영어 공부** 이마이 무쓰미 지음 | 김수희 옮김
인지과학 지식을 활용한 합리적인 영어 독학

073 **도교 사상** 가미쓰카 요시코 지음 | 장원철, 이동철 옮김
도교 원전을 통해 도교의 전체상을 파악

074 **한일관계사** 기미야 다다시 지음 | 이원덕 옮김
한일 교류의 역사를 통해 관계 개선을 모색

075 **데이터로 읽는 세계경제** 미야자키 이사무, 다야 데이조 지음 | 여인만 옮김
세계경제의 기본구조에 관한 주요 흐름과 현안의 핵심을 파악

076 **동남아시아사** 후루타 모토오 지음 | 장원철 옮김
교류사의 관점에서 살펴보는 동남아시아 역사의 정수

077 물리학이란 무엇인가　도모나가 신이치로 지음 | 장석봉, 유승을 옮김
현대문명을 쌓아올린 물리학 이야기를 흥미롭게 풀어낸 입문서

078 일본 사상사　스에키 후미히코 지음 | 김수희 옮김
일본의 역사적 흐름을 응시하며 그려나가는 일본 사상사의 청사진

079 민속학 입문　기쿠치 아키라 지음 | 김현욱 옮김
민속학의 방법론으로 지금, 여기의 삶을 분석

080 이바라기 노리코 선집　이바라기 노리코 지음 | 조영렬 옮김
한국 문학을 사랑했던 이바라기 노리코의 명시 모음

081 설탕으로 보는 세계사　가와키타 미노루 지음 | 김정희 옮김
설탕의 역사를 통해 들여다보는 세계사의 연결고리.

082 천하와 천조의 중국사　단조 히로시 지음 | 권용철 옮김
'천하'와 '천조'의 전모를 그려낸 웅대한 역사 이야기

083 스포츠로 보는 동아시아사　다카시마 고 지음 | 장원철, 이화진 옮김
동아시아 스포츠의 역사와 당시 정치적 양상의 밀접한 관계!

084 슈퍼파워 미국의 핵전력　와타나베 다카시 지음 | 김남은 옮김
미국 핵전력의 실제 운용 현황과 안고 있는 과제

085 영국사 강의　곤도 가즈히코 지음 | 김경원 옮김
섬세하고 역동적으로 그려내는 영국의 역사

086 책의 역사　다카미야 도시유키 지음 | 김수희 옮김
책을 사랑하고 지키려던 사람들과 함께해온 책의 역사

087 프랑스사 강의　시바타 미치오 지음 | 정애영 옮김
10개의 테마로 프랑스사의 독자성을 참신하게 그려낸 통사

088 일본 중세적 세계의 형성　이시모다 쇼 지음 | 김현경 옮김
고대에서 중세로 넘어가는 전환기 일본사의 큰 흐름

089 이슬람에서 바라보는 유럽　나이토 마사노리 지음 | 권용철 옮김
이슬람 세계의 눈을 통해 들여다보는 유럽 사회의 심층